幼児の性自認

—幼稚園児はどうやって性別に出会うのか—

大滝 世津子 著

みらい

まえがき

男女間の違いがあるのが問題なのではない。男女間に固定的な上下関係があるのが問題なのである。筆者はそう考えている。

これまで多くの研究者がすでに社会につくられている男女間の不平等を壊すにはどうすればよいのかについて研究してきた。しかし、一度できたものを壊すくらいならそもそもつくらない道を検討したらよいのではないか。これが本書の問題意識の始まりである。この研究をした当時、このような問題意識を公言することは憚られた。折しもジェンダーに対する「バックラッシュ」の嵐が吹き荒れ、今では考えられないような女性差別的な発言がマスコミを賑わせていた。こうした中で、冒頭のような考えを公言することは筆者のメリットにはならないので伏せておくように、と賢人からの助言があったものである。

しかし、時代は変わりはじめている。安倍晋三首相は「一億総活躍社会」の実現に向けてさまざまな取り組みを始めた。この「一億総活躍社会」とは、「女性も男性も、（中略）みんなが包摂され活躍できる社会」「一人ひとりが、個性と多様性を尊重され、（中略）それぞれの希望がかない、それぞれの能力を発揮でき、それぞれが生きがいを感じることができる社会」（首相官邸ホームページ 2016）という要素が入ったものである。

こうした、「性別」ではなく「個性」によって適材適所で働ける社会においては、男女平等の実現が喫緊の課題となる。「バックラッシュ」などと言っている場合ではなくなった。一方で、現在の日本社会を見るとかつてよりは大きく改善しているものの、未だ性別職域分離が見られ、女性職はおおむね給与が低いことをはじめとして、およそ男女平等であるとはいえないような状況が続いている。

こうした状況を改善するためにはさまざまな方法が考えられる。例えば、社会における男女間の働き方を制度面、法律面で平等にする方法等が挙げられる。同時に忘れてはいけないのが、日本社会に生きる人々の心理的側面である。成員間で男女平等が「当たり前」と認識される必要があるだろう。

では、どのようにしたら男女平等が「当たり前」と認識されるようになるのだろうか。これについて考えるためにはまず現在の成員が男女平等でないことを「当たり前」と認識するに至るまでの過程を明らかにすることが有効である。現状をとらえれば改善方法を検討することができる。

そこで、現在の社会の成員がいつ頃からどのようにしてこうした認識に至るのかに関する先行研究を探した。すると誕生時から家庭内でジェンダー・アイデンティティを形成している状況については主に心理学の分野で研究されてきたことがわかった。一方で、自分の子どもに男女の意識を植えつけないことを意識して子育てをしてきた家庭の子どもでも、幼稚園等の集団保育の場に入るとたちまち自分の性別について言及するようになり、「女らしいもの／男らしいもの」に執着するようになるという嘆きもまた巷にあふれている。しかしながら、こうした現象がなぜ生じるのかについての研究はこれまでなされてこなかった。これが明らかになれば、この段階で介入することにより、男女平等を「当たり前」ととらえる子どもたちを育てることが可能になるのではないだろうか。もちろん、その先にある小学校、中学校、高等学校、大学においても同様の教育が必要となるが、その最も初期の段階を明らかにすることはその後の教育の方向性を決めるうえでも重要となる。

こうした問題意識から、本書においては幼稚園３歳児クラスの幼児と保育者を対象とし、幼児が自分の性別を認識する過程で先生や仲間との相互作用がどのように影響しているのかを明らかにしていく。実際には本書に収められている研究を構想したのは、「一億総活躍社会」が提示されるより10年近く前のことである。しかし、本書の問題設定に至った流れは前述の通りであり、10年近く経った今でも状況が改善されていないことを示している。そして、本書は現在の社会に照らしてみても多くの示唆に富んだ内容となっているはずであり、「一億総活躍社会」実現のための一助になれば幸いである。

なお、本書は後述するように博士論文をもとに加筆修正したものである。そのため一部に学術的な記述も見られるが、大部分は幼稚園における観察によって得たデータをもとに分析を行っている。幼稚園において幼児がどうやって自分の性別を認識するに至るのか、そのことと男女間の上下関係形成過程はどのように絡み合っているのか、研究者のみならず、現場の先生方や保育者を志す学生の皆さま、保護者の皆さま、その他の一般の読者にもお読みいただけたら幸いである。頁数が多くなっているため、研究者以外の方は序章第２節と第１章以外の章をお読みいただきたい。また、第６章はLGBT関連の研究に何らかの示唆を与える内容になっているのではないかと考えているので、関心のある方にお読みいただけたら幸いである。

目　次

第3章

性自認時期に影響を及ぼしている要因—幼児のタイプ分類—

第4章

性自認時期と「幼児と保育者の相互行為」の関係

第5章

性自認時期と「幼児同士の相互行為」の関係

第6章

性自認のゆらぎ

序章 はじめに

第1節 —— 問題の所在

1．本書の目的

本書は、幼稚園入園時には性自認をしていなかった幼児たちが、やがて「男女間の権力関係の非対称性」を提示するようになるまでのメカニズムを明らかにすることを目的とする。これはすなわち、幼児の「性自認形成過程」と「ジェンダーの規範化過程」が絡み合いながら進行していくさまの一端を描き出すものである。この問いを明らかにするために、本書においては操作的に、「性自認」の指標として「呼びかけに対する反応」（第1章参照）、「ジェンダーの規範化」の指標として「男女間の権力関係の非対称性を含む差異」および「男女間の権力関係の非対称性を含まない差異」（第1章参照）を採用する。

2．本書の意義

2—1　心理学における先行研究

本書の意義は以下の通りである。これまで幼児が性自認をしていく過程に関しては、後述するように発達の視点から心理学的な研究が蓄積されてきた（Freud 1925＝1978、Bandura & Walters 1963、Kohlberg 1966、Bem 1981、Parsons & Bales 1955＝2001、Money & Tucker 1975＝1979、Chodorow 1978＝1981ほか）。しかしながら、これらの研究は、個人の「認知」的側面から性自認を考察することに研究の焦点があるため、社会学の中心的関心の１つである「集団」[1]における相互行為の影響は、研究の焦点となりにくかった。

また、家庭内の関係や個人の心理に関する研究の蓄積はかなりなされてきたものの（Freud 1925＝1978、Kohlberg 1966、Money＆Tucker 1975＝1979、Chodorow 1978＝1981ほか）、家族以外の集団における相互行為や出来事が性自認に与える影響等については経験的な研究が少なかった。

例えばフロイト（Freud）は、精神分析の手法を用いて、家庭内の関係の中で形成される性自認について考察した。これはフロイトが、自分のもとへ相談に訪れた患者の主観的回想内容をもとに考察したものであり、客観的な観察等によって導かれたものではない（Freud 1925＝1978ほか）。また、フロイトは性自認を家庭内の関係の中で形成されるものと考えており、そこに家庭外の「集団」（特に幼稚園や学校等の組織集団）における相互行為の影響に対する考察はない。ここで見落とされているのが、家庭外の「集団関係の中で形成される『性自認』」という視点である。

2—2　子どもを取り巻く環境の変化

住田正樹によれば、子どもを取り巻く集団の状況はこれまで大きく変化してきた。日本においては近世初期ごろから「子供組」という子どものみで形成された組織集団が存在していた。これは村落における年中行事を子どもたちが担当する目的で組織されたもので、日常的な遊戯集団とは異なった。しかし、「子供組」の組織形態がそのまま尾を引いた形で日常的な遊戯集団の中に持ち込まれていた。この遊戯集団は「子供組」に比べて小地域的かつ同齢的であったが、集団としての組織的行動を取っており、子どもにとっては一人前の村人になるための教育機関の役割を果たしていた（住田 1985）。

ところが「子供組」は、明治期以降、学校教育の普及とともに次第に衰退・消滅していった。これは、学校教育が「子供組」を野卑な弊風・因習打破の対象とし、学校以外における子どもの集団をしばしば禁止したためであった。それでもしばらくは続いたが、村落の解体、地域社会の衰退・崩壊といった変貌もこれに拍車をかけ、「子供組」は消滅に至った（住田 1985）。こうした状況の中で、子どもたちが子どもだけの遊戯集団を結成する契機は学校機関（幼稚園・保育所等も含む）以外になくなった。このようにして、子どもの世界はかつての地域社会から学校に移ったのである（住田 1985）。

こうした、地域の中で同性集団（同性のみで形成された集団）･異性集団（自分にとっての異性のみで形成された集団）・男女混合集団（男女混合で形成された集団）が形成されていた時代、あるいはきょうだいが多かった（10人きょうだいが当たり前など）時代には、地域の子ども同士、あるいはきょうだい間で形成された集団が幼児の「性自認」形成に影響を与えていたと考えられる。

このように考えると、地域の連帯力が低下し、また、少子化によりきょうだい数も減少している今日において、幼児が初めて同性集団・異性集団・男女混合集団に出会うのは、幼稚園（あるいは保育所）である場合が多いと考えられる。これは今回調査対象とした全幼児31名の保護者に対して行ったアンケート調査（2005［平成17］年）によっても確認された。すなわち、「幼稚園入園前に同年代の友人と一緒に遊んでいたか」を尋ねる質問に対し、回収されたアンケート（回収率65％）のうち25％が「遊んでいなかった」と答えた。「遊んでいた」と答えたうちの40％は「男女同数で遊んでいた」と答え、20％は「同性」、15％は「異性」と答えた。そして、遊んでいた人数は平均で2.1～2.35人であった。この人数では、「男／女」について一般的・普遍的な認識を形成するのは困難であると考えられる。このデータはサンプルが少なく、一般化することはできないが、本書が調査対象とする幼児については上記のような確認ができた。

以上のことから、少なくとも本書が対象とする幼稚園３歳児は、幼稚園が同性集団・異性集団・男女混合集団に初めて出会う場である可能性が高い。これに加え、幼稚園は組織としての性質を持つので、家族とはまた異なる集団経験に初めて出会う場でもあるといえるだろう。これらは現代社会が抱える「地域の連帯力の低下」「少子化」という共通の要因が確認できる場においてはある程度共通に見られる傾向なのではないだろうか。このように考えると、もちろん家庭が幼児の「性自認」に影響を与えているという点に異論はないものの、幼稚園における集団生活の影響も無視できないだろう。

以上により、現代の幼児の「性自認」に対して幼稚園が果たしている役割は大きいと考えられる。また、幼稚園は同性集団・異性集団・男女混合集団に初めて出会う場であると同時に、初めて「先生」（保育者）という親以外の絶対的な権力を持った大人に出会う場でもある。同性集団・異性集団・男女混合集団の形成、運営に関しても少なからず「先生」の影響が及ぶ。したがって、子どもだけで、同性集団・異性集団・男女混合集団を形成・運営していた時代とは異なるメカニズムおよび内容によって「性自認」をしている可能性があり、その過程で「先生」の誘導が影響力を持つと推論できる。

このように考えると、幼稚園3歳児クラスにおける幼児の「性自認」のメカニズムを明らかにすることは、現代社会における「性自認」がどのように形成されていくのかを明らかにすることでもある。それはすなわち、現代社会における男女間の非対称な関係がいかにして組織的に個人の内面に刷り込まれていくのかの初期段階を明らかにすることでもある。その意味で、ジェンダー研究に対しても、幼児教育研究に対しても、重要な示唆を提示する形で貢献できるものと考える。

2―3　社会学による先行研究

こうした背景がある一方で、社会学の分野においては、すでに性自認している幼児を対象とした性役割の獲得（西躰 1998、藤田 2004ほか）、性別カテゴリーの使用方法（宮崎 1991、河出 1992、森 1995、藤田 2004ほか）等について、集団における相互行為的な視点から自己の性を社会的に獲得していくプロセスの考察が進められてきた（宮崎 1991、河出 1992、1993、森 1995、木村 1997、西躰 1998、佐藤・三宅 2001、藤田 2004ほか）。こうした視点を幼児の性自認の分析に用いることによって、これらの研究は、集団の中ですでに性自認している幼児が性別カテゴリーを使いこなしている様子、保育者が保育の中で性別カテゴリーを使用している様子、性別役割意識が獲得されていく問題性や社会的にジェンダーがつくられ、不平等が再生産されていく過程等の解明に貢献してきた。他方、社会学の分野では、それ以前の発達過程、幼児が性自認するまでの時期については十分に明らかにされてこなかった。これは、社会学の前提として以下のような点があったためであると考えられる。

第1に、言語が未発達な幼児を観察するという方法論的な困難性に加え、ジェンダーをめぐる制度面の分析、性別役割構造、階層、学歴、組織等の構造的要因、相互行為のパターン等の関係領域で社会学が伝統的に関心を持ってきた枠組みが、就学前教育の段階よりも集団化・組織化が進んだ小学校以後の段階でより適用しやすかったという側面が考えられる。

第２に、これまで「性自認」の成立過程については心理学、性自認した後の相互行為過程は社会学というすみ分けがなされてきたように見える。したがって、これまで社会学的研究の中で性自認までの過程を説明する際には、心理学における理論がそのまま援用されてきた（森 1989、河出 1992、江原・山田 2003ほか）。

第３に、社会学的研究においては、性自認がすでに成立したものとみなし、それがあるか否かについての問いを不問に付したまま、看過されてきた傾向がある。

そのため、①幼稚園入園時に幼児の性自認がすでに形成されているのか否か、②家庭外の集団である幼稚園において、集団における相互行為がいかなる影響を与えながら幼児の性自認が形成されるのかについては研究対象から看過されてきた。これに対し本書は、①幼児の性自認状況を把握するための実験（第３章参照）、②集団における相互行為的な視点から性自認前を射程に入れた継時的な変化を追うための観察を行うことによって、これらの点を明らかにしていく。

このように本書は、従来の社会学的研究が対象としてこなかった就学前教育の性自認以前の段階を視野に入れ、集団における相互行為に焦点化して「男女間の権力関係の非対称性形成過程」との関係で考察するところに大きな特徴がある。

以上のような理由から、本書は幼児の性自認について集団における相互行為的な視点から研究していく。

３．「男女間の権力関係の非対称性形成過程」を扱う意義

前述のような理由から社会学的先行研究では、幼稚園において幼児が性自認するまでのメカニズムが解明されてこなかった。一方で、本書が対象とした神奈川県のＢ幼稚園においては、３歳児クラスに入園したときには大半の幼児が自分は「女の子」なのか「男の子」なのかを認識していなかった。ところが大半の幼児がそのような状態で幼稚園に入園したにもかかわらず、夏休み前には「男女間の権力関係の非対称性」を幼児自ら提示する場面が見られるようになっ

た（筆者自身による予備観察および本観察より）。

これらのことから、この幼稚園入園から夏休み前までの時期というのは、幼児が自分の性別を認識する軸と、「男女間の権力関係の非対称性」を形成していく軸が絡み合って進行していく時期であることが推察される。ここで問題となるのが、幼稚園入園時には性自認をしていなかった幼児たちの中で、「男女間の権力関係の非対称性」がどのように立ち現れてきたのかという点である。「男女間の権力関係の非対称性」は誰かが幼稚園内に持ち込んだものなのか、それとも幼稚園内の集団力学の中で自然に発生したものなのか、これについては明らかにされてこなかった。

おそらく多くの幼児にとって人生で初めて所属する家庭外の集団である幼稚園という場の中に、社会に存在するような「男女間の権力関係の非対称性」がどのように入り込んでくるのか、そしてそれと幼児はどのように同一化していくのか。この点は、性自認後の発達過程を対象とした考察を行う際にも重要になる点であると考えられる。

以上の点をふまえ、本書では、B幼稚園で、３歳児クラス（X組・Y組）に属する幼児（女児14名、男児17名）、担任保育者を対象とし、各幼児の性自認時期を把握するための実験および幼児の相互行為場面をとらえるための観察を行った（第２章参照）。

４．３歳児クラスを対象とした理由

４歳児クラスではなく３歳児クラスを対象として選択したのは以下の理由による。第１に、複数の先行研究が、幼児が「性自認」をするのはおおよそ３歳ころであると報告していること（Kohlberg 1966ほか）、また、筆者自身による予備観察によれば３歳児クラスの終了時には大半の幼児が「性自認」していたことから、４歳児クラスを対象としても「性自認」するまでの過程を見られないと推定されたためである。

第２に、４歳児クラスは３歳児クラスから上がってくる幼児と４歳児クラスから初めて入園する幼児との混合によって形成されている。そのため、集団生活を１年間経験している幼児と、初めて集団生活に入る幼児が混在している状態となり、集団の形態も複雑性を増す可能性が考えられる。こうした状態の中で「性自認」をしていない幼児がいたとしても、「性自認」をしている幼児、していない幼児を見分け、「性自認」までの過程を見るのには困難が伴うことが予想される。一方、3歳児クラスは全員（保育所等に通っていた幼児を除いて）が揃って初めて集団生活に入るため、「性自認」までの過程を見やすいと考えたためである。以上2点の理由により、本書は3歳児クラスを対象として選択した。

5．幼稚園を対象とした理由

幼児を対象に集団による教育が行われるもう1つの機関として保育所がある[2)]。本書が保育所ではなく幼稚園を対象として選択したのは以下の理由からである。

第1に、保育所は入所時期や1日のうちで保育所にいる時間が個々の幼児によって異なる。一方、幼稚園は原則として入園時期がそろっており、1日のうちに幼稚園にいる時間も全員そろっている。そのため、さまざまな要素を統制したうえでの集団における社会的経験の影響の差が見やすい。

第2に、保育所は幼稚園よりも保育時間が長いため[3)]、その意味での集団的影響は大きい可能性がある。しかし、大人の働きかけの構造化の度合いは幼稚園に比べて低い。また、幼稚園よりも保育所の方が母親が働いている可能性が高く、家庭での環境が異なるといった要因を持っている。そのため、ある現象について集団の影響か否かを見極める際に困難を伴うことが予想される。以上の理由により、本書は幼稚園を対象として選択した。

こうした理由もあってか、同種の研究においても研究対象として幼稚園が選択されている例は多く見られる（河出 1992、森 1995、佐藤・三宅 2001、藤田 2004ほか）。

6．本書における用語の定義

詳細な定義は後述するが、ここで簡潔に本書における用語の定義をしておく。まず「性自認」とは、幼児が「女の子／男の子」といういずれかのカテゴリーに同一化することと定義し、「保育者が幼児に対して『女の子来てー／男の子来てー』と呼びかけたとき（＝性別カテゴリー名を呼びかけたとき）に、初めて保育者の所へ行ったこと」をもって成立したと判定する（第１章参照）。

次に、「ジェンダー」であるが、主に「社会的につくられた男女差」「社会的につくられた男女別の役割」という意味で用いる（第１章参照）。また、「ジェンダーの規範化」とは、「女はこうするべき、男はこうするべきといったような、社会的につくられた男女差や男女別の役割を内面化していく過程」と定義する（第１章参照）。

そして、「男女間の権力関係の非対称性形成過程」とは、後述するように自分の性自認が成立していない幼児たちの集団であった幼稚園３歳児クラスにおいて、幼児たち自身によって「権力関係を含む男女間の差異」が提示されるようになるまでの過程のことを指す。「男女間の差異」とは、①「男女で対になってはいるが、同じものではないこと」、②「男女で異なる選択・行動を迫られること」を意味する。例えば①は、女の子の制服はスカート、男の子の制服はズボンということが多い。この２つは対になっているが、スカートとズボンは取り替え可能なものではない。②は、ある遊びに女の子は参加できるが、男の子は参加してはいけないと提示された場合などがこれにあたる。

なお、この「男女間の差異」には、「女」「男」という２つのカテゴリーの間に何らかの優劣・上下といった関係が含まれる場合と含まれない場合がある。前者の「女」「男」というカテゴリーの間に何らかの優劣・上下といった関係が含まれる区別のことを、本書においては「男女間の権力関係の非対称性を含む差異」と呼ぶ。また、後者の力関係が「女」「男」で並列・対等の場合の区別のことを「男女間の権力関係の非対称性を含まない差異」と呼ぶ。

以上の用語を用いて、本書では幼児における性自認メカニズムと「男女間の権力関係の非対称性形成過程」の関係を、幼稚園におけるフィールドワークを通して明らかにする。次節においてはまず、本書のテーマに関連した先行研究をレビューし、本書が主張するところの社会学的視点の有効性について考察する。

第２節 —— 先行研究の検討

第１節で述べたように、本書は幼児における性自認メカニズムと「男女間の権力関係の非対称性形成過程」の関係を社会学的視点から明らかにするものである。そして性自認をするまでの過程については、従来主に心理学的視点からいくつかの説明がなされてきたことも述べた。

本節ではまず、本書の問いに照らしてこれらの説明にどのような有効性と限界が存在するのかについて検討する（心理学および社会学における理論の検討）。次に、従来心理学および社会学の分野で行われてきた幼児を対象としたジェンダーに関する実証研究を取り上げ、本書に対する有効性と限界について検討する。そのうえで、本書の問いがどこに位置づけられるのかを示すことにより、本書の意義および立場をより明確にする。

１．従来の理論と本書の関係

先行研究において、幼児の性自認の過程については、主に家庭内の関係を対象とした理論として「発達同一視理論」「ジェンダー発達理論」「パーソンズの社会化論」、家庭外の関係も対象に入れた理論として「社会的学習理論」「認知発達理論」「ジェンダー・スキーマ理論」「言語的認知説」によって説明されてきた。ここでは、社会学的視点から本研究の問いを見ていこうとする際の各理論の有効性と限界について以下で検討していく。

１―１　家庭内における両親との関係を軸とした理論

家庭内に軸を置き、性自認を説明した代表的な理論としては、「発達同一視理論」「ジェンダー発達理論」「パーソンズの社会化論」がある。ここでは、簡潔にそれらにふれ、本書への示唆をまとめる。

発達同一視理論

まず、「発達同一視理論」であるが、これはフロイト（Freud）が論じたものである。フロイトによれば、幼児は３～５歳までの年ごろに知識欲・詮索欲が現れるようになり、これにより性的な問題に引きつけられる（Freud 1925＝1978）。この時期、幼児の性自認はペニスの有無を軸に「去勢コンプレックス」と「ペニス羨望」によって展開される。「去勢コンプレックス」とは、男児が、父親が自分に要求する鍛錬や自立に恐怖を感じ、父親が去勢したがっているという幻想を抱くことである。男児は意識・無意識的に、父親を母親の愛情をめぐる競争相手として認知していくが、母親に対する性愛的感情を抑制し父親を自分より勝った存在として受容することで、自分と父親を同一化し、自分の男性としてのアイデンティティに気づくようになる（Freud 1925＝1978）。

一方、「ペニス羨望」とは、女児が、自分が男児のように一目で判別できるような器官を持っていない事実に苦しむというものである。女児から見れば母親もペニスを欠き、ペニスを自分に与えることができない存在と見なされるため、評価が下がる。女児は母親と同一化する際、自分を「二流の」存在として認知することで、従順な態度を引き継ぐ（Freud 1925＝1978）。

このようにフロイトは、家庭内の親子関係によって幼児が性自認するという説明をしている。しかし、この理論は実際に幼児を分析することによって導かれたものではなく、成人の回顧談をもとに導かれたものである。こうした方法論的な問題や、女性蔑視の思想が垣間見える点、理論内容の信憑性等をめぐり、これまでさまざまな角度から限界が指摘されてきた（湯川 1995、土場 1999、Giddens 2001＝2004）。

それにもかかわらず、心理学においても社会学においても性自認やアイデンティティを論じる際にフロイトがたびたび登場するのはそれなりの有効性があるためである。社会学においては、フロイトは人間の「性」を形づくる生物学的な次元と社会的な次元とを初めて明確に区別した人物である、という点に有効性があると指摘されている（加藤 2006）。すなわち、フロイトが性自認のプロセスの解明に乗り出したこと自体が、フロイトにとって、人間が赤ん坊の状態から一人前の男や女になることは「わかりきったこと」ではなく、解明を要する謎であったということを意味しているのである。フロイトは「ジェンダー」という言葉は使用していなかったが、この発想の根本自体が構築主義的なジェンダー論のパラダイムにつながっていたと考えられる（加藤 2006）。これらの有効性は本書の問いにとっても重要な点となる。

ジェンダー発達理論

次に「ジェンダー発達理論」であるが、これはチョドロウ（Chodorow）が論じたものである。チョドロウは、フロイトの初期の発達に関する基本的な考えのいくつかを解釈し直している。チョドロウは、子どもが男性か女性かを自覚する学習はごく幼少期の経験であり、子どもの両親に対する愛着に始まるという点では、フロイトと同様の考えをしている。しかし異なるのは、チョドロウがフロイト以上に父親よりも母親の役割を強調している点である。

母親は子どもがまだ幼いころには最も影響力を及ぼす人間であるため、子どもは情緒的に母親と結びつく傾向がある。このような母親への愛着は、独立した自己意識を獲得するためにある時点で断絶していくことを求められるが、その過程が男児と女児では異なる形で生ずるとされている（Chodorow 1978＝1981）。

女児の場合、母親と緊密な関係を保つことができ、明確な断絶がない。そのため、女児や成人女性は、他者との連続性のある自己意識を発達させていく。女児のアイデンティティは、最初は母親の、その後は一人の男性のアイデンティティに融合あるいは依存していく。この点が女性に感受性や思いやりの心といった特質をもたらす（Chodorow 1978＝1981）。

一方男児の場合、出生時からの母親との緊密な結びつきを徹底的に拒絶することで自己意識を獲得し、「女性的でないもの」をもとにして男性性の理解をつくり上げていく。その結果、男児は他の人たちと緊密な関係を結ぶことに相対的に未熟で、世の中に対する分析的な見方を発達させていく。男児は自分たちの人生について積極的な考え方をし、業績を重視するが、その過程で自分自身の感情や他人の感情を理解する能力を抑制する（Chodorow 1978＝1981）。

このように、この理論ではフロイトと同様、家庭内の親子関係によって幼児が性自認するという説明をしている。既存研究においては、この理論は、自律しかつ独立した人間になるための女性の苦闘を説明していない点、男性も女性もチョドロウの理論が示唆する以上にその心理学的構造が矛盾している点（Sayers 1986）、文化によって母親に求められる役割が異なるということを考慮に入れていない点、フロイトの理論と同様、経験的根拠に基づいていない点（Golombok＆Fivush 1994）、白人中流階級をモデルにした狭い家族概念に基づいている点（例えば、ひとり親世帯や、１人以上の大人が子どもたちを養育している家族の場合等が説明できない）（Giddens 2001＝2004）等が限界として指摘されている。

しかしながら、社会学にとっては、フロイトの理論では持って生まれた性器による宿命として語られていた性自認形成の物語を脱構築し、対象との関係こそが重要であることを主張した点にこの理論の有効性がある。チョドロウは、母親という女性が子どもの主要な養育者であるという近代産業社会の核家族の条件に着目した。これが社会的・文化的・歴史的に可変な条件である点に注目するならば、性自認はフロイトが持って生まれた性器による宿命として描いたような唯一の筋書きを持つのではなく、子どもを養育する際の社会的・文化的・歴史的諸条件によって多様な筋書きを持つはずである。このことが、フロイトの呪縛から逃れるという視点から見たときに重要な意義を持っている（土場 1999）。この点が、社会学者でもあるチョドロウによる貢献の核心であるといえるだろう。

本書にとっても、この点は非常に重要である。「性自認は子どもを養育する際の社会的・文化的・歴史的諸条件によって多様な筋書きを持つ」ということは、このチョドロウの理論が発表されたころと現在の社会的・文化的・歴史的諸条件が異なっているため、現在はこれまで発表されてきた性自認形成をめぐる理論と異なる性自認過程がなされているという可能性を示唆している。この性自認メカニズムの可変性を指摘したことは、今日の社会的・文化的・歴史的諸条件に基づいた性自認メカニズムを明らかにしようという本書の意図を支えるものであるといえる。

一方で、理論内容に着目すると、フロイトの理論およびチョドロウの理論は家庭内の関係のみを対象としており、家庭外の集団における性自認メカニズムを説明することはできない。すなわち、これらの理論は大人―子どもという垂直軸を基本としている。それに対して本書は、この垂直軸と子ども同士のピアという水平軸が相互行為場面における指導や活動を通して、こうした幼稚園の構造的な特徴と交差するところで出てくる集団的現象として性自認を扱っている点に特徴がある。したがって、これらの理論には水平軸が含まれていないという点に本書から見た限界がある。

パーソンズの社会化論

最後に「パーソンズの社会化論」であるが、これはパーソンズ（Parsons）とベールズ（Bales）が発表したものである。パーソンズはフロイトに強い影響を受けているため、フロイトの理論を受け継ぎ、フロイトを通じて「心理学と社会学の統合」を図ろうとした。パーソンズらは、1950年代ごろに「核家族」が登場したことにより、かつて家族が担っていたさまざまな機能が外部化され、家族の機能は「子どもの第一次社会化」と「成人のパーソナリティの安定化」という２つの機能に特化されるようになったとした。一組の夫婦とその子どもから構成される核家族という集団は、上下という力関係の分化と、手段的／表出的という役割関係の分化によって構造化されている。上下関係の次元では、上位者である親は下位者である子どもを庇護・養育・指導し、子どもは親に従い見習うという関係にある。水平的な役割関係の次元では、集団の維持・存続に必要な資源を調達する手段的役割と、集団内の調整・統合を促進する表出的役割を、夫（父親）と妻（母親）が分担している。家族における子どもの社会化はこうした役割構造の中で展開する（Parsons＆Bales 1955＝2001）。ここがパーソンズ理論における社会学的側面であるといえるだろう。

パーソナリティは、口唇依存期、愛着期、潜在期、成熟期という４つの段階をたどって深化・発達する。口唇依存期は、乳児期（フロイトの口唇期）で、この段階では、乳児は授乳（＝口唇）を媒介にして母親に全面的に依存しており、独自のパーソナリティが未発達で、母子一体性が特徴となっている。愛着期は、離乳が始まり、食事や排泄等のしつけが行われる段階で、親子関係の弁別が行われるようになり、それに応じてパーソナリティは上下関係の次元で分化・発達し、自律性／従属性が形成される。潜在期は、フロイトのいうところのエディプス期を境にして始まり、親子役割の弁別に加えて、父親と母親の弁別が行われるようになり、それに応じてパーソナリティは、手段的役割と表出的役割の次元でも分化発達する。男児は父親をモデルにし、女児は母親をモデルにして社会化が展開する（Parsons＆Bales 1955＝2001）。

また、パーソンズはフロイトがすでに用いていた「同一化」という用語を使用し、「集合体を支配する価値パターンに従って、他の成員の役割を補足する一定の役割を演ずることを学習することによって、１人の人間が１つの集合体に成員として引き入れられる過程である」(「他の成員のようになる」こと)(Parsons 1964＝1973：120)という社会学的な定義をしている。この同一化には「家族との同一化」「性別による同一化」「世代別の同一化」の3種類がある。

ここで「性別による同一化」とされているように、パーソンズの理論においては、人格は男性または女性に同一化するしかなく、この点でフロイトの持っていた性別二元論が引き継がれている。この点をめぐっては、この理論は家族システムのもとで性別同一化を果たすとすることで、近代家族内部における性別秩序をシステムの与件としてしまう非歴史性と性差別性を有しているという批判がなされている(上野 2006)。すなわち、パーソナリティはシステムとしての構築性や動態を前提としていたはずであるにもかかわらず、性別同一化については男女いずれかの二元秩序しか許さない運命論をフロイトから受け継いでいるといえるのである(上野 2006)。

また、この理論は家族の一般理論というよりも、彼と同時代のアメリカ社会の規範的家族像を反映し追認したものである(上野 2006)。家族の変化が進む中で、家族における社会化のプロセスとメカニズムも変化し、性役割(gender role)の内面化やジェンダー・アイデンティティの形成という側面に限って見ても、この図式の妥当性が低下している(天野・藤田・苅谷 1998)等の点で限界が指摘されている。

このように、この理論はフロイト、チョドロウと同様、家庭内の親子関係によって幼児が性自認するという説明をしているが、役割構造に着目している点、「同一化」概念を社会学的に定義し、使用している点で、フロイト、チョドロウの理論とは異なる視点を持つ。本書の研究対象の中で、一組の夫婦とその子どもから構成される「核家族」であって、「父が家庭外で働き、母が家庭内で家事を担っている」という条件を持つ家庭の幼児に限定すれば、この理論が説明しているようなメカニズムが働いている可能性があり、その点で有効である。一方この理論は、フロイト、チョドロウの理論と同様、大人―子どもという垂直軸を基本としており、水平軸が含まれていないという点に本書から見た限界がある。

以上3つの理論の検討から明らかになったのは、①赤ん坊が生まれてから一人前の男性・女性になることは自明のことではなく、社会的な影響を受けるものである、②性自認メカニズムは可変的であり社会的・文化的・歴史的諸状況によって変化する可能性を有するものである、③これら3つの理論はいずれも家庭内における大人―子どもという垂直軸を基本としており、家庭外にあるピア集団における水平軸が含まれていないという点である。

①・②の点は、これらの理論が発表された国・時代が現在の日本とは異なるという条件の違いが存在する事実から考えると、現在の日本における性自認メカニズムは、これらの理論の説明とは異なっている可能性を示唆しているといえるだろう。

1―2　家庭外における関係についても射程に含めた理論

家庭外における関係についても射程に含めて性自認を説明した代表的な理論としては､「社会的学習理論」「認知発達理論」「ジェンダー･スキーマ理論」「言語的認知説」を挙げることができる。ここでは、簡潔にそれらにふれ、本書への示唆をまとめる。

社会的学習理論

まず「社会的学習理論」であるが､これはバンデューラ（Bandura)、ミッシェル（Mischel)、ウォルターズ（Walters）らが論じたものである。バンデューラらによれば､幼児の性役割獲得の動機は､外からの報酬や罰にあるとされる。そして､多くの性役割以外の行動と同様､性役割行動も「強化」(reinforcement）と「観察」(observational learning）という2つの学習によって獲得されるとする。

まず「強化」であるが、幼児を囲む大人や仲間は、幼児が性にふさわしい行動をしたときには誉めたり褒美を与えたりし、ふさわしくないものには罰を与えたりする。その結果、幼児は自らの性に合った行動を学んでいく（Bandura &Walters 1963)。

次に「観察」であるが、父親と母親といった自分にふさわしいモデルの行動を観察し、まねたりする（modeling）ことによって、幼児は自らの性別に応じた行動や考え方を身につける（Bandura&Walters 1963)。

社会化の担い手は親だけではなく、学校、メディア、同世代の仲間等が考えられる（Bandura＆Walters 1963）。これについてはいくつかの実験により、数名の同性が同じ行動を取ったときに、幼児はそれと同様の行動を行うことが報告されている（Perry＆Bussey 1979、Bussy＆Bandura 1984）。

このように、この理論では幼児が周囲の他者からの反応によって、また、周囲の他者を観察しまねることによって、自らの性別に応じた行動や考え方を身につけていくという点を指摘している。この理論は幼児がまねをする対象として、学校、メディア、同世代の仲間等を挙げている点で、前述のフロイトらの理論とは異なり、家庭外における水平軸を射程に入れている。したがって、個々の幼児が家庭外の社会に出たときにどのようなことに反応し、何を見て性自認していくのかという点を説明することができる可能性を有するという点で、本書にとっても有効な理論である。また、「数名の同性が同じ行動をとったときに、幼児はそれと同様の行動を行う」（Perry＆Bussey 1979、Bussy＆Bandura 1984）という点は、本書が集団を対象にする際にも参考になるものと考えられる。

ただし、これらの知見は幼稚園等の日常的に存在する組織的集団あるいは組織内の集団の観察によって得られた結果ではなく、研究者が実験を行う目的で選出したメンバーを対象に、非日常的な空間において行った実験によって得られた結果である。そのため、本書がこれらの知見を参考にする際には、この点に慎重になる必要があるだろう。

一方、既存研究においては、①学習者である幼児を、環境に受動的に反応するものとして扱う傾向がある（土肥 1996）、②どのような行動や特性もすべて強化によって学習されると考えており、性役割の学習に特別のメカニズムを想定しているわけではない（湯川 1995）、③生物学的性と心理・社会学的性の関係についてほとんど考慮されていない（湯川 1995）という点で限界が指摘されている。他方、本書の問いからすれば、この理論は前述のように幼稚園のような家庭外の日常的な集団を対象に導出されたものではないため、集団における力学を考慮に入れていないという点に限界がある。

認知発達理論

次に「認知発達理論」であるが、これはコールバーグ（Kohlberg）らが論じたものである。コールバーグは、幼児のジェンダー化の主な要因は幼児の認知的な発達にあると考え、それらの要因によって性役割が獲得されるとした。またこの理論は、性別が自然にあるカテゴリーであるため子どもに取り入れられやすいとしている。

コールバーグは、生物学的性が環境やさまざまな事象を分類し、概念化するうえでの１つの有力な基準になっていると考えている（ここでいう生物学的性とは、男女の身長や体の大きさの違いといった物理的・身体的な差異）。この身体的差異に対して、性に関する意味づけを子どもが行うことによってジェンダーの認識が形成される（Kohlberg 1966）。コールバーグは、自己のジェンダーにかかわる認識を主に幼児期について３つの段階で説明している。

すなわち、①性の同一性（gender identity）：自分が男なのか女なのかが識別できる、自分がどちらの性のラベルを持っているかがわかること（３歳ごろ）、②性の安定性（gender stability）：男の子、女の子、父親、母親、男性、女性といった性別ラベルを知り、これらが男と女を分類する普遍的なラベルであることを理解できること（４～５歳ごろ）、③性の恒常性（gender constancy）：時間が経っても、場所が変わっても、性別は変わらないことが理解できること（６～７歳ごろ）（Kohlberg 1966）である。この３つの段階については研究者間でもおおよその一致を見ているが、年齢に関しては、３～４歳で③の段階に達しているという結果や、７歳でも達していない等さまざまな結果があり、いまだ明らかになっていない（土肥 1996、相良 2000、森永 2004）。

このように、この理論では幼児の性自認は認知的発達の一部であると考えている。こうした個人の内部の発達程度が性自認をできる段階に達したために性自認できたのだという考え方は、社会学において軽視されやすい視点であり、本書においても前提として取り入れが可能であるという点で有効である。しかし、既存研究においては、この理論はなぜジェンダーが他のカテゴリー（例えば宗教や人種等）よりも優先的に自己概念に取り入れられるのかに対する考慮に欠けている（土肥 1996）等の点で限界が指摘されている。一方、本書の問いからすれば、この理論は認知発達の側面に焦点があり、水平軸における仲間との具体的な相互作用や集団的な力学の違いによって性自認メカニズムに違いが現れるのか否かといった点を説明できないという点に限界がある。

ジェンダー・スキーマ理論

そして「ジェンダー・スキーマ理論」であるが、これはベム（Bem）、マーティン＆ハルバーソン（Martin＆Halverson）らが論じたものである。ジェンダー・スキーマ（gender schema）とは、さまざまな環境における刺激情報の中から、特に「性」に結びついた情報に注意を向け、記憶し、構造化するための１つの情報処理の枠組みを指す（Bem 1981、Martin＆Halverson 1981）。

ベムらによれば、①社会が男と女という性の二分的機能を重視して、生物学的性に関係のない事象や情報にまで性を関連づけてカテゴライズするような仕組みになっているため、人々は意識的、無意識的にこうした性別関連情報を処理する心的枠組みを持つに至った、②このようなジェンダー・スキーマは、身体的性差を社会や人々が何にも増して強調することから派生した、③生物学的性別から文化的性別へと置き換えられるメカニズムが人々の認知過程に置かれている、④このジェンダー・スキーマに自己概念が同化された結果、性役割の獲得が生じるとしている（Bem 1981）。

またベムらは、ジェンダー・スキーマによって、パーソナリティ特性が男性あるいは女性と認知されると、異性役割のパーソナリティは自らの生物学的性とは相入れないと認知される。そのため、ジェンダー・スキーマは、個人が異性性（男性の場合は女性性、女性の場合は男性性）を自己概念として持つことを抑制するとしている（Bem 1981）。

このように、この理論は子どものジェンダー化の主な要因は社会の側にあると考えている。この考え方は、本書が幼稚園を研究対象とする際にも参考にできるという点で有効である。しかしながら、この理論は「人はなぜ両性具有性を形成するに至るかについての考察がない」（土肥 1996）等の点で限界が指摘されている。また、この理論においては「生物学的性別から文化的性別へと置き換えられるメカニズムが人々の認知過程に置かれている」（Bem 1981）とされるが、本書はこれを認知過程ではなく、集団との関係という視点から考察するというスタンスに立っている。したがって、この理論では本書の問いに答えることができないという点に限界がある。

言語的認知説

最後に、「言語的認知説」であるが、これはマネー（Money）とタッカー

（Tucker）が論じたものである。マネーとタッカーによれば、人の脳の中では男性／女性であるとは何を意味するものなのかという概念（図式）が組み立てられていくとしている。その輪郭は身近にいる家族、まず母親、次に父親と兄や姉から始まり、そしてその時期に家族と等しい関係にある人たち、さらにその赤ん坊の理解範囲が広がるにつれて大きくなる社会の影響によってつくられていく。それらの図式の一方が、自分自身に対して何を期待すべきか、そして自分と同性の人々とどのような関係を持つべきかということを教えてくれる。もう一方の図式は周りの異性に何を期待し、どう反応したら良いかを示すこととなる。この２つの図式が一体となって、幼児の性自認と性役割の大部分を規定する（Money＆Tucker 1975＝1979）。

また、マネーとタッカーは、性自認・性役割は、話し言葉を習得するのとほとんど同じ方法で習得されるとしている。人間は性自認として発達する素のようなものを持って生まれてくるが、ジェンダーに対する配線は完備されていてもプログラムはされていない。そのため、社会からの刺激がなくては男性あるいは女性として分化できない。つまり、ジェンダーに対する生まれつきの傾向と、出生後の数年間にもたらされたジェンダーに関する合図との間の相互作用によって、男性あるいは女性としてはっきりと自認できるようになるのである。さらに「その時点で自ら認めたジェンダーが本来の性（native gender）となり、その後の人生においてどんな行動をとろうと、またどんな運命が定められていようとも、その性がいつまでも残り続ける」（Money＆Tucker 1975＝1979：109）としている。

このように、この理論では認知発達理論と同様、発達の影響を視野に入れた一方で、ジェンダー・スキーマ理論と同様、人の脳の中に男性／女性であるとは何を意味するものなのかという概念（図式）が形成されると指摘している。さらに、社会的学習理論と同様、社会の影響を指摘しており、これら３つの理論を統合したような理論となっている。

マネーは、一卵性双生児の兄弟の１人で、包茎手術中に性器を誤って切り取られてしまった幼児の性器を女性器に変換した。その後、その幼児が女児として生活していくことができた例をもって、この理論を実証したと主張した（Money＆Tucker 1975＝1979）。しかし、後の調査により、この幼児が女性としての自分になじめず、深刻なアイデンティティ・クライシスを起こしていたことが判明した。このことをもって逆に男か女かのアイデンティティは生まれつき決まっているものであるという論調も出てきたが、いずれにしろ1つの事例では一般化はできない（加藤 2006）。

このような点からマネーの主張は批判されてきたが、そのことを考慮に入れてもなお、性自認に対する社会的経験の影響の重要性を指摘している点は本書にとって重要である。特に「人間の性自認も社会からの刺激がなくては男性あるいは女性として分化できない」（Money＆Tucker 1975＝1979：109）という点は直接的に参考になる記述である。

しかし、本書の問いからすれば、この理論は家庭外の集団における力学が性自認に与える影響の詳細を説明することはできないという点に限界がある。

以上4つの理論について検討してきた。これによって明らかになったのは、いずれの理論も家庭外における両親以外の大人や仲間が幼児の性自認に影響を与える要因となり得ることを指摘しているが、幼稚園のような日常的・継続的に関係が保たれる組織的集団の中で生じた集団力学の影響等については説明していないという点である。

1—3　まとめ

ここでは以上の検証により、明らかになった点をまとめる。

図序－1は、以上の検証により明らかになった従来の理論が対象とする範囲を図示したものである。縦列は時系列を示し、幼稚園入園前と入園後に分けてある。横列は家庭内か家庭外かで分けたうえで、集団力学を考慮に入れているか（「集団力学」と記載）、否か（「非集団」と記載）で分けてある。そのうえで、従来の理論が対象とする部分に網をかけてある。なお、この図序－1は、後述する図序－6および図序－7と対応し、同じ枠組みを使用しているものである。

図序－1について見てみよう。従来の理論は、家庭内を対象としたもの（発達同一視理論、ジェンダー発達理論、パーソンズの社会化論）と、家庭外を対象に含んだもの（社会的学習理論、認知発達理論、ジェンダー・スキーマ理論、言語的認知説）があった。発達同一視理論、ジェンダー発達理論、パーソンズ

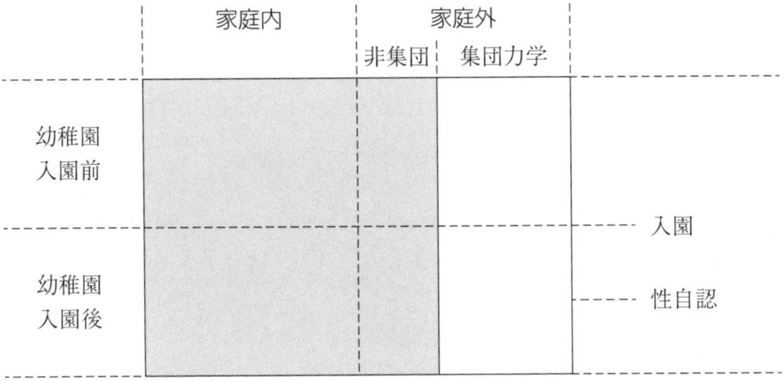

家庭内
家庭外
非集団
集団力学
幼稚園
入園前
入園
幼稚園
入園後
性自認

図序－1　従来の理論が対象とする範囲

の社会化論は、家庭内における大人―子どもという垂直軸を基本としており、子ども同士のピアという水平軸が含まれていなかった。本書は垂直軸と水平軸とが相互行為場面における指導や活動を通して、幼稚園の構造的な特徴と交差するところで出てくる集団的現象として性自認を扱っている点に特徴がある。したがって、これらの理論には水平軸が含まれていないという点に本書から見た限界があった。

一方で、社会的学習理論、認知発達理論、ジェンダー・スキーマ理論、言語的認知説においては、家庭外における両親以外の大人や仲間が幼児の性自認に影響を与える要因となり得ることを指摘しているが、幼稚園のような日常的・継続的に関係が保たれる組織的集団の中で生じた集団力学（継続的な人間関係や力関係等）の影響等については説明していない。本書ではこの集団力学の影響に着目するため、これを説明しきれないという点に本書から見た限界があった。

また、これらの理論は年齢としては幼稚園入園前の時期から幼稚園入園後に該当するまでの年齢に限定されていた。以上により、これらを総合すると、図序－1の網かけ部分を対象としていたといえよう。

2．実証研究の検討

前項では、心理学および社会学における理論と本書の関係を分析した。これをふまえ、本項では、心理学的および社会学的実証研究を取り上げ、本書との関係を分析することにより、本書の立場を明らかにしていく。ジェンダーに関係のある実証研究は、心理学においては1950年代ごろから国内外を問わず層の厚い蓄積がある。一方、社会学においては幼児を対象としたジェンダー関連の研究自体が少なく、海外においても多くはないが、日本においては数えるほどしかない。その中で、幼児が性自認するまでのプロセスを扱った研究はなされてこなかった。こうした状況を、以下ではいくつかの観点から検証していく。

2－1　心理学的実証研究の知見

心理学的実証研究の多くは、性自認のプロセスや要因を明らかにしようとするものではなく、幼児の性別に関する認知がある時点でどのような状態にあるかを測定するというものが多い。また、ある時点での幼児の傾向をつかむことを目的とした研究も存在する。前述のように、ジェンダーに関係のある心理学的実証研究は数えられないほど多くの蓄積がある。そのため、ここでは本書のポイントである、「性自認」に関連の深い研究に焦点を絞って検討していく。以下ではこれらの研究が明らかにしたことを概観し、社会学の視点から本書との関係を考察する。

幼児のある時点での性別に関する認知の状態を測定した研究は非常に多数の蓄積がある。一例として、ラバン（Rabban 1950）、深谷（1965a、1965b）、小橋川（1969）、トンプソン（Thompson 1975）、スラビーとフレイ（Slaby＆Frey 1975）、マルクスとオーバートン（Marcus＆Overton 1978）等がある。しかし、「あなたは男の子ですか、女の子ですか？」という質問に対して正しい答えが得られるのは、4歳ごろで大部分が答えられるようになる（Rabban 1950）、3歳の初めには70～75％が正しく答えられるようになる（小橋川 1969）等見解に相違がある。こうした点について東清和と小倉千加子は、研究対象群の質の相違、あるいは研究年度の違いと対応していると分析しており、「性別自認にも発達加速現象が生じているためかもしれない」（東・小倉 1982）と解釈している。東・小倉がこの「発達加速現象」と解釈している部分について、本書は幼児を取り巻く社会的要因の変化と、幼児の家庭外における相互行為からの説明を試みるものである。

また、親が幼児の性役割学習に与える影響についての研究もなされてきた。例えば、シアーズほか（Searsほか 1946）、シアーズほか（Searsほか 1957）、リンとソーレイ（Lynn & Sawrey 1959）、マッセンとディストラー（Mussen &Distler 1959、1960）、マッセンとルサフォールド（Mussen & Rutherford 1963）、ヘザリントン（Hetherington 1965）、ミニュチン（Minuchin 1965）等がある。マッセンは、同性の親の統制力が幼児の性役割学習にとって重要であるとしている。ただし、親子が養護的関係にない場合は、親の意図的教授の効果が低くなるとした（Mussen & Distler 1959、1960）。また、リンとソーレイは、父親がいない男児の性別同一化は不安定であり、これを補うために極度に男性的役割を取ることがあると述べている（Lynn & Sawrey 1959）。本書においては、親との関係が幼児の性自認に及ぼす影響については検討の対象範囲に含まないが、本書が対象とする幼児が入園前や家庭内で親と過ごす際に受けている影響について考慮に入れる場合には、これらの知見が参考になると考えられる。

このほかに、きょうだい構成・出生順位が性役割発達に及ぼす影響についても研究が蓄積されてきた。例えば、フォールズとスミス（Fauls&Smith 1956）、ブラウン（Brown 1956）、ブライム（Brim 1958）、ローゼンバーグとサトン-スミス（Rosenberg&Sutton-Smith 1959）、依田・深津（1963）等がある。フォールズとスミスによると、4～5歳児を対象として絵カード選択テストを行った結果、同性の兄弟を持つ幼児よりも一人っ子の方がより性別と合致した選択をした（Fauls & Smith 1956）。また、ブラウンによると、姉妹のいる男児よりも兄弟のいる男児の方が、男性度が有意に高かった（Brown 1956）。ローゼンバーグとサトン-スミス、ブライムによれば、兄のいる男児の男性度が最も高く、姉のいる男児の男性度が最も低かった（Brim 1958、Rosenberg&Sutton-Smith 1964）。また、依田明・深津千賀子は、男性的行動特性と長子的性格、女性的行動特性と次子的性格の間に共通性があることを明らかにした（依田・深津 1963）。また小橋川慧は、男児の男性的傾向は、兄を持つ男児が最も強く、姉を持つ男児が最も弱い、女児の女性的傾向は、姉を持つ女児が最も強く、弟を持つ姉が最も弱いと考察した。これはローゼンバーグらの結果に一致する。しかし、きょうだい構成が3人以上になると結果が逆になることもある。そのため、きょうだい構成と性役割発達についてはいまだ定説がない（小橋川 1966）。ただし、身近に同性モデルが多いほど性役割発達に影響が強いという仮説は、幼稚園という同性集団を含む場を対象とする本書の立場を支えるものであると考えられる。

最後に、なぜ女児が男児と遊ぶのを避けて先生や他の大人と一緒にいようとするのかを明らかにしようとした研究（Greeno 1989）についてふれておく。対象は幼稚園児と小学校１年生で、方法としては以下のような実験を行った。まず、4人ずつのグループ（男女混合グループおよび同性グループ）をつくり、玩具の置いてある同一の部屋に連れて行った。その部屋では大人の女性が部屋の片隅に座り、後半にはもう片方の隅に移動した。このときの幼児たちの動きを観察するという方法であった。その結果、女児は男児がいる場合には女性の近くについて行き、女児のみの場合には女性と反対の位置に移動した。これにより、大人の近くについて行く行為は女児の一般的な特徴なのではなく、男女混合グループの場合のみに生じる現象であることが指摘された（Greeno 1989）。このように心理学においても、実験時に小さなグループを作成し、集団力学の基本的な動きをとらえようとするものもある。こうした研究は、本書における各相互行為場面の解釈をする際にも参考になるものであると考えられる。

2―2　社会学的実証研究の知見

日本において就学前教育機関における幼児を対象としたジェンダーに関する社会学的実証研究は、それほど多くはない。代表的な研究としては森（1989、1995）、河出（1992、1993）、藤田（2004）が挙げられる。海外ではキング（King 1978）、ヘンドリー（Hendry 1986）、トービンほか（Tobinほか 1989）の研究等がある。

まず森繁男は、相互作用場面の観察および保育者に対するインタビューを通して、保育者が幼児にとって「自然だ」という「思い込み」から教室秩序や教育目標を達成するための「手段」としてジェンダーを使用していることを明らかにした。そして保育者・幼児双方にとって、ジェンダーが相互行為を成立させるための「道具」となるとの考察を行った（森 1989、1995）。この研究における集団内の保育者・幼児間の相互行為場面を観察するという方法は、本書にとっても参考になる有効な点である。

しかしこの研究は、第1に保育者サイドに関心の重点が置かれており、幼児側の反応については保育者に関する分析からの推測という形になっている。また、第2に幼児の性自認メカニズムには焦点を当てていない。本書の問いの解明にとってはこの2点が限界となる。なお、キングも幼稚園における保育者が、理念として共有されている「児童中心主義」と矛盾する「性別類型化」を行っていることを報告しており（King 1978）、森もこの研究を参考としている。

次に河出三枝子と藤田由美子は、集団のダイナミズムに着目し、幼稚園における相互行為場面の観察により、主に年中組・年長組の幼児がすでに性別カテゴリーを使用し、操作していることを報告した（河出 1992、1993、藤田 2004）。これにより子ども集団のセクシズム再生産メカニズムの一部を明らかにした。これらの研究における「集団のダイナミズム」に着目するという視点、相互行為場面を観察するという方法は、本書にとっても参考になる有効な点である。

しかし、これらの研究は第1に幼児がすでに性自認していることを前提に行われており、性自認までのメカニズムについては解明されていない。また、第2に断続的に幼稚園に行き、そこで観察された事例を取り上げて解釈を行うという方法が取られており、同じ幼児たちを継続して追跡するというアプローチは取られていない。そのため、各幼児の変化や多様性等については言及されていない。本書の問いの解明にとっては以上の2点が限界となる。

そして、ヘンドリーとトービンらは、ともに日本における幼児教育を民族誌的に記述することによって日本文化の一部を明らかにするという視点からの研究を行った。そのため、ジェンダーの問題を直接扱うものではない。ヘンドリーは、日本人がいかにして社会に入っていくかという問題を明らかにする中で、ジェンダーに関しては持ち物の色、服装、保護者による子どもに対する期待、幼稚園外のお稽古ごと等に男女で違いが見られることを報告した（Hendry 1986）。

また、トービンらは、日本、中国、アメリカの幼稚園の状況をビデオ録画し、それを当該幼稚園、他の幼稚園の保育者、経営者、保護者等に見せ、インタビューを行うという方法で研究を行った。その結果、日本の幼稚園では年中・年長の女児が年少児の世話をしている様子を描写した。また、経営者は「女の子らしさ」を前面に出して強調することはしないが、「思いやり」「気がつく子」を育てるというような考えを持っていることを明らかにした（Tobinほか 1989）。

これら2つの研究はともに相互行為場面や集団の力学に重点を当てたものではないという点で森、河出、藤田の研究とは異なるが、外国から日本を見た際に特徴的なものとして目につく点がどこであるかを知る意味では参考になると考えられる[4)]。

2—3　本書の方法論的立場

表序－1は、本書と心理学・社会学的実証研究の方法論的立場を比較検討するために作成したものである。表側を「心理学」「本書」「社会学」に分け、表頭を「手法」「期間」「対象者」「視点」に分けてある。

心理学的実証研究の手法

まず、「手法」であるが、心理学的実証研究においては「実験（選択テスト・評定法）」「観察」「インタビュー」といった手法が取られてきた。

「選択テスト」は、幼児の性別化行動を研究する際に最もよく用いられるもので、実施方法は主に以下の通りである。まず、性別化された玩具、活動等を

表序－1　本書と心理学的・社会学的実証研究の方法論的立場の比較

	手法	期間	対象者	視点
心理学	・実験 {・選択テスト {・評定法 ・観察 ・インタビュー	一時点or一時点×複数回	・毎回異なる幼児 ・数回同じ幼児	・ある時点での個々人の内面・心理・認知・反応（これをもとに原因等を考察） ・親子関係
本書	・実験 ・観察 ・インタビュー ・アンケート	継続的 （数か月、毎週）	同じ幼児および集団を継続的に追跡	・ある時点での個々人の行動・反応とその質 ・幼児の行動・反応とその質の継時的な変化およびその要因（幼児同士あるいは幼児と保育者の相互行為等、幼児が日々生活する公的な場での継続的な経験に着目）
社会学	・観察 ・インタビュー ・アンケート	継続的 （数か月～数年）	同じ幼児あるいは集団を継続的に追跡	・幼児同士あるいは幼児と保育者の相互行為 ・幼児の行動・反応の質的分析

対（男—女）にして幼児に提示し、「好きなもの」を選ばせる。性役割の概念をとらえる場合には、「男児のもの」「女児のもの」に分類させる（Rabban 1950、Sears 1953、Weider＆Noller 1953、Brown 1956、井上 1959、間宮 1959、Rosenberg＆Sutton-Smith 1959、DeLucia 1963ほか）が、数あるテストにほぼ共通する方法である。

具体的には、Rabban テスト（Rabban 1950）、It尺度（It Scale for children）（Brown 1956）、Game＆Play Preference Test（Rosenberg＆Sutton-Smith 1959）、DeLucia尺度（DeLucia 1963）、ドル・プレイにおいて人形と女性人形のいずれをより多く用いるかを見たもの（Sears 1953）、人形描画テストで男性と女性のいずれを先に描くかを見たもの（Weider＆Noller 1953）等があり、それぞれに少しずつ異なる特徴を持っている。また、「評定法」は、男女別に5段階の評定尺度を作成し、級友がどの尺度に該当するか記入させるもので、グレイ（Gray 1957）、ハーヴィガースト（Havighurst 1953）等がある。

そして「観察」であるが、これは幼児の異性役割を回避する傾向をとらえるために行われるもの等である。例えば、ハータップらは、観察法を用いて幼児の異性役割回避の傾向を同性役割選択から分離して測定することを試みた（Hartupほか 1963）。これは、一定の時間の中で15秒ごとに幼児を観察し、観察した瞬間の行動（何を見ているか、どこに立っているか、何に手を触れているか）を記録するものである。各行動は異性玩具、中性玩具、その他に分類し、その後数値化する等、「観察」とはいってもこの場合は参与観察等とは異なり、実験の中で観察を行うというものである。ただし、近年になって、心理学においても少しずつ参与観察の手法が用いられるようになり、保育所における観察によって幼児の性自認形成をとらえようとする研究（金田・清水 2003）等も見られるようになった。

また、「インタビュー」は例えば、幼児に「あなたは男の子ですか、女の子ですか？」と質問をして、正しい答えが得られるかを判定するという研究等で使用されている（Rabban 1950、小橋川 1969）。

社会学的実証研究の手法

一方、社会学的実証研究においては、「観察」「インタビュー」「アンケート」といった手法が取られてきた。ここでいう「観察」とは主に参与観察の類を指す。幼児を対象としたジェンダー関連のほとんどは参与観察の手法を用いている（森 1989、1995、河出 1992、1993、藤田 2004ほか）。また、幼児に対する参与観察と保育者に対する「インタビュー」を組み合わせて分析を行った研究（森 1995）や、保育者に対する「アンケート」結果を分析した研究（河出 1992、1993）等も見られる。

なお、「観察」「インタビュー」「アンケート」は心理学においても社会学においても用いられるが、心理学において用いられる際には、幼児のその時点での内面、心理、認知、反応をとらえること、あるいは幼児と保護者の関係をとらえることを目的として用いられることが多い。それに対して、社会学に用いられる際には、幼児を取り巻く環境・状況や相互行為等をとらえることを目的として用いられることが多い。このように、「観察」「インタビュー」「アンケート」という同じ手法を用いる場合でも、心理学と社会学では用いる目的や視点が異なる。

本書の手法

これに対し、本書においては「実験」「観察（参与観察）」「インタビュー」「アンケート」といった手法を用いる。これは、心理学的な「実験」という手法と心理学、社会学がいずれも用いている「観察」「インタビュー」「アンケート」という手法を組み合わせて用いるもので、「手法」という点から見ると、本書は心理学と社会学を融合した点に位置づく。ただし、本書における「実験」において用いる尺度は、これまでの心理学的実証研究において用いられてきた通常の尺度とは異なり、筆者がオリジナルに作成したものである。

次に、「期間」「対象者」「視点」について見ていく。性自認に関する心理学的実証研究においては、前述のように「実験」といった手法が用いられることが多い。そこでは、継続的に幼児の生活世界をとらえるというよりは、ある一時点に幼児を集めて実験を行い、幼児のその時点での内面、心理、認知、反応をとらえ、原因等を考察するということに重点が置かれる。そのため、心理学的実証研究においては実験ごとに毎回異なる幼児を対象とすることが比較的多く見られる。ただし、変化をとらえることを目的とした研究（実験や参与観察等）においては同じ幼児を、時間をおいて複数回対象とすることもある。

また、心理学的実証研究においては、性自認を保護者との関係でとらえる視点が強いため、幼児と保護者の親子関係に着目した研究もなされている（Sears ほか 1946、Mussen＆Distler 1959、Lynn＆Sawrey 1959、Mussen＆Rutherford 1963、Hetherington 1965、Minuchin 1965）。

一方、社会学的実証研究においては、幼児同士あるいは幼児と保育者の相互行為や、幼児の行動や反応の質的分析に重点が置かれる。こうした目的には参与観察が適しているため、この手法が多く用いられてきた（森 1989、1995、河出 1992、1993、藤田 2004）。その際、相互行為に着目して、同じ幼児あるいは集団を一定期間継続して観察する場合が多い。

これに対し本書は、実験によって定期的にその時点での幼児の行動や反応を測定し、これを継続的に行いその変化をとらえる。そのうえで、こうした変化がどのように、あるいは何がきっかけで生じたのかを、観察によって得た相互行為場面等のデータを用いて分析していくという手法を取る。

このように、本書は実験という点では心理学的方法論によっているものの、その他の研究の手法や視点としては、社会学的方法論によっている。すなわち、これまで主に心理学が対象としてきた領域に対して、社会学的手法を用いたアプローチを試みるものである。

2―4　本書の対象範囲

ここでは、心理学的・社会学的実証研究の対象範囲と比較することによって、本書の対象範囲を明らかにしていく。

心理学的実証研究の対象範囲

図序－２は、これまでの心理学的実証研究における研究対象範囲を図示したものである。図序－２のように、これまでの性自認に関する心理学的実証研究においては、主に幼児本人の心理、幼児本人と保護者の関係、幼児本人と実験者の関係、幼児本人と知らない子ども（実験や観察のために集められた子ども）の関係、幼児本人と知っている子ども（実験や観察のため）の関係、幼児本人ときょうだいの関係、幼児本人とＴＶ等のメディアの関係などを対象範囲としてきた。このように、幼児本人の内面や、家族のように近しい関係にある人々との関係が重視されてきた。

一方で、幼稚園や保育所といった家庭外にある幼児の人間関係については、

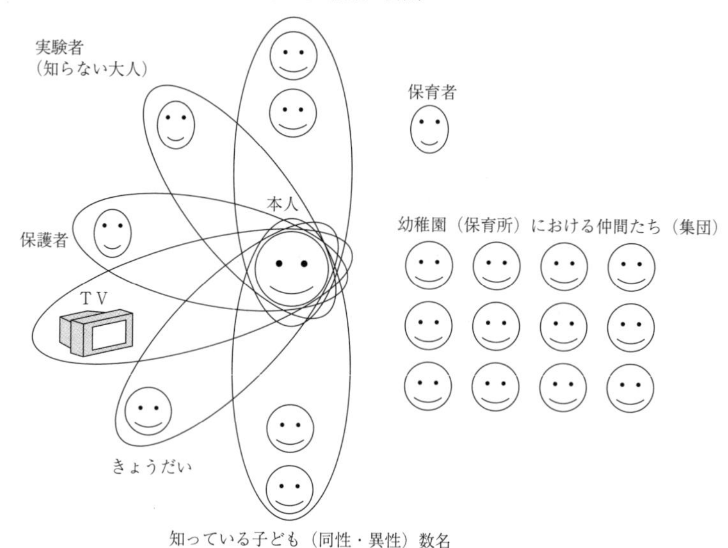

図序－2　対象者（心理学）

重要性が指摘されながらも十分な研究の蓄積がなされてこなかった。前述のように、近年、心理学においても参与観察の手法が用いられるようになり、保育所における観察によって幼児の性自認形成をとらえようとする研究（金田・清水 2003）も見られるようになった。しかし、観察の視点は、観察の中で現れた個々の幼児の性別に関する行動・反応・発言をもとに考察するというものであり、幼児を集団としてとらえる視点や、個体識別による変化の追跡、幼児の仲間とのつながり等については分析の対象とされていない。

社会学的実証研究の対象範囲

図序－3は、これまでの社会学的実証研究における研究対象範囲を図示したものである。図序－3のように、これまでのジェンダーに関する社会学的実証研究においては、主に幼児本人と保護者の関係、幼児本人とＴＶ等のメディアの関係、幼児本人と保育者の関係、幼児本人と仲間（集団）の関係等を対象範囲としてきた。このように、幼稚園や保育所といった家庭外にある幼児の人間関係が重視され、研究が蓄積されてきた。

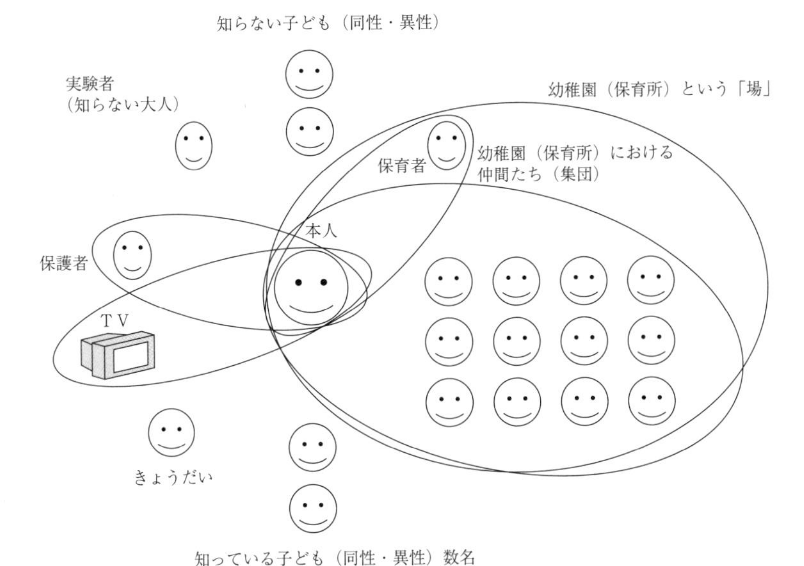

図序－3　対象者（社会学）

本書の研究対象範囲

先の図に対し本書の研究対象範囲を図示したのが、図序－4である。図序－4のように、本書はこれまでの心理学的実証研究においては主に対象とされず、社会学的実証研究において多く対象とされてきた、幼稚園という家庭外の場における幼児の人間関係を対象とする。その際、幼稚園内の集団力学に着目し、幼児の集団における経験が幼児の性自認とどのような関係にあるか明らかにしていく。本書が図序－4の範囲を明らかにすることで、性自認に関する議論の地平が図序－5のように広がることになるだろう。

では、従来のジェンダーに関する社会学的実証研究と本書との違いはどこにあるのだろうか。以下に検討していく。

図序－6は、従来の社会学的実証研究が対象とする範囲を図示したものであり、枠組みは図序－1と同じものを使用している。そのうえで、該当する部分に網かけをしている。

従来のジェンダーに関する社会学的実証研究は、家庭外の教育機関（幼稚園、小学校、中学校、高校等）を対象とし、集団力学に焦点を当てた研究を行って

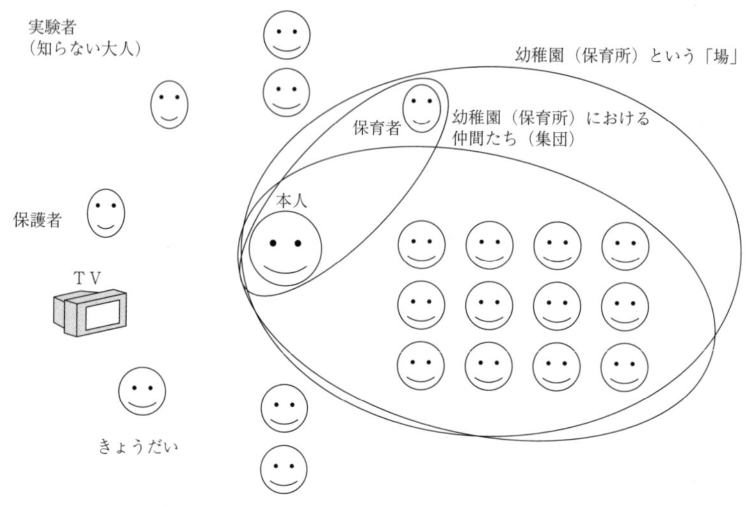

図序－4　対象者（本書）

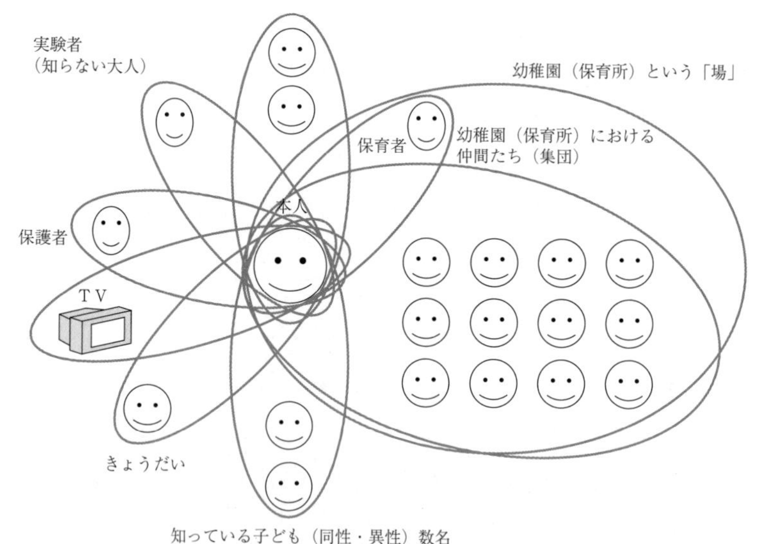

図序－5　対象者（全体）

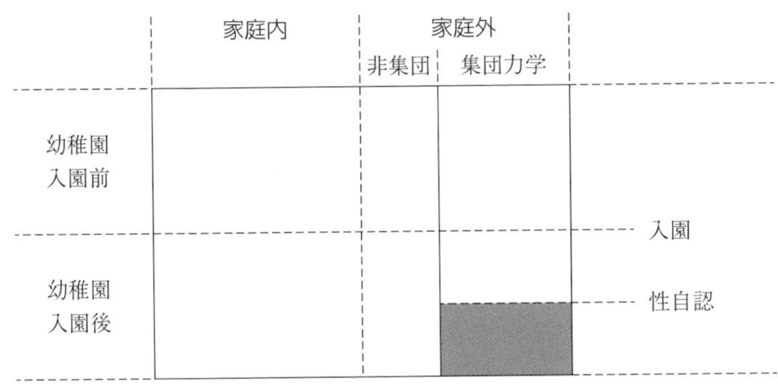

図序－６　従来の社会学的実証研究が対象とする範囲

いた。しかし、幼稚園を対象としていても、幼児がすでに性自認していることを前提とした研究を行っており、幼児が幼稚園において性自認するまでの時期においては自覚的な研究がなされてこなかった。以上より、図序－６の網かけ部分を対象としていたことがわかる。

３．本書の位置づけと意義

図序－７は、図序－１と図序－６を統合したものである。そのうえで、本書が対象とする部分に斜線を引いてある。

従来の理論および心理学的、社会学的実証研究によって、家庭内および家庭外の非集団的部分、そして家庭外のすでに性自認した幼児以降を対象とした教育機関（幼稚園、小学校、中学校、高校等）における集団力学に焦点を当てた研究が蓄積されてきた。しかし、幼児が幼稚園において性自認するまでの時期については看過されてきた（図序－７の斜線部分）。したがって、この時期の幼稚園児を対象とし、社会学的方法によりながら、集団力学に焦点を当てた研究（集団における相互行為的な視点を導入）を行うことが本書の１つの特徴となっている。

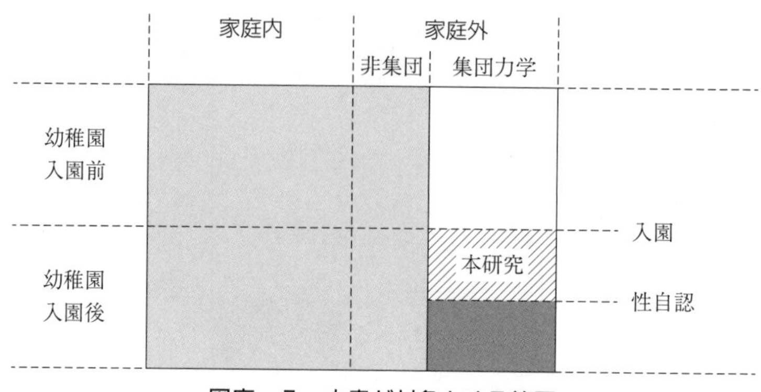

図序－7　本書が対象とする範囲

第3節 —— 本書の課題構成と章の構成

1．本書の課題構成

本書は、「幼稚園3歳児クラスにおける幼児の『性自認メカニズム』と『男女間の権力関係の非対称性形成過程』の関係」を明らかにするという問いをメイン・クエスチョン（以下「MQ」）としている。しかし、この問いは抽象度の高い問いであるため、この問いを解くためには以下のようにいくつかの検証可能な問い（サブ・クエスチョン。以下「SQ」）にブレイクダウンする必要があると考える。

図序－8は、本書における課題構成を表すために作成したものである。MQを解くために必要な手順を1つずつのSQとし、順番に示してある。以下では、図序－8に沿って、MQとSQについて詳論する。

前述のように、本書のMQは「幼稚園3歳児クラスにおける幼児の『性自認メカニズム』と『男女間の権力関係の非対称性形成過程』の関係」を明らかにすることである。これを明らかにするためには、まず本書における「性自認」「男女間の権力関係の非対称性形成過程」、そして「男女間の権力関係の非対称性形成過程」を分析するうえで重要となる「男女間の差異」という用語の意味を定義する必要がある。

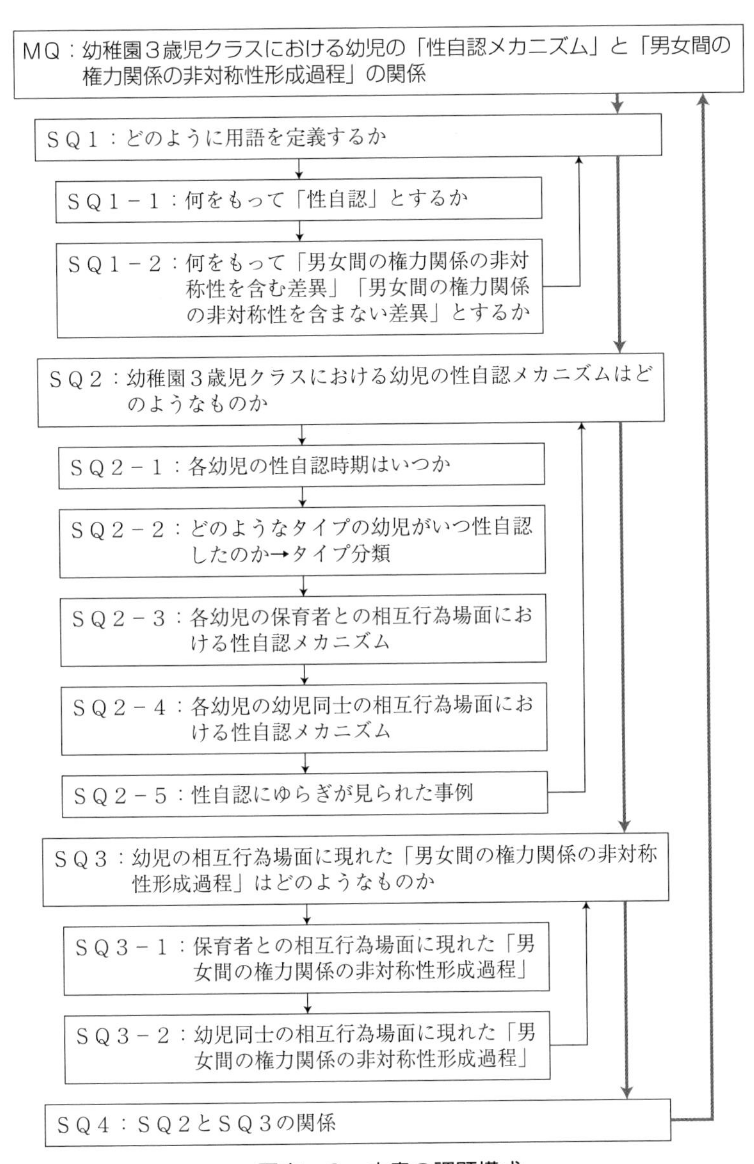
MQ：幼稚園３歳児クラスにおける幼児の「性自認メカニズム」と「男女間の権力関係の非対称性形成過程」の関係
SQ１：どのように用語を定義するか
SQ１－１：何をもって「性自認」とするか
SQ１－２：何をもって「男女間の権力関係の非対称性を含む差異」「男女間の権力関係の非対称性を含まない差異」とするか
SQ２：幼稚園３歳児クラスにおける幼児の性自認メカニズムはどのようなものか
SQ２－１：各幼児の性自認時期はいつか
SQ２－２：どのようなタイプの幼児がいつ性自認したのか→タイプ分類
SQ２－３：各幼児の保育者との相互行為場面における性自認メカニズム
SQ２－４：各幼児の幼児同士の相互行為場面における性自認メカニズム
SQ２－５：性自認にゆらぎが見られた事例
SQ３：幼児の相互行為場面に現れた「男女間の権力関係の非対称性形成過程」はどのようなものか
SQ３－１：保育者との相互行為場面に現れた「男女間の権力関係の非対称性形成過程」
SQ３－２：幼児同士の相互行為場面に現れた「男女間の権力関係の非対称性形成過程」
SQ４：SQ２とSQ３の関係

図序－８　本書の課題構成

2．ＳＱ１について

そこで、はじめに「ＳＱ１:どのように用語を定義するか」のうち、「ＳＱ１－１：何をもって『性自認』とするか」について明らかにしていく。「性自認」という用語自体の意味を定義する必要があるのは、先行研究において「性自認」のクライテリア（判断基準）が複数存在していたためである。そして、それに伴い「性自認」に至るまでのプロセスも複数の説明がなされてきたが、「性自認」という用語の意味するところは必ずしも明確にはされず、研究者によって異なる意味で使用されながらも、意味の統一がなされぬまま議論が重ねられてきた面があることは否めない。

そこで、本書において「性自認」という用語を使用するにあたっては、「性自認」という用語の定義を明確に把握したうえで、先行研究においてどのような意味で使用されてきたのかを整理する必要があろう。その全体図を描いた後、本書においては「性自認」という用語をバトラーの主体形成の議論をヒントに精緻化する。そのうえで、本書における「性自認」という用語が指し示すところを明確に定義し、後の議論を進めていく。

次に「ＳＱ１－２:何をもって『男女間の権力関係の非対称性を含む差異』『男女間の権力関係の非対称性を含まない差異』とするか」について明らかにする。ここでは、①「ジェンダーの規範化過程」とは何か、②「男女間の権力関係の非対称性を含む差異」「男女間の権力関係の非対称性を含まない差異」とは何か（定義）、③なぜ「ジェンダーの規範化過程」を明らかにするために、「男女間の権力関係の非対称性を含む差異」および「男女間の権力関係の非対称性を含まない差異」を指標として用いるのかについて論じていく。

3．ＳＱ２について

前述のように本書で使用する用語を定義したうえで、「ＳＱ２：幼稚園３歳児クラスにおける幼児の性自認メカニズムはどのようなものか」について明らかにする。具体的にはまず、ＳＱ１－１で定義した「性自認」という用語のもとで、これに沿った調査設計を行う。そうして得たデータをもとに、「ＳＱ２

－１：各幼児の性自認時期はいつか」を明らかにする。その際、ＳＱ１で定義した「性自認」のクライテリアを「各幼児の性自認時期を測定するためのものさし」として使用する。これにより、対象とした全幼児がいつ性自認したのかを詳細にとらえるとともに、大まかな傾向をとらえることをねらいとしている。性自認の「時期」をとらえるのは、時間軸における前後関係から因果関係を推測できるようにするためである。すなわち、「性自認」に影響を与えたと考えられる要因は、各幼児が性自認した日より前に存在しているという考えに立って観察データを分析していくための準備作業となっている。

これをふまえて、次の段階としてようやく「幼稚園３歳児クラスにおいて、どのようなタイプの幼児がいつどのようなメカニズムで性自認したのか」の分析が可能となる。そこでまず「ＳＱ２－2:どのようなタイプの幼児がいつ性自認したのか」という部分を明らかにする。すなわち、タイプ分類の作業を行う。タイプ分類にあたっては、性自認時期に対応したタイプ分類を行う必要がある。そのためには、性自認時期の早い遅いに影響を与えている要因を突き止めなければならない。

そこでまず、「性別」「月齢」「出生順位」の３つの要因と性自認時期の関係を検証する。「性別」を取り上げるのは、後述するように、先行研究において「男の子の方が女の子より性自認が早い」と報告されていたためであり、「月齢」を取り上げるのは、「一定の年齢になると幼児は性自認をする」と報告されていたためである。そのため、本書のデータにおいても同様の結果となるのか検証すべく取り上げる。また「出生順位」を取り上げるのは、先行研究において性自認に対する「出生順位」の影響について報告されていたためである。

次に、３歳児クラスにおける「他者との関係の持ち方」（＝「保育者との関係の持ち方」「仲間との関係の持ち方」）という要因について検証する。これは集団における要因として、「保育者」という絶対的な権力者との距離の取り方および仲間との距離の取り方というクラスにおける位置取りが、性自認時期と関係しているのかを見極めるためである。これらの検証結果をもとに、性自認時期の早い遅いに大きな影響を与えていると考えられる要因を突き止め、それをもとにタイプ分類を行う。

次に「ＳＱ２－３：各幼児の保育者との相互行為場面における性自認メカニ

ズム」を明らかにする。本書においては「対保育者および幼児同士の相互行為」がメインであるため、まずこれについて分析を行う。「対保育者および幼児同士の相互行為」は、「幼児と保育者の相互行為」と「幼児同士の相互行為」から構成されている。この2つのうち、幼稚園に入園して間もないまだ友だちもできないうちから相互行為を行っている保育者との関係について先に分析する。すなわち、これを明らかにするにあたって、まず「幼児と保育者の相互行為」が、幼児が性自認をするまでにいつ・何回あったのかをカウントする。これにより、各幼児が性自認するまでに保育者と何回相互行為を行ったのかを割り出す。その次に、各相互行為の内容分析を行い、「幼児と保育者の相互行為」による性自認はどのような要素で構成され、どのようなメカニズムで行われていたのかを明らかにする。

そして、「ＳＱ２－4:各幼児の幼児同士の相互行為場面における性自認メカニズム」を明らかにする。これについては「幼児同士の相互行為」場面に対して、ＳＱ２－３と同様の分析を行うことによって明らかにする。そのうえで、「ＳＱ２－５：性自認にゆらぎが見られた事例」について検証する。ここではＳＱ２－３、ＳＱ２－４に収まりきらないような、性自認に混乱やゆらぎが見られた事例について検証する。これを含め、ＳＱ２－１～５までを統合し、「ＳＱ２：幼稚園３歳児クラスにおける幼児の性自認メカニズムはどのようなものか」を明らかにする。

4．ＳＱ３について

そして次に、「ＳＱ３：幼児の相互行為場面に現れた『男女間の権力関係の非対称性形成過程』はどのようなものか」について明らかにする。これを明らかにするためにはいくつかの方法が考えられるが、その中の１つとして、①保育者と幼児の相互行為場面、②幼児同士の相互行為場面に分けて、そこで現れた「男女間の権力関係の非対称性形成過程」について分析していき、最後に統合するという方法が有効であると考える。したがって、本書ではこのような考えのもと、「ＳＱ３－１：保育者との相互行為場面に現れた『男女間の権力関係の非対称性形成過程』」について分析した後、「ＳＱ３－２：幼児同士の相互行為場面に現れた『男女間の権力関係の非対称性形成過程』」について分析する。そのうえで、両者の統合を行うことによってＳＱ３を明らかにする。このようにしてＳＱ２、ＳＱ３を明らかにしたうえでそれぞれの結果を統合し分析することにより、両者の関係を明らかにする（ＳＱ４）。これによってMQを明らかにする。

5．ＳＱ１～ＳＱ３と本書の章構成との関係

最後にＳＱ１～ＳＱ３と本書の章構成との関係を述べる。ＳＱ１～ＳＱ３は、それぞれ本書の章に対応している。すなわち、第１章においてＳＱ１を検証し、第２章においてＳＱ２－１を検証する。そして第３章においてＳＱ２－２、第４章においてＳＱ２－３、第５章においてＳＱ２－４、第６章においてＳＱ２－５を検証する。そのうえで第７章においてＳＱ２、第８章においてＳＱ３について明らかにする。これをふまえＳＱ１～ＳＱ３の知見を統合し（ＳＱ４）、第９章においてMQ「幼稚園３歳児クラスにおける幼児の『性自認メカニズム』と『男女間の権力関係の非対称性形成過程』の関係」に対する答えを考察する。

そして、終章において第９章までの総括をした後、本書の知見と先行研究等に対するインプリケーション（結果の含意）およびアプリケーション（応用）を提示し、最後に今後の課題を指摘する。

【註】

1）本書における「集団」とは、クーリー（Cooley）の言うところの「第一次集団」から、その後、アメリカの社会学者を中心に論じられた「第二次集団」への移行期を対象としている。

「第一次集団」とは、成員の対面的関係による親密な結合と成員間の連帯感によって特徴づけられる集団である。これは家族集団、子どもの遊戯集団、近隣集団が挙げられる。この集団の特徴は、①小さいこと、②直接的接触を基礎とすること、③無意識的に形成されること、④成員相互の関心が複合的で、一体感が強いこと、⑤結合関係が協働に先行することである（Cooley 1909＝1970）。

一方「第二次集団」とは、「第一次集団」に対置された形で出てきたもので、会社、政党、労働組合などが挙げられる。この集団の特徴としては、①相対的に大きいこと、②間接的接触への依存度が高いこと、③意識的に形成されること（フォーマルな規約が存在する）、

④成員相互の関心が特殊で、一体感が弱いこと、⑤協働が結合関係に先行することである(塩原・松原・大橋 1969)。

本書は、幼稚園という集団の中で形成される「子どもの遊戯集団」および「クラス集団」を研究対象としている。この２つのうち前者は「第一次集団」といえるだろう。しかし後者は、「第二次集団」の性質も持ち合わせている。ただし、「クラス集団」は意識的に形成されたものではあるが、規模が比較的小さいので、「第一次集団」の性質も多分に持ち合わせているといえる。したがって、前述のように、本書における「集団」は、「第一次集団」と「第二次集団」の中間に位置づくといえるだろう。

2）現在はこのほかに認定こども園があるが、この調査が行われた時点ではまだなかったため、ここでは認定こども園については論じていない。

3）Ｂ幼稚園では観察当時預かり保育を行っていなかった。

4）本書は博士論文としての形を尊重して出版するため、本文においては博士論文受理以降に発表された論文にはふれていない。受理以降に発表された論文で幼児の性自認に関係のある論文として、作野友美, 2008,「２歳児はジェンダーをどのように学ぶのか―保育園における性別カテゴリーによる集団統制に着目して―」日本子ども社会学会編『子ども社会研究』14号　pp.29－44がある。

第1章

概念の検討

本章では、本書において使用する概念（「性自認」「男女間の権力関係の非対称性を含まない差異」「男女間の権力関係の非対称性を含む差異」）の定義を行う。そのために第1節において先行研究における「性自認」の定義を確認し、第2節において先行研究における「性自認」のクライテリア（判断基準）を整理する。そのうえで第3節においてバトラーの主体形成の理論について参照し、それを援用して第4節において本書における「性自認」の定義とクライテリアを明確にする。そして、第5節において「男女間の権力関係の非対称性を含む差異」および「男女間の権力関係の非対称性を含まない差異」の定義を行う。

第1節 —— 先行研究における「性自認」の定義

本書においては「性自認」という概念を使用する。これは英語では“gender identity”という概念である。日本においては「性自認」のほか、「性同一性」「性別自認」「ジェンダー・アイデンティティ」等、いくつもの訳語があり、どれを選択するかは論者によって異なり、一貫していない。また、「性自認」という概念の定義についても漠然としており、極めて抽象的なものである。さらに、この用語は学問分野によって異なる使用方法をされており、心理学と社会学でも異なる。以下ではこれについて検討していく。

1．心理学における「性自認」の定義

まず、心理学における使用方法の例として、アメリカの心理学者であるマネー（Money）とタッカー（Tucker）による「性自認」の定義を見てみよう。

> 1人の人間が男性、女性、もしくは両性（ambivalent＝男女両方の二重傾向をもつもの）として持っている個性の、統一性、一貫性、持続性をいう。どの程度まで統一されているかいないかは問題ではない。とくに、自己洞察と行動という経験を通して身につけられる。性自認は、性役割を個人的に体験することであり、性役割は、性自認を公に対して表現することである（Money＆Tucker 1975＝1979：19）。

なお、ここでいう「性役割」とは以下のような概念である。

> 人が他人あるいは自分自身に対して、自分が男性、女性、もしくは両性のいずれかであることを表すために示すあらゆる言動をいう。性的興奮や性反応をも含むが、それだけには限られない（Money＆Tucker 1975＝1979：19）。

ここまで述べたうえで、マネーとタッカーは以下のように述べている。

> これらの言葉はつい最近紹介されたばかりなので、誰もが同じように理解しているとはいいがたい。（中略）性自認とは（中略）自分自身を男性または女性として認識することである。性役割とは、男性または女性としての自己認識を表現しているあらゆることがらをいう。性役割は、あなたが感じること、考えること、行うこと、言うことのすべてを含んでいるわけで、これらのあらゆる言動はあなたが男性あるいは女性であることを――他の人々だけでなくあなた自身に対しても――表しているのである。性自認と性役割は、2つの別々のものではない。この2つは、1つのコインの表裏ということわざがあるように、同じ1つのものの違った側面なのである。（中略）「性自認・役割」という用語は、この結びつきを強調したものである（Money＆

Tucker 1975＝1979：17-18)。

このように、マネーとタッカーは、性自認を「自分自身を男性または女性として認識すること」、性役割を「他人あるいは自分自身に対して、自分が男性、女性、もしくは両性のいずれかであることを表すために示すあらゆる言動」であるとしたうえで、両者は「同じ1つのものの違った側面」であると説明している。

しかしながら、このマネーとタッカーの使用方法は、今日では社会学の分野から難点が指摘されている（加藤 2006ほか)。争点になるのは「役割」という用語の使用方法である。社会学において「役割」は基本概念である。まず社会的な「役割規範」があり、これが個人に対して「男だからこうしろ、女だからこうしろ」という圧力をかけてくる。これを「役割期待」という。これに対し、その期待された個人が期待された役割を受け止めることを「役割取得」という。このように、社会と個人のやりとりの仲介点になるのが「役割」である。

こうして考えると、確かに個人のアイデンティティと、その社会的な位置づけによって要求される「役割」とは切り離すことはできない関係にある。しかし、アイデンティティと「役割」の間には適当な距離が存在し、マネーとタッカーがいうほどに全く距離がない形で一体化しているものではない。以上のような点に、社会学においてマネーとタッカーによる「性自認」概念をそのまま使用することの限界がある（加藤 2006)。

2．社会学における「性自認」の定義

では、社会学において「性自認」という概念はどのように使用されているのだろうか。社会学において「性自認＝ジェンダー・アイデンティティ」を論じるにあたって、まず重要になるのが「ジェンダー」という概念である。この概念が登場したのは1950年代半ばであるといわれるが、その後50年あまりの間にさまざまな意味・方法で使用されるようになり、近年のジェンダーをめぐる議論に混乱と誤解をもたらしている（加藤 2006)。

加藤秀一は、この混乱した概念の核を次の4つに整理した。すなわち、①性

別そのもの、②自分の性別が何かという意識（ジェンダー･アイデンティティ、性自認）、③社会的につくられた男女差（ジェンダー差、性差）、④社会的につくられた男女別の役割（ジェンダー役割、性役割）である（加藤 2006）。そのうえで、これらをまとめて「日本語の『性』や『性別』に関わる現象で、何らかの意味で＜社会的＞なものをジェンダーと呼ぶ」（加藤 2006：24）としている。

この４つの核のうちの１つの概念である「ジェンダー･アイデンティティ」は、1960年代にアメリカの精神分析学者であるストーラー（Stoller）が提唱した。ストーラーは、人間における性現象をセックスとジェンダーという２つの水準に分けた。これによれば、セックスとは「男あるいは女という性別を、また、ある人が男であるか女であるかを決定する生物学的な構成要素」のことである。一方、ジェンダーとは「セックスに関連してはいるが第一義的に生物学的な含意を持つわけではない、さまざまな行動、感情、思考、幻想の広大な領域」のことである（Stoller 1968＝1973）。

このジェンダーの定義の後半部分から、ストーラーは基本的にジェンダーを心理現象としてとらえているということがわかる。ここから「ジェンダー・アイデンティティ」という概念が出てくる。ストーラーによれば、「ジェンダー・アイデンティティ」とは、自分がどの性別に属するかというセルフ・イメージのことである。特に性別そのものの自己認識を「コア・ジェンダー・アイデンティティ」と呼んでいる（Stoller 1968＝1973）。また、このジェンダーの定義の前半部分から、ジェンダーはセックスによって決まっているわけではなく、それぞれがかなり独立したものであるととらえられていることがわかる。

3．心理学・社会学における「性自認」の定義の違いと共通点

以上、マネーとタッカーによる性自認概念と、ストーラーによる性自認概念を検討してきた。両者の違いは、マネーとタッカーの性自認概念においてはセックスとジェンダーが不可分なものとして論じられているのに対し、ストーラーの性自認概念においてはセックスとジェンダーが独立したものとして論じられている点にあるといえるだろう。この点で、ジェンダーの「社会的」側面を重

視する社会学においては、ストーラーによる性自認概念の系譜が採用されてきた。また、マネーも後にストーラーの定義に歩み寄っている。したがって、本書においてもこれを採用する。

一方で、両概念には共通点も見出される。マネーとタッカーは、性自認を「自分自身を男性または女性として認識すること」であると定義しており、ストーラーは、ジェンダー・アイデンティティを「自分がどの性別に属するかというセルフ・イメージ」であると定義している。

マネーとタッカーは、セックスとジェンダーが不可分であるととらえているので、この定義は「セックスおよびセックスに基づいたジェンダー」を認識することであると解釈できる。一方、ストーラーは、セックスとジェンダーは独立したものであるととらえているので、この定義は「必ずしもセックスと同じとは限らないが、何らかのジェンダーのイメージ」を持つことであると解釈できる。それぞれがこのように解釈される中で、共通しているのはセックスに基づいているか否かは別として、「自分が何らかのジェンダーに該当するというイメージを持つこと」という点を含んでいることである。したがって、この点が心理学においても社会学においても、「性自認」といったときの核になる部分であると考えられるはずである。

4．「性自認」の具体的検討

ここまで「性自認」概念について見てきたが、ここでマネーとタッカーの定義である「自分自身を男性または女性として認識すること」、ストーラーの定義である「自分がどの性別に属するかというセルフ・イメージ」とは具体的にどういうことなのかについて考えてみたい。これらは一見極めて明確な定義であるが、立ち止まって考えてみると、例えばマネーとタッカーのいう「自分自身を男性または女性として認識する」というのは、一体何をどのように認識することなのだろうか。「男／女という言葉のどちらに当てはまるかを認識」することなのだろうか。それとも、どちらの言葉に当てはまるのかはわからないが、「生物学的に男／女であることを認識」することなのだろうか。あるいは「男らしいか女らしいかを認識」することなのだろうか。

ほかにもさまざまな次元が考えられるが、少なくともここで挙げた3つの次元だけを考えてみても、単独で認識することも可能であるし、2つあるいは3つの次元を同時に認識することも可能である。これはストーラーの定義についても同様のことがいえる。

このように考えると、ここまでで検討した「性自認」の定義はいずれも曖昧で抽象的な概念であるといえる。概念自体が曖昧なため、実際の研究の中でこの概念を使用する際にも、何をもって「性自認した」と判断するのか、そのクライテリアもはっきりしていない。これについて第2節で検討していく。

第2節 —— 先行研究における「性自認」の使用法

1.「性自認」のクライテリア

先行研究においてはどのような「性自認」のクライテリアが使用されているのだろうか。これについては、「当たり前のこと」とみなしているためか、意図的に「○○をもって性自認したと判断する」ということが明確に書かれていないものも少なくない（森 1995ほか)。あるいは1つの研究の中で、無自覚にいくつものクライテリアが使用されていることもある。また、クライテリアが示されていても、そのクライテリアを使用することによって「性自認」のどの側面をとらえることができて、どの側面をとらえることができないのかについて論じられていることはほとんどない。先行研究を見てみると、「性自認」のクライテリアにはさまざまなものがあるが、その一部として、例えば以下のようなものが挙げられる。

①自分で自分を「女の子／男の子」と言うこと

②「女の子／男の子らしい遊び」をしていること

③「女の子／男の子らしい色」を好んでいたこと

である。①はおそらく最も多く使用されているクライテリアである。具体的には、「自分の性別を言える」（金田・清水 2003)、「あなたは男の子ですか、女の子ですか？」と質問して、正しい回答が得られる（東・小倉 1982）等の方法で判断されていた。

②については、①の補足のような形で使用されていた（金田・清水 2003）。そして、③は研究者によるクライテリアではなく、保育者によるクライテリアであった。以下は森の著書の中で紹介されていた事例である。

Q、お弁当の時間の男女別行動に従わない男の子については？

TA、「――くんは自分でも性別がわかってないんですね。ピンクが好きやから。お母さんもおうちで『――くんとお父さんとおにいちゃんはおチンチンあるでしょ？ だから男の子なんよ』と言ってられるらしいんですけど、もひとつこのときわかってないみたいですね。その辺がのんびりしたはるというか。早産だったようで、体力はないんですけど、体つきは普通の子と同じなんですけど」（森 1995：147）。

これは森が保育者にインタビューをした際のデータである。Qは森を、TAは保育者を表している。森の研究において、これが「性自認」のクライテリアであるというように論じられていたわけではなく、筆者がこの事例から判断した。この事例の中の「――くんは自分でも性別がわかってないんですね。ピンクが好きやから」という発言は、この保育者が「性自認をしている男の子はピンクが好きではない」という認識をしていることを示している。

2．「性自認」のクライテリアの曖昧性

このように、いくつかのクライテリアが自覚的・無自覚的に使用されているが、これらは「性自認」のクライテリアとして果たして適切なのだろうか。あるいは、「性自認」のどの側面をとらえることができるのだろうか。前述した①～③について1つずつ検討してみよう。

まず①であるが、これによってとらえることができるのは、少なくとも「女の子／男の子」という「言葉」に自分が当てはまることを認識できているということである。しかし、これに答えることができたとしても、自分が生物学的にどの性に属しているかを認識できているとは限らない。

次に②であるが、これによってとらえることができるのは、「女の子／男の子らしい遊び」をしているか否かだけであり、「性自認」をしているか否かではない。なぜなら、たまたま「女の子／男の子らしい遊び」をしていただけという可能性や、実際には「性自認」をしているが、「異性の遊び」を好むためにあえて選択しているという可能性も考えられるからである。このクライテリアによると、前者の幼児は、実際には「性自認」をしていないのにもかかわらず「性自認」していると判断され、後者の幼児は、実際には「性自認」をしているにもかかわらず「性自認」していないと判断されてしまうことになる。

そして③であるが、これによってとらえることができるのは、「女の子／男の子らしい色」を好んでいたことだけであり、「性自認」をしているか否かではない。その理由は②の場合と同様である。すなわち、青が好きな女の子やピンクが好きな男の子はいくらでも存在すると考えられる。しかし、それは「性自認」していないからではない。特に色に関しては、近年、女児用のキャラクターのテーマカラーが水色であったり、男児用のキャラクターのテーマカラーがピンク系であったりと変化してきていることもあり、ますますクライテリアとしては不適切になっていくと考えられる。筆者の観察の中においても、男児たちが集団で「水色は女の色」（この男児たちの説明によれば、当時テレビで放送されていた戦隊モノである「マジレンジャー」において、青い戦士である「マジブルー」が水色のコスチュームを着用した女性であったため）と言っている例が観察されており、従来の「女の色、男の色」の認識とのズレが生じてきていることが確認されている。

以上のように、「性自認」の定義同様、「性自認」のクライテリアも曖昧に使用されていることが明らかになった。森は、「性自認」ではないが「性役割」という用語について「この言葉は心理学・社会学・文化人類学等の行動諸科学において学際的に用いられており、各々の研究のねらいに応じてさまざまな意味を与えられている。英語で言えば‘sex role’あるいは‘gender role’であるが、これらに対する訳語もいずれをより社会·文化的なものとみなすかによって『性役割』としたり『性別役割』としたりではなはだ混乱している」（森 1989：156）と指摘している。「性自認」についてもこれと同様の状況であると考えられる。

では、この曖昧さを極力排除して自覚的に論じていくためにはどのようにしたら良いのだろうか。これについて検討する際、ジュディス・バトラー（Judith Butler。以下「バトラー」）の主体形成に関する理論が参考になると考える。そのため、これについて第3節において紹介する。

第3節 —— バトラーの主体形成の理論

バトラーの主体形成の理論を取り上げるにあたり、まずバトラーがどのような人物で、アイデンティティ概念における理論系譜上どこに位置づく人物なのか、そして本書においてなぜバトラーを扱う必要があるのかについて確認しておく必要がある。ここではこれらについて確認した後、バトラーの理論内容を紹介していく。

1．バトラーとアイデンティティの概念

バトラーは、ポスト構造主義のジェンダー理論家である。構築主義におけるアイデンティティ論は、アイデンティティを言語的な構築物ととらえる共通認識を持っているが、その中でもアイデンティティを言語実践の効果であると考えるのがバトラーである。

上野千鶴子は著書『脱アイデンティティ』の中で、アイデンティティ概念の理論的系譜について論じている。それによれば、アイデンティティ概念はフロイトが使用したidentificationがもとになり、その弟子の社会心理学者であるエリクソンがidentityとして提唱した。これを社会学の中で初めて使用したのはバーガーである。そしてゴッフマンが社会学においてアイデンティティ概念を徹底的に操作的に使用した。構築主義の流れでは、フロイト派の精神分析学者であるジャック・ラカンがフェルデナン・ド・ソシュールに依拠し、「主体」概念を使用した。ラカンは「話す主体」という用語を用いることで「主体」概念に固執し、その従属的な性格を強調、フーコーに至って「主体の死」が宣告された。こうした系譜に位置づくポスト構造主義者のバトラーにとっては、言

語行為の前に「主体」はなく、言語行為を通じて「主体」が事後的に構築されることになるということはすでに自明であった。後に詳述するように、バトラーは、アイデンティティとはこうした言語行為の反復という過程を通じて事後的に構築された沈殿物であると考えた（上野 2006）。

本書がバトラーの理論を扱うのはこのためである。すなわち、幼稚園3歳児クラスという性自認を形成されていない段階から性自認するまでの期間というのはまさに、相互行為場面の中で「言語行為の前に『主体』はなく、言語行為を通じて『主体』が事後的に構築される」という現象が実践されている場であると考えられるためである。したがって、後述するようにバトラーが論じる主体形成の3次元を分析枠組として採用することが有効であると考える。

以上のような理由から、本書はバトラーの主体形成の理論を取り上げる。また、バトラーの理論はあくまで経験的実証に基づかない理論仮説であるため、本書はその理論の実証に貢献することにもなる。

2．バトラーの理論内容

バトラーは著書『触発する言葉』の中で、人間の主体形成（subject-formation）について、少なくとも、①呼びかけ（interpellation）、②行為遂行性（performativity）、③発話行為（speech act）の3つの次元が重要であることについて論じている。そして、バトラーは「主体形成を一回きりでなされる形式レベルの事柄とみなさずに、刻一刻引き受けていく身体レベルの営為」（Butler 1997＝2004：287）ととらえており、これらの反復の中で主体が形成されていくとしている。バトラーは、この3つの次元のそれぞれについて以下のように述べている。

2―1　呼びかけ

まず、①の「呼びかけ」について見てみよう。バトラーは、アルチュセールのイデオロギー論における「呼びかけ」による主体形成の理論について以下のように論じている。

アルチュセールの有名な呼びかけの場面では、警官は通行人に「こら、そこのおまえ」と警呼するが、警呼されたのは自分だと思い、それに応えようと周りを見まわす者（ほとんどすべての人）は、厳密に言って、その呼び声のまえには存在していない。アルチュセールが取り上げた場面は寓意的だが、ではいったいそれは何を意味しているのか。振り向いた通行人は、まさにある種のアイデンティティを、いわば罪悪感という代償を払って獲得する。承認行為は、何かを構築する行為となる。呼びかけは主体に生命を与え、存在へと変えていく（Butler 1997＝2004：40）。

呼びかけはつねにその的を外す名指しであり、権威の承認を必要とするが、同時に、首尾よく承認を引き出せれば、呼びかけられた人にアイデンティティを賦与するものでもある。アイデンティティはこの循環の機能であり、その循環のまえには存在しない。呼びかけが刻むしるしは、何かを記述するのではなく、むしろ新しい何かを就任させる。それはすでに存在するものを報告するのではなく、ある現実を導き入れようとする。そしてこれがなされるのは、ひとえに現存する慣習を引用することによってである。呼びかけは、その「内容」が真実でも虚偽でもない発話行為である。つまりその本来の役割は、何かを記述することではない。その目的は、主体が従属の位置にあることを示し、その位置に主体を確定することであり、場所と時間のなかに主体の社会的輪郭を作り出すことである。その反復作用の効果は、時の経過のなかでその「位置」を堆積させていくことである（Butler 1997＝2004：52–53）。

存在せよと主体に「警呼」する呼びかけは、時をつうじて儀式化され沈殿する社会的な行為遂行性だが、それこそ身体化され、個人がそれに参与するハビトゥスであるのみならず、主体形成のプロセスそのものの中心をなすものである。社会的呼びかけによって警呼されたり、名指しされることは、言説的に構築されると同時に、社会的に構築されるということだ。この呼びかけが主体形成において社会的効力や形成力をもつためには、明白で公的な形態をとる必要はない。このように考えられている呼びかけは行為遂行的なものなので、言説による主体構築を、主体の社会構築と不可分なものにしていく。アルチュセールの呼びかけ理論は、言説による主体構築を十分には説明していないが、行為遂行的な呼びかけの誤用の場面を書き記しており、その場面は、支配的な社会秩序を攪乱的に再領土化したり、意味づけしようとするプロジェクトの中心をなすものである（Butler 1997＝2004：237-238)。

以上のようにバトラーは、「呼びかけ」について、「承認行為は、何かを構築する行為となる。呼びかけは主体に生命を与え、存在へと変えていく」という記述が示すように、人間の「主体形成のプロセスそのものの中心をなすもの」と考えている。

2―2　行為遂行性

では次に②の「行為遂行性」について見てみよう。

行為遂行性はすでに確立された主体が使用する単一の行為ではなく、主体が広い範囲から呼びかけられて社会的存在になり、さまざまな広範囲の強力な呼びかけによって社会性のなかに入っていく時の、強力で潜行的な方法の１つである。この意味で社会的な行為遂行性は、主体形成にとってだけでなく、主体の継続的な政治的抗争や再形成にとって、非常に重要な部分を占めている。行為遂行性は、単に儀式的な実践ではない。それは主体を形成し、定式化しなおすさいになされる有力な儀式なのである（Butler 1997＝2004：247)。

このようにバトラーは「行為遂行性」を「主体の継続的な政治的抗争や再形成にとって、非常に重要な部分を占めている」「主体を形成し、定式化しなおすさいになされる有力な儀式」と述べており、重要な方法の１つと考えている。

2―3　発話行為

そして③の「発話行為」について見てみよう。まず、「発話行為」の内容についての説明を見てみよう。バトラーがオースティン（Austin）の「言語行為論」において分類された発話の機能の概念である「発話行為」の中の、「発話内行為」および「発話媒介行為」について述べている部分をまとめると以下のようになる。

> オースティンは、行為遂行的な言い回しについて暫定的な分類をおこなった。発話内行為は、語ることが同時におこなうことになる発話である（Butler 1997＝2004：27）。発話内行為は効果を生みだすが、（中略）その効果は、言語の習慣や社会の習慣によってもたらされる。他方、発話媒介行為は一連の結果を誘発する発言である。発話媒介行為においては、「何かを言うことはある結果を生みだす」が、発言とその結果のあいだには時間的な隔たりがある。発話の結果は、発話行為と全く同じものではなく、むしろ「発話によって引き起こされたり、成し遂げられたりする」（Butler 1997＝2004：109）。発話内行為は慣習をつうじてはたらくが（Butler 1997＝2004：107）、発話媒介行為は結果をつうじてはたらく。両者の違いが暗示しているのは、発話内行為の効果は時間の経過を伴わず、言うことがそのままおこなうことになり、この両者が同時に起こるということである（Butler 1997＝2004：28）。

バトラーは発話行為についてこのように論じ、「語ることが同時におこなうことになる発話」という考え方によって、主体形成をとらえようとした。

以上の3つの次元は、互いに関係を持ちながらもズレを有して反復されていく。このことが主体形成につながっていく。

3．バトラーの理論を援用した「性自認」

以上をふまえたうえで「性自認」を主体形成の一部と考え、このバトラーの理論を援用すると、幼児の「性自認」は、「呼びかけ」（＝「女の子／男の子」と呼びかけられたときに振り返ること）、「ふるまい」（「女らしい／男らしいふるまい」をすること）、「言語使用」（「女らしい／男らしい言語」を使用していること、性別に関する言葉を発すること）[1)]の3つの次元の反復によって形成されると考えられるのではないだろうか。

この考えに沿って第2節で挙げた3つのクライテリアを分類すると、①は「呼びかけ」に、②は「ふるまい」に、③は「ふるまい」あるいは「言語使用」に当てはまる。③の場合は「ピンク」を好むということを行動で表現した場合は「ふるまい」、言葉で表現した場合は「言語使用」に分類されるだろう。このように考えてみると、先行研究における「性自認」したことのクライテリアは、いずれも「性自認」という現象の中の１つの次元の達成を取り上げて「性自認」したとみなしていたといえるだろう。

そのため、この理論にのっとれば、１人の幼児が「性自認をした」とみなせるのは、「女の子／男の子」と呼びかけられたときに振り返ること、「女らしい／男らしいふるまい」をしていること、「女らしい／男らしい言語」を使用していることの３点がすべて達成されたときであると定義することができるだろう。ただし、バトラーの理論に忠実に従えば、主体形成は「完了」ということはなく、一応の完了はみられたとしてもその後も不断に反復され形成されていくということになる。

そのため、ここではそれら３点がすべて達成されたとき、「性自認」の「一応の完了」をみたとする、と定義することにしておく。

第４節 —— 本書における「性自認」の定義

このように定義したうえで、本書においては「性自認」の中の「呼びかけ」の次元のみを取り上げ、その他の２つの次元については取り上げない（ただし、第６章においてのみ取り上げる）。本書が採用する幼児が「性自認」したとみなすクライテリアは、「呼びかけ」、すなわち、ある幼児が「『女の子／男の子』と呼びかけられたときに振り向いたこと」とする。

本書においては、このクライテリアを使用して次章で示すような実験を行うことにより、各幼児が「性自認」したか否かを測定する。その際、実験を行う際の便宜の関係上、前述の定義を操作化して、保育者が幼児に対して「『女の子来てー／男の子来てー』と呼びかけたときに、初めて保育者のところへ行ったこと」をもって「性自認」と定義する[2)]。では、このように定義した理由について以下に述べていく。

まず、「呼びかけ」について詳しく見てみよう。バトラーはアルチュセールの「人間は呼びかけられて振り返ったときに主体が立ち上がる」という理論にふれている。教育社会学者の木村涼子はこれについて、自らの幼稚園において男女で異なる指示を受け、異なる行動をした経験を紹介したうえで、以下のように指摘している。

> 「＜おい、お前、そこのお前のことだ！＞」（アルチュセール［1971＝1993：87］）。例えば警官から呼びかけられる場合、もしくは友人から声をかけられる場面を例に引いて、イデオロギーは「呼びかける」ことによって諸個人を主体として構成する機能をもつと論じたのは、アルチュセールであった。イデオロギーは具体的諸個人に呼びかけ、諸個人はその呼びかけに応じることによってイデオロギー的主体となる。イデオロギーについてのアルチュセールの議論は、抽象的なレベルに止まりつつも、用いられた例の通りの具体的な場面がイデオロギー装置としての学校教育において実践されていることを想起させずにはおかない。冒頭の例（引用者注：自らの幼稚園において男女で異なる指示を受け、異なる行動をした経験の例）はまさしく、「女の子はこっち！」と呼びかけ個人を振り向かせることによって、「女」としてカテゴライズされセクシズムの中に巻き込まれていく主体を形成するという、現代社会における学校教育の機能を具現化している（木村 1999：25-26）。

バトラーはアルチュセールの理論について、呼びかけられて振り返るケースはいくつか考えられるため、呼びかけて振り返ったというだけで主体が形成されるとみなすのは誤認の可能性があると指摘している。そのことをきちんと認識したうえで木村の記述を引用したのは、この記述が「学校教育においては『呼びかけ』という方法が実際に使用されており、なおかつ効果が出ている」という側面が厳然としてあることを示していると考えたためである。すなわち、学校現場に限定して考えたとき、「呼びかけ」の概念を使用することは有効であるということである。

この中で木村は、「教師の呼びかけにこたえて、私たちは１人も間違えることなく、まず男の子たちが、次に女の子たちが、男女別に別れて行動した」と述べているように、すべての幼児が教師の呼びかけに的確にこたえられるようになった後の状態を記述している。しかし、筆者が実際に幼稚園に行ってみると、入園時にはほとんどの幼児が教師の呼びかけに的確にこたえておらず、的確にこたえられるようになるまでに数か月を要した。その間も木村が示したような「『女の子はこっち！』と呼びかけ個人を振り向かせることによって、『女』としてカテゴライズされセクシズムの中に巻き込まれていく主体を形成するという、現代社会における学校教育の機能」は繰り返されていた。そして本書が対象とするのはまさにその部分である。

「呼びかけ」の次元のみをとらえると、「ふるまい」「言語使用」は女らしい／男らしいのに、「呼びかけ」だけに反応しない幼児は「性自認」していないとみなすことになってしまう。さらに、「性自認」は社会的に形成されるものではあるが、「自認」という言葉通り、究極的には第三者には判定不可能であるという前提が存在する。こうした操作化の限界には十分注意を払ったうえで、本書においては「呼びかけ」のみを指して「性自認」とする。「呼びかけ」「ふるまい」「言語使用」の関係を分析するのは今後の課題として残しておく。

この３つの次元の中で「呼びかけ」の次元を選択したのは、前述の理由に加え、以下のような理由もある。すなわち、幼稚園において「女らしさ／男らしさ」が教えられる機会があったとしても、自分が「女の子／男の子」であるということを認識していなければ、「女の子はこうするんだよ」「男の子はこんなことしちゃだめだよ」等と言われた場合に、自分のことを言われているという認識を持つことができない。したがって、「呼びかけ」に反応できるということは、幼稚園におけるその後の相互行為における基本となるという点で重要である。

なお、本書が近年社会学でしばしば用いられている「ジェンダー・アイデンティティ」ではなく、「性自認」という用語を使用したのは以下のような理由による。

第１に、本書は従来の社会学的研究が「ジェンダー・アイデンティティ」という用語を使用する際に想定してきた時期より前の時期を対象としている。また、前述のように特定の意味を持たせて使用しているため、あえて「ジェンダー・

アイデンティティ」という用語を避け、心理学において頻繁に使用されている「性自認」という用語を、特定の意味に限定して使用した。

第2に、前述のように近年「ジェンダー」「アイデンティティ」はいずれも社会学においてその意味や用法、あるいは概念自体にさまざまな議論がなされており、「ジェンダー・アイデンティティ」という用語を用いる場合、読み手によってとらえ方に違いが出る可能性がある。筆者があえて「性自認」という用語を使用したのには、このような混乱をできる限り回避したいというねらいもあってのことである。

第5節 —— 本書における「男女間の権力関係の非対称性を含む差異」「男女間の権力関係の非対称性を含まない差異」の定義

前述の通り、本書は「ジェンダーの規範化過程」を見るために「男女間の権力関係の非対称性を含む差異」および「男女間の権力関係の非対称性を含まない差異」を指標として用い、「男女間の権力関係の非対称性形成過程」を明らかにしていく。本節では、①「ジェンダーの規範化過程」とは何か、②「男女間の権力関係の非対称性を含む差異」「男女間の権力関係の非対称性を含まない差異」とは何か、③なぜ「ジェンダーの規範化過程」を明らかにするために「男女間の権力関係の非対称性を含む差異」および「男女間の権力関係の非対称性を含まない差異」を指標として用いるのかについて論じていく。

1．ジェンダーの規範化過程

「ジェンダーの規範化過程」を説明するには、「ジェンダー」および「規範」という概念をそれぞれ明確にする必要がある。まず「ジェンダー」であるが、前述の通り、本書においては加藤秀一の「ジェンダー」概念の整理を採用した。すなわち、①性別そのもの、②自分の性別が何かという意識（ジェンダー・アイデンティティ、性自認）、③社会的につくられた男女差（ジェンダー差、性差）、④社会的につくられた男女別の役割（ジェンダー役割、性役割）の4つである（加藤 2006）。「ジェンダーの規範化」という場合の「ジェンダー」の意味は、この中の③および④が該当すると考えられる。

そして「規範」であるが、これは多くの論者によって、さまざまな説明がなされてきた。この中で、本書においてはルーマン（Luhmann）の定義を参照していく。ルーマンは､「認知的予知」と「規範的予知」という考えを提示した。そして、「認知的予知の特徴は、必ずしも意識されているとは限らないが、学習の用意ができていること」（Luhmann 1972＝1977：50）にあり、「規範的予知の特徴は、違背から学ばないという決意」（Luhmann 1972＝1977：50）にあるとしている。そのうえで「規範とは、抗事実的に安定化された行動予期である」（Luhmann 1972＝1977：50）としている。

すなわち、「認知的予知」とは、自分の認識と現実が異なっていた場合、自分の認識の方を事実に合わせて変更することであり、「規範的予知」とは、自分の認識と現実が異なっていた場合、現実を否認し、自分の認識の鋳型に相手を押し込めようとすることであるといえるだろう。

そして、「規範」とは、この規範的予知が一定数以上の人々に共有された社会現象として安定化されたものと考えられる。このように、「規範」は自分の認識と異なる現実を認めないので、「規範」に違背すると、何らかのサンクション（承認や制裁等）が与えられることにつながっていく。また、端的にいえば「～である」ではなく「～べきである」と表現されるものが「規範」であるといえるだろう。

以上をふまえ、「ジェンダーの規範化過程」の意味を考えてみると、次のようになるだろう。すなわち「女はこうするべき、男はこうするべきといったような、社会的につくられた男女差や男女別の役割を内面化していく過程」である。

2．「男女間の権力関係の非対称性を含む差異」「男女間の権力関係の非対称性を含まない差異」

ここで先行研究を見てみると、従来の男性優位の社会に対し、社会学においては男女間の権力関係の非対称性がジェンダーの社会化と関連づけられて議論されてきた（河出 1992、1993、西躰 1998、藤田 2004ほか）。このことをふまえ、「男女間の権力関係の非対称性を含む差異」「男女間の権力関係の非対称性を含まない差異」について説明するために、まず「男女間の権力関係の非対称性形成過程」とは何かというところから述べていく。「男女間の権力関係の非対称性形成過程」とは、性自認をしていない幼児たちの集団であった幼稚園３歳児クラスにおいて、幼児たち自身によって「男女間の権力関係の非対称性を含む差異」が提示されるようになるまでの過程のことを指す。結論からいえば、後述するように、それは何者かが幼児たちに「男女間の権力関係の非対称性を含まない差異」を提示し続けた結果、やがて幼児たち自身が「男女間の権力関係の非対称性を含む差異」という形に変換して使用するようになるという変遷過程である。

次に「男女間の差異」とは、１つ目に「男女で対になってはいるが、同じものではないこと」を指す。現在の社会において､男女間にはさまざまな「差異」「区別」が存在する。これらは、男女で対になっていることが多いが、それぞれに該当するものは同じものではない。例えば、女の子の制服はスカート、男の子の制服はズボンということが多い。この２つは対になっているが、ズボンとスカートは同じものではない。このように、男女で対になってはいるが、同じものではないというときに、本書においてはこれを「男女間の差異」と呼ぶことにする。

そして２つ目に「男女で異なる選択・行動を迫られること」を指す。これは男女で異なる行動をするように提示されたり、男女で異なる制限が提示されたりした場合等のことである。例えば、ある遊びに女の子は参加できるが、男の子は参加してはいけないと提示された場合等がこれにあたる。本書においては、これも「男女間の差異」と呼ぶことにする。

さて、この「男女間の差異」には､「女」「男」という２つのカテゴリーの間に何らかの優劣･上下といった関係が含まれる場合と含まれない場合がある[3)]。前者の「女」「男」というカテゴリーの間に何らかの優劣・上下といった関係が含まれる区別のことを、本書においては「男女間の権力関係の非対称性を含む差異」と呼ぶ。男＞女という力関係だけでなく、女＞男という力関係が含まれる場合もこれに該当する。次に、後者の力関係が「女」「男」で並列・対等の場合の区別のことを、本書においては「男女間の権力関係の非対称性を含まない差異」と呼ぶことにする。

ここで注意しなければならないのは、「女」「男」という性別カテゴリーにはそれ自体に「ジェンダーの非対称性」が含まれているという点である。「ジェンダーの非対称性」という概念には、すでに男>女という階層性が組み込まれている（Delphy 1989）。したがって、「女」「男」というカテゴリー自体が男>女という関係と切り離すことができないものである。しかしながら、この同じ「女」「男」というカテゴリーが、文脈依存的に、異なる効果を持つことはある。すなわち、「女」「男」というカテゴリーの使用方法によっては、男>女という力関係だけではなく、女>男、女＝男という力関係をもった使用方法も可能であるということである。本書においてはこの効果に着目した。

3．「男女間の権力関係の非対称性を含む差異」「男女間の権力関係の非対称性を含まない差異」を指標に用いる理由

前述のように、「ジェンダーの規範化過程」というのは、「女はこうするべき、男はこうするべきといったような、社会的につくられた男女差や男女別の役割を内面化していく過程」であることを確認した。この過程は理論上、大人になるまで（なっても）絶えず繰り返されたり、塗り替えられたりし得るものであるが、ある時点までに所属する社会が有する男女別役割のおおよそのイメージの内面化がなされることが予想される。

自分の性別を認識していなかった幼児が、男女別の役割を内面化した状態になるまでにはさまざまな出来事や要因が存在すると考えられ、非常に複雑な過程であることが推察される。このような時期を対象として研究する際には、何らかの指標を設定し、分析を行うという方法が有効である。そこで対象データをもとに適切な指標を検討した結果、幼児たちの相互行為場面の中で男女間の差異の現れ方や性別カテゴリーの使用方法が質的に変化していくことを発見した。そして、この点に着目することで、変化の過程の一端を描き出すことができるのではないかという考えに至った。

以上のような理由から、本書においては「ジェンダーの規範化過程」を見るために、「男女間の権力関係の非対称性を含む差異」および「男女間の権力関係の非対称性を含まない差異」を指標として用い、「男女間の権力関係の非対称性形成過程」を明らかにしていく。

【註】

1）これをクライテリアとすることができるのは、言語使用にジェンダー差がある日本語の話者を対象としているためである。
2）本書においては、保育者が「女の子来てー／男の子来てー」と言ったのに対して、各幼児が継続して同じ反応をするようになった初めの日を「性自認」した日と定義し、採用している。
3）男女間の差異を上下のみで分けるのは本来適切ではないが、本書の目的に照らして、ここでは操作的にこのように用いる。

第2章

各幼児の性自認時期

本章では、第1節において、次章以降のデータを得た調査の詳細を示す。その後、第2節および第3節において本題である性自認時期について明らかにしていく。そして第4節においてまとめと考察を行う。

第1節 —— 調査設計—対象と方法—

1．対象

本書は、神奈川県Ａ市にある学校法人Ｂ幼稚園の３歳児クラス（Ｘ組、Ｙ組）に属する幼児、担任保育者、補助の保育者、幼児の保護者および園長先生を対象とした。B幼稚園およびX組、Y組の概要は以下の通りである[1)]。

1—1　Ｂ幼稚園の概要

Ｂ幼稚園は、神奈川県Ａ市の市街地に位置する。1956（昭和31）年に設立され、2005（平成17）年度の園児数は249名（年少組63名、年中組92名、年長組94名）である。クラス数は年少組４クラス、年中組４クラス、年長組３クラスで構成されている。通園する園児の住居は、マンション・社宅・アパートが７～８割である。園児は基本的に幼稚園から歩いて通える範囲に居住し、保護者の職業はほとんどがサラリーマンである。園児の家族構成は、両親と子ども２～３人が多い。幼稚園の指導方針としては、「児童中心主義」および「生活中心主義」（子ども自身が生活を作り出すという考え方）を取っている。指導形態としては、自由遊びを中心とした指導を行っている。特定の宗教の影響はない。

1—2　X組、Y組の概要

クラスの人数は、X組が15名、Y組が16名である。そのうち女児数は、X組、Y組ともに7名、男児数はX組が8名、Y組が9名である。きょうだい構成は、第1子はX組が7名、Y組が4名、第2子はX組が5名、Y組が9名、第3子はX組、Y組ともに3名である。障害児の有無は、X組はなし、Y組はあり（男児1名、ダウン症）である。

保育者の性別はX組、Y組ともに女性である。保育者の年齢は、X組は40代後半、Y組は30代前半である。保育者の婚姻状態は、X組は既婚、Y組は未婚である。保育者の子どもの有無は、X組があり（男児2名）、Y組はなしである。また、補助の保育者はともに女性でX組が30～40代、Y組が20～30代であった。補助の保育者はいずれも入園後1～2か月程度で担当を外れた。保育室のある階はX組が2階、Y組が1階である。また、保育室の広さはX組が狭く、Y組が広い。

なお、これは事後的に判明したことであり詳細は後述するが（第5章）、X組とY組は集団形成のなされ方が全く異なっていた。集団が形成されるまでのプロセスも、X組は最初から幼児同士の相互行為があり、徐々に人数が増加し、最終的に集団が形成された。それに対しY組は、当初は全く幼児同士の相互行為がなかったが、1つの遊びをきっかけに急激に集団が形成された。また、結果的にX組は女児集団の方が男児集団よりも立場が強く、優先権を握っていた。反対にY組は男児集団の方が女児集団よりも立場が強く、優先権を握っていた。これらの点でもこの2つのクラスは対照的であった。

1—3　幼稚園における幼児の1日の流れ

B幼稚園3歳児クラスの幼児は、朝9時ごろに保護者に伴われて登園し、幼稚園の玄関で園長先生と「おはようございます」の挨拶をする（制服着用。女児はスカート、男児はズボン）。その後、年少組用の下駄箱で靴を脱ぎ、保育室へやってくる。そこで保護者と別れ、「朝のおしたく」をする。「朝のおしたく」とは、まず幼稚園指定のかばんを下ろし、中に入っているタオルを「タオルかけ」の自分の場所にかける。次に帽子とかばんを自分の棚にしまう。そして、室内用の帽子をかぶる。このほかに布バッグを持ってきている場合は、男女別に分かれた収納箱にしまう。

これらすべてが終了すると、幼児は保育室内で自由に遊びはじめる。この間、保育者が幼児全員を集めて絵本を読んだり手遊びをしたりすることが一度くらいある場合もあるが、基本的に幼児は昼食の時間になるまで自由に遊ぶ。昼食前には部屋の片付けをし、全員一緒に昼食をとる。先に食べ終わった幼児は、他の幼児が食べ終わるまで、保育室内で本を読んで待っている。このとき、本を読む以外の遊びは許されていない。全員が食べ終わると、そろって「ごちそうさま」をする。

それから帰りの時間までの間は、再び幼児が自由に遊べる時間である。幼児は、保育室、ホール、園庭のいずれかで好きな遊びをする。チャイムが鳴ると、「おかえり」の時間である。幼児は保育室に戻り、全員で集まる。そして、保育者が手遊びをしたり紙芝居を読んだりする。

その後、「おかえりのしたく」をする。「おかえりのしたく」とは、まず各自が自分のタオルをタオルかけから取り、自分のかばんにしまう。次に室内用の帽子を脱ぎ、朝かぶってきた帽子をかぶる。そしてかばんを背負う。それが終わると全員で「さようなら」をし、園庭に出る。これがだいたい午後２時ごろである。園庭では集団下校のため、自宅方向別にいくつかの列に分かれて整列する。そして、それぞれの班に保育者が付き添い、近くの公園や駅まで集団で下校する。そこで保護者に引き渡され、各々自宅に戻る。

１―４　対象の位置づけと選定理由および限界

B幼稚園について

［位置づけ］

Ｂ幼稚園は、①児童中心主義を採用している、②特定の宗教の影響を受けていないという点では、日本における一般的な幼稚園と共通の要素を有している。しかしながら、「自由遊び中心の指導をしている」という点では、「一斉指導」を中心としている幼稚園が多い中で特異な存在である。したがって、Ｂ幼稚園を日本における一般的な幼稚園の一例として位置づけることは不適切であると考えられる。

［選定理由］

しかしながら本書の目的からすれば、「幼児同士の関係」「幼児と保育者との関係」について重点的に観察することが望ましい。その際、自由遊び場面が多いＢ幼稚園は、「幼児同士の関係」を見られる場面が多く、なおかつ「幼児と保育者との関係」についても見ることができるという点で、対象として有効な幼稚園であると考えられる。

また、幼児主導の遊び場面が多い中で、それにもかかわらず保育者の影響が見られるとなれば、「保育者」の影響がどれほどのものかというところまで考察することができるはずである。

以上のような理由から、本書においては対象としてＢ幼稚園を選定した。

［限界］

第１に、前述のように、Ｂ幼稚園は日本における一般的な幼稚園とはいえない。そのため、本書の結果をそのまま一般化することはできない。

第２に、前述のように、Ｂ幼稚園は男女で異なる制服の着用を義務づけられている。そのため、制服が義務づけられていない幼稚園に比べて、男女で異なる明らかな視覚的差異を日常的に経験していると考えられる。このことが、幼児の性自認の促進につながっていく可能性も考えられるため、制服が義務づけられていない幼稚園においては、本書とは異なる結果が出る可能性がある。本書においては以上のような限界に留意して、分析を行っていく。

Ｘ組、Ｙ組について

［位置づけおよび選定理由］

前述の通り、Ｘ組とＹ組は保育者の年齢、教室の階、教室の広さ等において最も対極にあると考えられる２クラスである。そのため、同じ３歳児クラスであっても違いが出るとすれば最も大きな差が出るのではないか、また、それでも共通の結果が出た場合には、より一般性に近づくのではないかという考えのもとこの２クラスを選定した。

［限界］

Ｂ幼稚園における３歳児クラスすべてのデータを取ったわけではないので、この学年の全体像を正確に把握できるとは限らない（偏っている可能性もある)。

2．方法

2―1　データの収集方法

本書においては「幼児が性自認したこと」を判断する指標として、「幼児が保育者に『女の子来てー／男の子来てー』と呼ばれたときに、初めて保育者のところへ行ったこと」を用いた実験を行った。また、社会的経験として、集団における「幼児と保育者との関係」および「幼児同士の関係」を中心に観察を行った。以上の2つに加え、担任保育者、幼児、園長先生に対するインタビューと保護者に対するアンケート調査を行った。以下にそれぞれの方法の詳細を示す。

性自認した時期の「実験」

本書においては、「幼児が性自認した日」を見るために以下の実験を行った。

①保育者に依頼して、幼児全員を、保育者を中心とした半円状に集めてもらった。

②保育者に「○○ちゃんどうぞ」と幼児の名前を1人ずつ呼んでもらい、保育者のところへ行ったかどうかを記録した。

③保育者に「女の子来てー／男の子来てー」と言ってもらい、誰が保育者のところへ行ったかを記録した。

④①～③を毎月1～2回（4～10月まで）行い、記録してその変化を見た。

なお、この実験を行うことで性自認に影響を与えていたのではないかという指摘に対しては、以下のような対応をしている。

第1に、本実験の設計にあたっては、本観察開始の半年前から行っていた予備調査において、通常保育者が使用していた日常的な営みを忠実に模倣した形での設計を行った。そのため、実験を依頼しなかったとしても、通常の保育場面で同じことが行われていた可能性が高い。このように、本実験は通常の保育に過度な影響を与えないような配慮に基づいたものである。

第2に、それでも何らかの影響を与えていた部分があったとしても、クラス内のすべての幼児に対して同じ条件で実験を行ったため、「集団」の影響を見るという本書の目的にとっては問題ないと考えられる。

第3に、それでもこの実験の影響について見るには、今後、なるべく同じような条件を持つ複数のクラスにおいて、実験を依頼した場合としない場合とで違いが見られるのかについて検討することで、明らかにすることができるだろう。

社会的経験の「観察」

本書においては、「社会的経験」を見るために以下の観察を行った。

[観察時期]

予備観察：2004（平成16）年９月〜2005（同17）年３月
３歳児クラスがいかなるものかを把握した。

本 観 察：2005（平成17）年４月〜2005（同17）年10月
新たな３歳児クラスを対象として観察した（なお、第６章のユズの例については、例外的に2006［同18］年３月までのデータを使用している）。

[観察頻度]

予備観察：週１回
３歳児クラス３クラスを１日に１クラスずつ順番に３週で一巡する形で回った。

本 観 察：週２回
原則として月曜日にＸ組、火曜日にＹ組を観察した。

[観察データの記録方法]

観察にあたっては、３歳児クラスの教室に手のひらサイズの小さなメモ帳とボールペンのみを持って入った。筆者の感性（五感）による情報察知の集中力を大切にするため、ビデオによる録画や録音等は行わなかった。その理由としては、幼児や保育者が平常と異なる機器に萎縮し、平常の生活の様子と異なる動きをすることを回避するねらいがあった。また、機材を用いて記録してあるという安心感からくる油断によって、自らの集中力が緩むことを回避するねらいもあった。

[観察の視点]

Ｘ組・Ｙ組の幼児の生活全般を網羅的に観察したが、その中で特に幼児と保育者の相互行為場面および幼児同士の相互行為場面については、重点的に観察した。

[観察の際の筆者の立場]

筆者は幼児にとって「先生」という立場で観察に入った。これは、幼児にとってクラスにいる大人は「先生」であるという認識が自然であるという幼稚園側の判断によって決定された。

[観察の際の筆者の幼児とのかかわり方]

６月末までは、X組・Y組ともに、幼児と接することが多かった。X組においては10月まで一貫して同じスタンスを取った。一方、Y組においては幼児の状態が不安定だったため、担任保育者との話し合いにより、途中（７月上旬）からなるべく幼児と接しないスタンスに徹した。

[筆者の幼児とのかかわり方の違いによるメリットとデメリット]

X組では一貫して幼児と接していた。これにより、幼児の実感の近くで観察を行えたというメリットがあった。しかし、筆者が入ることで集団が平常の状態と多少なりとも変化するというデメリットがあったのではないかと考えられる。

一方、Y組では途中からなるべく幼児と接しなかった。これにより、幼児の実感を近くでとらえることができなかったというデメリットがあった。しかし、X組と比べて集団の状態を平常とあまり変化させない形で観察できたというメリットがあった。

インタビュー

本書では、担任保育者、幼児、園長先生に対してインタビューを行った。それぞれの詳細は以下の通りである。

[担任保育者に対するインタビュー]

毎観察日の終了後、観察データを補うために、「その日の観察で気になった事柄（幼児の様子等）」「筆者が観察を行わなかった日の幼児の様子」を中心に、簡単なインタビューを行った。これは構造化面接のようなフォーマルなものではなく、インフォーマル・インタビューに近い形で行った。保育者には、研究のためのインタビューであることはきちんと伝えてあったが、保育終了後に一緒に掃除をしながら話をするような和やかなものであった。

[幼児に対するインタビュー]

これは、観察の最中に気になったことを幼児自身に聞いてみるという形で行い、位置づけとしては保育者に対するインタビューと同様、その日の観察データを補うためのものであった。それとともに、幼児の実感に関する理解を深めるというねらいもあった。予備観察に入った当初は、３歳児がどの程度言葉が理解できるのか、話せるのかという不安があったが、実際に話してみると危惧していたようなことは全くなかった。しかし、３歳児であるということには留意しつつ、できるだけ幼児の邪魔にならず、かつ威圧的にならないように注意しながらインタビューを行った。

この方法は、筆者が話しかけることによって幼児や集団に何らかの影響を与えてしまうという危険性をはらんでいるが（観察者効果。詳しくは秋田・恒吉・佐藤 2005ほかを参照のこと）、それを考慮に入れたとしても、インタビューによって得られる効用の方が大きいという判断から、細心の注意を払ったうえで実施した。

[園長先生に対するインタビュー]

園長先生には、「幼稚園を運営するうえでどのような理念を持って保育を行っているのか」「空間設計にどのような意図があるのか」「幼稚園がどのような組織になっているのか」という点等について、観察の前後にインタビューした。これもフォーマルなインタビューではなく、立ち話をしながらの和やかな雰囲気の中で行った。

アンケート

本書においては、幼児の保護者を対象にアンケート調査を行った。質問項目は、幼児が見ているテレビ番組、幼児が持っているキャラクターグッズ、幼児のきょうだい構成、幼児が入園前に誰と遊んでいたか、保護者の子育てにおけるジェンダー意識等に関するものであった。その結果、回収率は65％であった（調査票は巻末参照）。

2―2　データの分析方法

本書においては、観察によって得たデータの中にどのような傾向があるのかをできる限り的確にとらえるため、第１に、各章における具体的な分析においては、データを整理する中で抽出した妥当性が高いと考えられるカテゴリーを使用して分析を行う。そして第２に、観察したデータの中で典型的と思われる例をピックアップし、解釈を加えるという方法は取らず、フィールドで起こった出来事を時系列に並べ、量的にカウントし、傾向をとらえたうえで質的に分析するという方法を取る。

また、具体的な出来事は、個々の幼児の詳細な変化を追える形で整理し、その全体像の中で各幼児の性自認時期より先に生じていた経験的要因の中から、性自認の原因となったと考えられる要因をピックアップする。こうした手順を踏んで事例をピックアップした後、各事例の内容の分析や複数の事例の共通点・相違点等について分析を加える。

以上のような方法を取る根拠は、結城恵が「データ分析の方法」として以下のように述べているものと共通する。

> 第１に、データを分析するための概念を現場から練り上げた。エスノグラフィー、グラウンデッドセオリー等の質的フィールドワークでは、「現場に根拠をおく理論（Grounded theory）」（Glaser and Strauss 1967）を構築することを目的とする。研究者が調査に先行して設定する操作的な概念によって分析するよりも、むしろ、現場の人々の言葉、行動、環境から練り上げた概念を分析に利用するほうが、妥当性の高い理論を生むと考えられている（佐藤 1992）。本研究もこの立場に立ち、各章の分析に用いた概念は、いずれもフィールドノーツのなかから抽出し、その要素・局面を比較し区別しながら精緻化した概念である。
>
> 第２に、上述したエスノグラフィー、グラウンデッドセオリー等の質的フィールドワークは、基本的には定性的研究であり、信頼性よりも妥当性が重んじられる（Geotz and LeCompte 1984）。しかし、論拠として例示した事象にどれだけ代表性があるのか等については、必ずしも明確にされない（藤崎 1986）。本研究においては、フィールドノーツに現れる事象のパターンを量的にも分析し、その数値から見えてくる傾向を読みとった。そして、その傾向を手がかりに、フィールドノーツと事象とのかかわりを質的に分析し、解釈するという方法を試みた（結城 1998：７）。

第２節 —— クラス別に見た各幼児の性自認時期

1．入園当初の３歳児クラスの幼児の性自認状況

３歳児クラスの幼児は入園当初、どの程度の人数が性自認をしているのだろうか。以下に示すのは、入園数日後に初めて性自認時期測定のための実験を行った際のＸ組・Ｙ組の幼児の様子である[2)]。初めにＸ組の様子を示す。

＜Ｘ組：４月18日＞

おかえりの時間に幼児全員が保育者を中心とし半円状に座っていた。そこで保育者がゲームのような雰囲気で実験を開始した。

保育者：「呼ばれたら先生のところに来てください。コイケサトちゃーん」

サ　ト：「はーい」

サトは保育者のところへ行った。保育者はサトをぎゅっと抱きしめた。サトはキャッキャッと喜び、自分の席に戻った。この後、保育者は同様にクラス全員の名前を呼び、全員サトと同様に保育者のところで抱きしめられた後、自分の席に戻って行った。

保育者：「じゃあ、みんなよーく聞いてね。女の子、先生のところに来てー」

ナ　ツ：「はーい」

ナツは即座に元気よく手を挙げた。しかし、手を挙げたのが自分１人だったことに一瞬ためらうような不安げな表情で周囲を見回した。しかし、ナツ以外の幼児は全員きょとんとした表情をしていた。ナツは両隣のリオとミカも一緒に連れて行こうとしたが、２人はきょとんとして全く動かなかった。それを見てナツはそのまま１人で保育者のところへ走っていった。

保育者：「じゃあ、ナツちゃん、おかばんと帽子持っといで。あれー？　ほかには女の子いないの？」

他の幼児：「……」

全員自分のことではないかのようにきょとんとし、誰も動かなかった。ナツは自分のロッカーへかばんと帽子を取りに行った。

保育者：「じゃあ、男の子こっち来てー」

レ　ン：「はーい」

レンは即座に立ち上がり、保育者のところへ走って行った。

保育者：「じゃあ、レンくん、おかばんと帽子持っといで。あれ？　ほかに男の子いないかな？」

他の幼児：「……」

全員自分のことではないかのようにきょとんとし、誰も動かなかった。レンは自分のロッカーへかばんと帽子を取りに行った。

保育者：「じゃあもう１回聞くよ。女の子いるかなー？」

サエがそろそろと立って保育者のところへ行った。

他の幼児：「……」

全員自分のことではないかのようにきょとんとし、誰も動かなかった。

保育者：「じゃあ、男の子いるかなー？」

シンが保育者のところへ走って行った。

他の幼児「……」

全員自分のことではないかのようにきょとんとし、誰も動かなかった。

次にＹ組の様子を示す。

＜Ｙ組：４月19日＞

外へ遊びに行く前に、幼児全員が保育者を中心とし半円状に集合した。そこでＸ組と同様、保育者がゲームのような雰囲気で実験を開始した。

保育者：「呼ばれたら先生のところに来てください。ヤマノタツくーん」

タ　ツ：「はーい」

タツは保育者のところへ行った。保育者はタツをぎゅっと抱きしめた。タツはキャッキャッと喜び、自分の席に戻った。この後、保育者は同様にクラス全員の名前を呼び、全員タツと同様に保育者のところで抱きしめられた後、自分の席に戻って行った。

保育者：「じゃあ、女の子、先生のところに来てー」

ミ　ト：「はーい」

ミトは即座に保育者のところへ行った。

保育者：「あれ？　ほかには女の子いないの？」

他の幼児：「……」
全員自分のことではないかのようにきょとんとし、誰も動かなかった。
保育者：「じゃあ、男の子こっち来てー」
ダンが即座に立って保育者のところへ行った。
保育者：「あれ？　ほかには男の子いないの？」
他の幼児：「……」
全員自分のことではないかのようにきょとんとし、誰も動かなかった。保育者が再度女の子・男の子と呼びかけても結果は変わらなかった。

以上のように、入園後初回の４月の実験で保育者に自分の名前を呼ばれた際、すべての幼児が保育者のところへ行ったのに対し、保育者に「女の子来てー／男の子来てー」と呼ばれた際に保育者のところへ行った幼児は、Ｘ組で男女２名ずつ、Ｙ組で男女１名ずつであった。その他の幼児（Ｘ組11名［女：男＝５名：６名］、Ｙ組14名［女：男＝６名：８名］）は、「女の子来てー／男の子来てー」と呼ばれてもきょとんとして動かなかった。

以上のことから、大半の幼児は、入園時には性自認をしていないことが明らかになった[3)]。

２．入園当初に性自認していなかった幼児の性自認時期

では入園時に性自認をしていなかった幼児は、いつ性自認したのだろうか。以下にその結果を示す。

表２－１・表２－２は、ともに幼児の性自認時期の傾向をＸ組・Ｙ組ごとに見るために作成した表である。表側に各幼児が性自認した月、表頭に各幼児名を性自認が早い順に並べ、当てはまる欄に「●」を記入している。なお、名前に網かけしているのが女児である。

２―１　Ｘ組の性自認時期

Ｘ組は、サエ・ナツ・シン・レンの４名は４月の時点で性自認していた。次に、アミ・リオ・レイの３名が５月の時点で、ジン・トシ・ダイの３名が６月

表２－１　X組の幼児が初めて性自認した日

	サエ	ナツ	シン	レン	アミ	リオ	レイ	ジン	トシ	ダイ	サト	ミカ	タク	トモ	ヨウ
4	●	●	●	●											
5					●	●	●								
6								●	●	●					
7											●	●	●	●	●
8															
9															
10	↓	↓	↓	↓	↓	↓	↓	↓	↓	↓	↓	↓	↓	↓	↓

注：■：女児、■：８月は夏休み

表２－２　Y組の幼児が初めて性自認した日

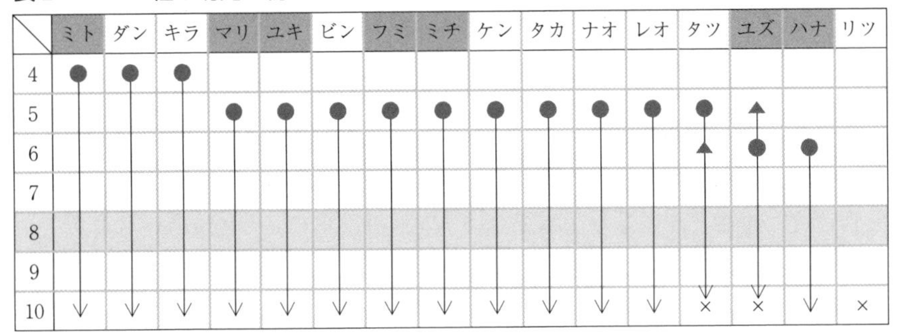

	ミト	ダン	キラ	マリ	ユキ	ビン	フミ	ミチ	ケン	タカ	ナオ	レオ	タツ	ユズ	ハナ	リツ
4	●	●	●													
5				●	●	●	●	●	●	●	●	●	●	▲		
6													▲	●	●	
7																
8																
9																
10	↓	↓	↓	↓	↓	↓	↓	↓	↓	↓	↓	↓	×	×	↓	×

注：■：女児、■：８月は夏休み

の時点で、サト・ミカ・タク・トモ・ヨウの５名が７月の時点で性自認し、X組は夏休み前までに全員が性自認をした。X組全体で見ると、４・５・６・７月でそれぞれ３～５名が性自認をしており、性自認の時期は大きく４期に分かれていた。また、X組は７月に性自認した人数が最も多かった。

２―２　Y組の性自認時期

一方Y組は、ミト・ダン・キラの３名が４月の時点で性自認していた（キラは最初の測定日には性自認していなかった）。次に５月の時点でマリ・ユキ・ビン・フミ・ミチ・ケン・タカ・ナオ・レオの９名が性自認した。タツは５月の時点では保育者のところに行ったが、続く６月の時点では保育者のところへ行くか否か迷っており、10月の時点では保育者のところへ行かなかった。またユズは、５月の時点では迷っていたが結局保育者のところへ行き、６月の時点では迷わずに保育者のところへ行った。しかし、10月の時点では保育者のところへ行かなかった。こうした中で、６月の時点でハナが性自認した。そして、リツは４月から10月まで一貫して性自認をしていなかった。Ｙ組全体で見ると、４月が３名、５月が９名、６月が１名およびまだ性自認していない幼児が３名と、各時期で比較的ばらつきが見られたものの、性自認の時期は大きく４期に分かれていた。また、Ｙ組は５月に性自認した人数が最も多かった。

なお、性自認しなかった３名については以下の通りである。10月に保育者から、女児が先に絵を書き、男児はその間遊んでいるようにという指示をされた際、タツは「タツは？」と保育者に尋ねていたこと、そして保育者から「タツくん女の子？」と聞かれて「うん、タツは女の子」と言っていたことから、10月の時点でまだ性自認していなかったと考えられる。

またユズは、３歳のときに「今は３歳でちっちゃいから女の子だよ。でも４歳になったらおっきくなって男の子になって、お母さんびっくりしちゃうね！」と言っていたことがあった。ユズには兄がおり、男の子への憧れが強い様子であった。そして、自分も４歳になったら男の子になるのだと信じていた。そのため､ユズの誕生である６月28日辺りから自分は男の子であると認識しはじめ、布バッグも男児用の収納箱に入れていた。また、保育者に男女別の指示をされた際も、男児の方に合流することがあった。しかし、女児の友だちに「わたしたち女の子だよねー」と言われると､「うん、女の子」と言って、手をつないで飛び跳ねる場面も観察された。

また、10月に保育者から女児が先に絵を書き、男児はその間遊んでいるようにという指示をされた際には、最初は迷わず男児についていき遊ぼうとしていたが、保育者に「ユズちゃんはこっち」と女児たちの方へ呼び戻されると、無言で保育者の指示に従っていた場面も観察された（p.173の10月25日の事例とは別事例)。

これらの事例から、ユズ自身が自分の性別について混乱しはじめているのではないかというように見受けられた。そのため、実験をするごとに異なる反応をしていたのではないかと推察される。これについては第６章で詳細に検討する。

そしてリツは、10月に保育者から女児が先に絵を書き、男児はその間遊んでいるようにという指示をされた際に、女児とともに絵を描こうとしていたことから、まだ性自認していなかった可能性が考えられる。リツはダウン症で言葉がまだ話せなかったので、言葉で確認することはできなかった。

第３節 —— ２クラス全体で見た性自認時期

では、性自認時期を２クラス混合で見ると、全体の傾向はどのようになっているのだろうか。以下に見てみよう。

表２－３は、幼児の性自認時期の傾向を２クラス全体として見るために作成した表である。表２－１・２－２を統合し、性自認時期が早い順に２クラス混合で並べたものである。

表２－３全体で見ると、４月が７名、５月が12名、６月が４名、７月が５名、10月時点で性自認していない幼児が３名と、各時期で比較的ばらつきが見られたものの、性自認の時期は大きく５期に分かれていた。また、全体では５月に性自認をした人数が最も多かった。さらに、７月の夏休み前までには大半の幼児が保育者のところへ行くようになっていた。

以上により、性自認時期は１回に集中するわけでも、個々人でバラバラなわけでもなく、数名ずつがほぼ同時期に性自認し、そのかたまりが４～５期に分

表２－３　２クラス全体の幼児が初めて性自認した日

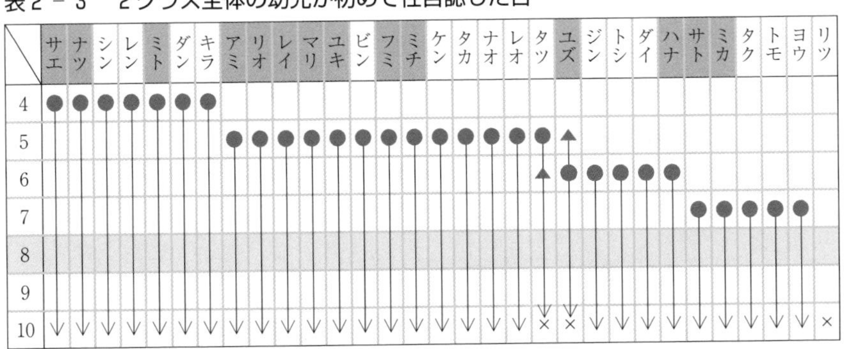

	サエ	ナツ	シン	レン	ミト	ダン	キラ	アミ	リオ	レイ	マリ	ユキ	ビン	フミ	ミチ	ケン	タカ	ナオ	レオ	タツ	ユズ	ジン	トシ	ダイ	ハナ	サト	ミカ	タク	トモ	ヨウ	リツ
4	●	●	●	●	●	●	●																								
5								●	●	●	●	●	●	●	●	●	●	●	●	●	▲										
6																				▲	●	●	●	●	●						
7																										●	●	●	●	●	
8																															
9																															
10	↓	↓	↓	↓	↓	↓	↓	↓	↓	↓	↓	↓	↓	↓	↓	↓	↓	↓	↓	×	×	↓	↓	↓	↓	↓	↓	↓	↓	↓	×

注：■：女児、■：８月は夏休み

かれて発生していたことが明らかになった。

第４節 ―― まとめと考察

１．まとめ

以上により、以下の４点が明らかになった。

第１に、幼稚園３歳児クラスの大半の幼児は、入園時には性自認をしていなかった。

第２に、X組は性自認の時期が大きく４期に分かれており、夏休み前までに全員が性自認をした。また、X組は７月に性自認をした人数が最も多かった。

第３に、Y組は性自認の時期が各時期で比較的差異が見られたものの、大きく４期に分かれていた。大半が６月の終わりまでに性自認をしていたが、10月になっても性自認していなかった幼児も数名いた。また、Y組は５月に性自認をした人数が最も多かった。

第４に、２クラス全体で見ると、数名ずつがほぼ同時期に性自認し、そのかたまりが４～５期に分かれて発生していた。

２．考察

ここでは、３歳児クラスの幼児が、「保育者に『女の子来てー／男の子来てー』と呼ばれたときに、初めて保育者のところへ行った日」が４～５期に分かれたことについて、この差が何を意味するのかを考察する。次に、X組・Y組で性自認をした人数が一番多かった時期が異なるのは何を意味しているのかについて考察する。

２―１　性自認時期が４～５期に分かれた理由

この４～５期のそれぞれの時期は、同じ測定日に複数名が同時に初めて保育者のところに行くようになっていた。この理由として、少なくとも以下の３つの可能性が考えられる。①何らかの出来事がきっかけとなった、②実験の何らかの効果が同時に出た、③発達の程度が同じくらいであった。このうち、③については、社会学的視点からの観察によって判断するのは困難であるが、①・②については社会学的視点からの観察結果から、以下のような手続きを経て推測することは可能であろう。

すなわち、各時期に初めて保育者のところへ行った幼児が、それより以前に幼稚園でどのような経験をしていたのかという観点から観察データを整理し、推測するという方法である。また、この作業により、第１～５期の幼児は全員が同じ要因によって性自認したのではなく、それぞれの時期によって異なっているという結果が出ることが予想される。さらに、これによって特定された「性自認のきっかけとなった出来事」や「実験」の内容について分析することで、どのような細かい要因がどのように関連し合って幼児の性自認に影響を与えているのかについて考察できるだろう。次章以降でこの作業を行う。

2―2　最も多くの幼児が同時に性自認した時期が２クラスで異なる理由

前述のようにＸ組は第４期が、Ｙ組は第２期が最も多かった。これはたまたま発達段階が同じくらいの幼児が、Ｘ組には第４期に、Ｙ組には第２期に集中していたという可能性も考えられる。しかしながら、以下の４点を考えると、一概に発達段階の問題だけで説明をするのは困難であると考えられる。すなわち、①誕生日は明らかにばらばらである、②きょうだいの有無等の要因もばらばらである、③多くの幼児が同時期に性自認している、④女らしい／男らしい「ふるまい」「言語使用」をしているかの状況もばらばらである（＝発達段階の点から見ても段階がそろっているわけではない）。これらの点については次章以降で詳論する。

ここで考えられるのは「集団」の影響である。観察によって、Ｘ組では６月の下旬～７月上旬にかけて、またＹ組では５月上旬に「性自認のきっかけとなった出来事」と推測できるような出来事が起きていた。このことから、幼児の性自認にはこうした社会的な要因が大きな影響を与えているのではないかということが推察される。こうした考えのもと、次章以降の分析を進めていく。

【註】

1）本書の中で使用するデータにおける固有名詞は、場所・個人の特定を避けるため、すべて仮名等にしてある。

2）本書が対象とした幼稚園３歳児クラスは人数も少なく、保育室の広さも限られている。また、保育室の外で活動する場合も全員が同じ空間で活動することがほとんどであったため、全員に目を配りやすい環境にあった。こうした状況のなかで、特定の幼児のみに着目するのではなく、すべての幼児および保育者を毎回同じ条件で観察することに注意した。
　なお、実験において「女の子／男の子」を呼ぶ順番については、いつも同じ順番にならないように意識して行っていただいた。

3）ここで、「幼児たちが保育者のもとへ行かなかった」という現象は、ほかにも保育者の呼びかけにまだ慣れていなかったからではないか等が考えられる。しかし、各自の名前を呼んだときには全員が正しく反応して保育者のもとへ行ったことから、これは、保育者の呼びかけに慣れていないために保育者のもとへ行かなかったのではないと考えられる。

第3章
性自認時期に影響を及ぼしている要因
―幼児のタイプ分類―

本章では、幼稚園３歳児クラスにおける幼児と保育者および仲間との関係の持ち方と性自認時期の関係を明らかにしていく。第１節で本章の課題構成を述べた後、第２節において検証を行い、第３節においてまとめと考察を行う。

第１節 —— 課題構成

本章は、「どのような対人関係の幼児がいつ性自認したのか」という問いをＭＱとしている。しかし、この問いは抽象度の高い問いであるため、この問いを解くためにいくつかのＳＱにブレイクダウンする必要があると考える。そのため、本章の課題構成を図３－１のように設定し、ＭＱとＳＱについて論じる。

本章のＭＱを明らかにするためには、前述のクライテリア（判断基準）を使用して、「ＳＱ１：各幼児が性自認したのはいつか」を確認する必要がある。ただし、これは前章で確認したため、ここで改めて確認することはせず、前章

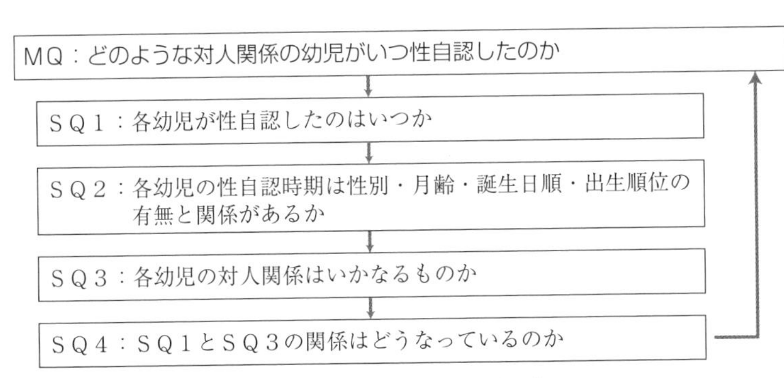

図３－１　本章の課題構成

の内容をそのまま使用する。

そのうえで、擬似相関の可能性を確認するために、あらかじめ「ＳＱ２：各幼児の性自認時期は性別・月齢・誕生日順・出生順位の有無と関係があるか」を検証し、「ＳＱ３：各幼児の対人関係はいかなるものか」を「対保育者」「対仲間」別に検証する。最後に「ＳＱ４：ＳＱ１とＳＱ３の関係はどうなっているのか」を分析し、両者の関係を示す。これによってＭＱを明らかにする。

第２節 —— 結果

1．各幼児の性自認時期は性別・月齢・誕生日順・出生順位の有無と関係があるか（ＳＱ２）

1—1　性別との関係

前章の結果から３歳児クラスの各幼児の性自認時期が明らかになったが、この性自認時期が早いか遅いかの違いはどのような要因によって生じているのだろうか。

これにはさまざまな要因が考えられるが、日本保育学会において「性別自認に性差がある」という報告がなされており、それによると「３歳では、男児の70％が自認できるのに対して、女児は40％しか自認できない」という（日本保育学会 1970）。これを手がかりに、性自認時期に男女差があるのかについて見てみよう。

表３－１を見ると、男女とも月ごとの人数の推移パターンは酷似しており、男女で明らかな差は見られなかった。

1—2　月齢との関係

表３－１の結果からでは、前述の「３歳では、男児の70％が自認できるのに対して、女児は40％しか自認できない」という先行研究の報告については検証できていない。したがって、以下でこの点を検証する。

表３－２は、各幼児の性自認時の年齢が３歳であったか４歳であったかを見るために作成した表である。３歳で性自認した幼児は24名、４歳で性自認した

幼児は４名、性自認していなかった幼児は３名であった。いずれも男女による大きな差は見られなかった。なおかつ、ほとんどの幼児が３歳で性自認していた。また、表３－３は、表３－２の各欄のパーセントを把握するために作成した。３歳で性自認した女児は79％、男児は76％、４歳で性自認した女児は14％、男児は12％、性自認していなかった女児は７％、男児は12％であった。

表３－１　男女別２クラス全体の幼児が初めて性自認した日

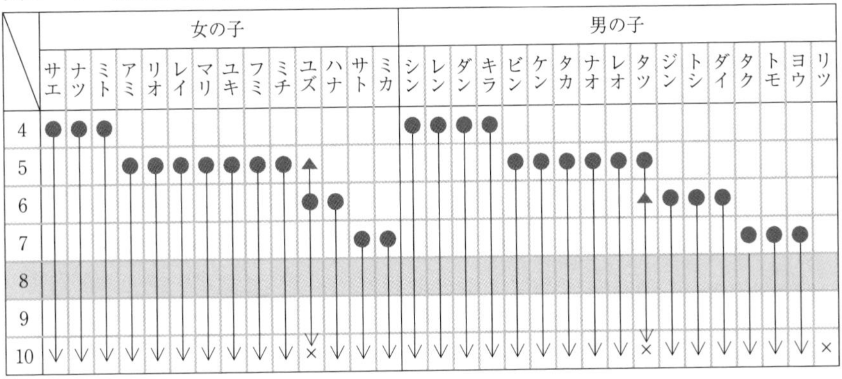

	女の子														男の子													
	サエ	ナツ	ミト	アミ	リオ	レイ	マリ	ユキ	フミ	ミチ	ユズ	ハナ	サト	ミカ	シン	レン	ダン	キラ	ビン	ケン	タカ	ナオ	レオ	タツ	ジン	トシ	ダイ	タク	トモ	ヨウ	リツ
4	●	●	●												●	●	●	●													
5				●	●	●	●	●	●	●	▲								●	●	●	●	●	●							
6											●	●												▲	●	●	●				
7													●	●														●	●	●	
8																															
9																															
10	↓	↓	↓	↓	↓	↓	↓	↓	↓	↓	×	↓	↓	↓	↓	↓	↓	↓	↓	↓	↓	↓	↓	×	↓	↓	↓	↓	↓	↓	×

注：▒：８月は夏休み

表３－２　２クラス全体の各幼児の性自認した年齢

	３歳で性自認した	４歳で性自認した	性自認していなかった
女	サエ・ナツ・ミト・アミ・リオ・マリ・フミ・ミチ・ハナ・サト・ミカ	レイ・ユキ	ユズ
男	シン・レン・ダン・キラ・ビン・ケン・ナオ・レオ・ジン・トシ・ダイ・タク・トモ	タカ・ヨウ	タツ・リツ

注：各幼児の誕生日については、表３－４を参照

表３－３　２クラス全体の各幼児の性自認した年齢（割合）

	３歳で性自認した	４歳で性自認した	性自認していなかった	合計
女	79%	14%	７％	100%
男	76%	12%	12%	100%
合計	77%	13%	10%	100%

以上により、先行研究が報告したように男児の70%以上が３歳で性自認をしていた。一方、女児は79%が性自認をしており、男児の76%を上回っていた。この点は先行研究の「女児は40%しか自認できない」という報告とは異なっていた。いずれも男女による大きな差は見られず、３歳児クラスの大半の幼児は３歳の時点で性自認をしていたことが明らかになった。以上により、性自認時期には明らかな男女差および月齢差は見られなかった。

１―３　誕生日順との関係

では、性自認時期が早いか遅いかの違いはどのような要因によって生じているのだろうか。先行研究においては男女差のほかに、発達の影響が指摘されてきた（Kohlberg 1966、土肥 1996、相良 2000、森永 2004ほか）。次はこれを手がかりに、性自認時期に発達の影響があるのかについて見てみよう。

第２章において各幼児の性自認時期が明らかになったが、これは幼児の誕生日順と一致するのだろうか。ここでは発達の指標として誕生日を用いるが、一致していれば性自認は発達の影響が大きく、一致していなければ発達の影響のみで説明することに疑問を提示することになるはずである。

表３－４は、各幼児の誕生日と性自認時期の関係について２クラス全体の傾向を見るために作成した表である。表側に各幼児が性自認した月、表頭に各幼児名と誕生日を誕生日が早い順に並べ、性自認した月の欄に「●」を記入している。

これによると、４月の時点で性自認していたのは５月生まれが２名、６月生まれが１名、８月生まれが１名、９月生まれが２名、11月生まれが１名であり、５月生まれから11月生まれまでまんべんなく分布していた。

次に５月の時点で性自認したのは、４月生まれが２名、５月生まれが１名、６月生まれが１名、７月生まれが２名、９月生まれが１名、10月生まれが１名、11月生まれが２名、12月生まれが１名、１月生まれが１名であり、４月生まれから１月生まれまでやはりまんべんなく分布していた。

続いて６月の時点で性自認したのは、６月生まれが１名、７月生まれが１名、２月生まれが１名、３月生まれが１名であった。

そして７月の時点で性自認したのは、４月生まれが１名、９月生まれが１名、

表3－4　2クラスの幼児全体の誕生日順性自認時期

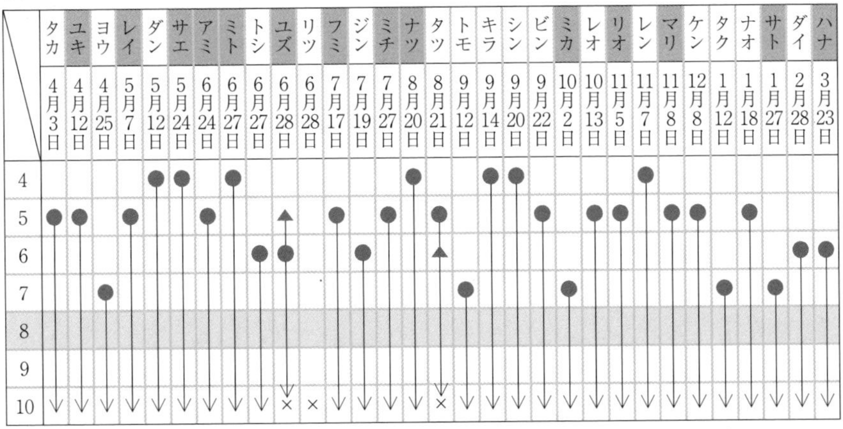

	タカ	ユキ	ヨウ	レイ	ダン	サエ	アミ	ミト	トシ	ユズ	リツ	フミ	ジン	ミチ	ナツ	タツ	トモ	キラ	シン	ビン	ミカ	レオ	リオ	レン	マリ	ケン	タク	ナオ	サト	ダイ	ハナ
	4月3日	4月12日	4月25日	5月7日	5月12日	5月24日	6月24日	6月27日	6月27日	6月28日	6月28日	7月17日	7月19日	7月27日	8月20日	8月21日	9月12日	9月14日	9月20日	9月22日	10月2日	10月13日	11月5日	11月7日	11月8日	12月8日	1月12日	1月18日	1月27日	2月28日	3月23日
4					●	●		●							●			●	●					●							
5	●	●		●			●			▲		●		●		●				●		●	●		●	●		●			
6									●	●			●			▲														●	●
7			●														●				●						●		●		
8																															
9																															
10	↓	↓	↓	↓	↓	↓	↓	↓	↓	×	×	↓	↓	↓	↓	×	↓	↓	↓	↓	↓	↓	↓	↓	↓	↓	↓	↓	↓	↓	↓

注：■：女児、■：8月は夏休み

10月生まれが1名、1月生まれが2名であった。4月生まれの幼児を抜くと全員9月以降となっていた。

最後に、10月の時点でまだ性自認していなかったのは、6月生まれが2名（同じ誕生日）、8月生まれが1名であった。いずれも誕生日が遅いわけではなく、年度の前半に生まれた幼児であった。

さらに、全体の分布パターンを見てみると、個人差を考慮したとしても、誕生日の早い子から順に性自認をしていくという傾向は見られなかった一方で、誕生日が離れた幼児同士がほぼ同時期に性自認するという現象が起きていた。

以上により、各幼児の性自認時期は誕生日順と一致していないことが明らかになった。またこれにより、性自認時期を発達の影響のみで説明することには疑問が残ることが示唆された[1)]。

1―4　出生順位との関係

では、先行研究（Fauls＆Smith 1956、Brown 1956、Brim 1958、依田・深津 1963、Rosenberg＆Sutton-Smith 1964ほか）において性自認への影響が指摘されてきた「出生順位」の影響を見てみよう。ここでは、性自認時期と「出生順位」の関係について検証していく。

表3－5は、2クラス全体の「幼児の性自認時期と出生順位」を見るために

作成した表である。「兄姉あり」の幼児は20名、「兄姉なし」の幼児は11名であり、「兄姉あり」が「兄姉なし」の約1.8倍の人数であった。それを確認したうえで、「兄姉なし」の幼児数を基準に、1.8倍にしたら何人になるか、そしてそれに対して「兄姉あり」は実際何名なのかについて検討し、作成したのが表３－６である。

以上により、４月と７月は「兄姉なし」の方が多く、５月と６月は「兄姉あり」の方が多かった。10月になっても性自認していなかった幼児は、ほぼ同数であった。また、「兄姉なし」は６月を除くと毎月同数が性自認していたのに対し、「兄姉あり」は５月に集中していた。４月と５月の人数を足すと、「兄姉あり」は13名、「兄姉なし」は10.8名であった。一方、６月と７月を足すと「兄姉あり」は５名、「兄姉なし」は7.2名であった。

表３－５　幼児の性自認時期と兄姉の有無の関係

	兄姉あり																				兄姉なし										
	サエ	シン	ダン	キラ	リオ	レイ	マリ	ユキ	ビン	ミチ	タカ	ナオ	レオ	ユズ	ジン	ダイ	ハナ	サト	タク	リツ	ナツ	レン	ミト	アミ	フミ	ケン	タツ	トシ	ミカ	トモ	ヨウ
4	●	●	●	●																	●	●	●								
5					●	●	●	●	●	●	●	●	●	▲										●	●	●	●				
6														●	●	●	●										▲	●			
7																		●	●										●	●	●
8																															
9																															
10	↓	↓	↓	↓	↓	↓	↓	↓	↓	↓	↓	↓	↓	×	↓	↓	↓	↓	↓	×	↓	↓	↓	↓	↓	↓	×	↓	↓	↓	↓

注：■：女児、■：８月は夏休み

表３－６　出生順位の比較

	兄姉あり	兄姉なし
4	4	5.4（3）
5	9	5.4（3）
6	3	1.8（1）
7	2	5.4（3）
10	2	1.8（1）

以上により、性自認が遅かった幼児には「兄姉なし」が多かったが、性自認が早かった幼児にも「兄姉なし」は多く、「兄姉あり」だから性自認が早い、「兄姉なし」だから性自認が遅い、あるいはその反対というような明確な傾向は見られなかった。

2．各幼児の対人関係はいかなるものか（ＳＱ３）

前項までの検証から、少なくともＢ幼稚園のＸ組・Ｙ組においては、「月」というミクロな時間軸で見た場合、性自認時期には環境が大きくかかわっているということが示唆された。

それでは実際にどのような環境要因、すなわち経験的要因が影響しているのだろうか。これにはさまざまな要因が考えられるが、幼稚園に限定して考えた場合、少なくとも「幼児と保育者の相互行為」「幼児同士の相互行為」という要因が、重要な影響を与えていることが先行研究から推察される（宮崎 1991、河出 1992、1993、森 1995、佐藤・三宅 2001、藤田 2004ほか）。そのため、以下ではこれらの要因が性自認時期とどのように関係しているのかについて検討していく。初めに、「幼児の保育者との関係の持ち方」が性自認時期とどのように関係しているのかについて検討する。

２―１　幼児の保育者との関係の持ち方

まず、各幼児が保育者とどのような関係の持ち方をしているのかを明らかにする必要がある。そのために以下の作業を行った。

まず、夏休み前までの観察データから、表側が「各幼児名」、表頭が「各幼児が保育者と一緒に行動した回数」および「保育者と話した回数」からなる表を作成し、観察日ごとにカウントした[2)]。これにより、「保育者とのコミュニケーションが多い」タイプと「保育者とのコミュニケーションが少ない」タイプに分類した。「保育者とのコミュニケーションが多い」タイプは、毎回保育者との行動や会話が複数回あった幼児である。一方、「保育者とのコミュニケーションが少ない」タイプは、保育者との行動や会話が毎回０～１回という幼児である。

次に、同じく夏休み前までの観察データから、各幼児の保育者との行動および会話の内容を整理した。これにより、「保育者と非分離傾向」「保育者に同調傾向」「保育者に反抗傾向」「保育者と没交渉傾向」の４タイプに分類した。

「保育者と非分離傾向」の幼児は、常に保育者と一緒に行動していないと不安になり、保育者が見えなくなったとたんに泣き出してしまうようなタイプの幼児であった。

「保育者に同調傾向」の幼児は、保育者がいなくても遊べるが、保育者が言ったことに同調的な反応をしていた幼児である。例えば、保育者が「してはいけない」と言ったことをしている幼児に対してとがめる、仲間に嫌なことをされたときに保育者に言いに行く等の行動を取っていた幼児をこのタイプに分類した。

「保育者に反抗傾向」の幼児は、保育者との接点は多いものの、保育者が言ったことに反抗的な反応をしていた幼児である。例えば、保育者が「してはいけない」と言ったことをあえてした幼児や、保育者に注意された際に保育者の言う通りにしなかった幼児をこのタイプに分類した。

「保育者と没交渉傾向」の幼児は、保育者とほとんど接点を持たなかった幼児である。このタイプの幼児は、保育者から話しかけられた場合には接点を持つこともあるが、自分から話しかけることはめったになかった。

表３－７は、この４タイプに分類する際にどのような事例をもとにして分類を行ったのかを示すために作成したものである。ここに示したのは一例にすぎないが、このような傾向の事例をもとにタイプ分類を行った。なお、「保育者

表３－７　分類の際の典型的な具体例（一例）

	具体例
保育者と非分離傾向	フミは視界から保育者が消えると、大声で泣き出した。
保育者に同調傾向	サエはジンがキャンプごっこに入れてくれなかった際、保育者に「ねーねーあのねー、キャンプに入れて、って言ったらジンくんがダメって言ったー」と言いに行った。
保育者に反抗傾向	保育者が「ミカちゃん、先生のお顔見て。先生お話しするから」と話しかけたが、ミカは聞こえないふりをして振り向かなかった。
保育者と没交渉傾向	ヨウはどの観察日も１人で遊ぶことが多く、保育者との接触もほとんど見られなかった。

表３－８　Ｘ組とＹ組の「幼児の保育者との関係の持ち方」

	保育者とのコミュニケーションが多い			保育者とのコミュニケーションが少ない
	保育者と非分離傾向	保育者に同調傾向	保育者に反抗傾向	保育者と没交渉傾向
Ｘ組	レン	サエ・ナツ・シン・アミ・リオ・レイ・トシ・ダイ	ジン・ミカ	サト・タク・トモ・ヨウ
Ｙ組	ユキ・フミ・ミチ・タツ・ユズ	ミト・ダン・マリ・ビン・ナオ	キラ・ケン・タカ・レオ	ハナ・リツ

と非分離傾向」「保育者に同調傾向」「保育者に反抗傾向」の幼児は、「保育者とのコミュニケーションが多い」タイプであり、「保育者と没交渉傾向」の幼児は、「保育者とのコミュニケーションが少ない」タイプであった。以上の作業を経て作成したのが、表３－８である。

２―２　「幼児の保育者との関係の持ち方」と性自認時期との関係

以上、「幼児の保育者との関係の持ち方」について、誰がどのような関係の持ち方をしているのかについて見てきた。では、「幼児の保育者との関係の持ち方」と性自認時期はどのような関係にあるのだろうか。

表３－９は、２クラス全体の「保育者と非分離傾向」「保育者に同調傾向」「保育者に反抗傾向」「保育者と没交渉傾向」の４タイプと、性自認時期との関係を見るために作成した表である。これを全体で見ると、最も早く４月に性自認した幼児は、「保育者に同調傾向」のところに集中して分布しており、最も遅く７月に性自認した幼児は、「保育者と没交渉傾向」のところに集中して分布していた。平均すると、全体に早く性自認した幼児が最も多かったのは「保育者に同調傾向」であった。したがって、表３－９を以下のように変換してみる。

表３－10は表３－９の「保育者と非分離傾向」「保育者に同調傾向」の位置を入れ替えたものである。これを全体で見ると、多少の誤差はあるものの、おおむね「保育者に同調傾向」から「保育者と没交渉傾向」へと左上から右下に向けて斜めに分布していた。さらに詳細に見ると、「保育者に同調傾向」のタイプの幼児はそろって性自認時期が早い傾向にあった。また、「保育者と非分離傾向」のタイプの幼児も早い傾向にあった。「保育者に反抗傾向」なタイプ

表３－９　２クラス全体の「保育者と非分離傾向」「保育者に同調傾向」「保育者に反抗傾向」「保育者と没交渉傾向」と性自認時期

	保育者と非分離傾向						保育者に同調傾向													保育者に反抗傾向						保育者と没交渉傾向					
	レン	ユキ	フミ	ミチ	タツ	ユズ	サエ	ナツ	シン	ミト	ダン	アミ	リオ	レイ	マリ	ビン	ナオ	トシ	ダイ	キラ	ケン	タカ	レオ	ジン	ミカ	ハナ	サト	タク	トモ	ヨウ	リツ
4	●						●	●	●	●	●									●											
5		●	●	●								●	●	●	●	●	●				●	●	●								
6																		●	●					●		●					
7																									●		●	●	●	●	
8																															
9																															
10					×	×																									×

注：■：女児、■：８月は夏休み

表３－10　２クラス全体の「保育者と非分離傾向」「保育者に同調傾向」「保育者に反抗傾向」「保育者と没交渉傾向」と性自認時期（改変）

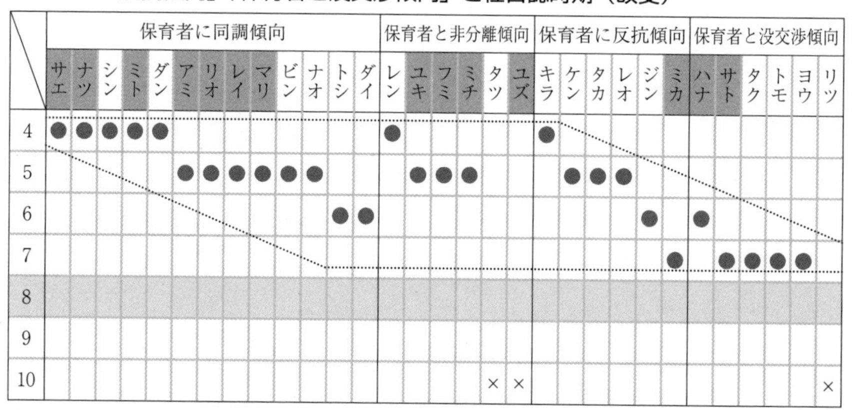

	保育者に同調傾向													保育者と非分離傾向						保育者に反抗傾向						保育者と没交渉傾向					
	サエ	ナツ	シン	ミト	ダン	アミ	リオ	レイ	マリ	ビン	ナオ	トシ	ダイ	レン	ユキ	フミ	ミチ	タツ	ユズ	キラ	ケン	タカ	レオ	ジン	ミカ	ハナ	サト	タク	トモ	ヨウ	リツ
4	●	●	●	●	●									●						●											
5						●	●	●	●	●	●				●	●	●				●	●	●								
6												●	●											●		●					
7																									●		●	●	●	●	
8																															
9																															
10																		×	×												×

注：■：女児、■：８月は夏休み

の幼児は少しばらつきが見られ、「保育者と没交渉傾向」なタイプの幼児はほぼ全員が全体で最も遅かった。

これにより、保育者に同調的なほど性自認時期が早く、保育者とかかわりがないほど性自認時期が遅い傾向にあることが明らかになった。

２—３　「幼児の保育者とのコミュニケーションの有無」と性自認時期との関係

次に、「幼児の保育者との関係の持ち方」（「保育者とのコミュニケーションが多い」「保育者とのコミュニケーションが少ない」）と性自認時期との関係について見てみよう。

表３－11は、２クラス全体の「幼児の保育者との関係の持ち方」と性自認時期との関係を見るために作成した表である。これを見ると、「保育者とのコミュニケーションが多い」から「保育者とのコミュニケーションが少ない」へと、左上から右下に向けて斜めに分布していた。すなわち、保育者とのコミュニケーションが多いほど性自認時期が早く、保育者とのコミュニケーションが少ないほど性自認時期が遅い傾向が見られた。

ここまでの知見をまとめると、３歳児クラスの幼児は最も単純化してみると、「保育者とのコミュニケーションが多い」幼児ほど相対的に性自認時期が早く、「保育者とのコミュニケーションが少ない」幼児ほど相対的に性自認時期が遅い傾向にあった。それをさらに詳細に見てみると、「保育者とのコミュニケーションが多い」幼児の中では、「保育者に同調傾向」の幼児、「保育者と非分離傾向」の幼児、「保育者に反抗傾向」の幼児の順に性自認をしていったことが明らかになった。また、「保育者とのコミュニケーションが少ない」幼児である「保育者と没交渉傾向」の幼児は、性自認したのが３歳児クラスの中で最も

表３－11　２クラス全体の「幼児の保育者との関係の持ち方」と性自認時期

	保育者とのコミュニケーションが多い																									保育者とのコミュニケーションが少ない					
	サエ	ナツ	シン	レン	ミト	ダン	キラ	アミ	リオ	レイ	マリ	ユキ	ビン	フミ	ミチ	ケン	タカ	ナオ	レオ	ジン	トシ	ダイ	ミカ	ユズ	タツ	ハナ	サト	タク	トモ	ヨウ	リツ
4	●	●	●	●	●	●	●																								
5								●	●	●	●	●	●	●	●	●	●	●	●												
6																				●	●	●				●					
7																							●				●	●	●	●	
8																															
9																															
10																								×	×						×

注：■：女児、■：８月は夏休み

遅かった。

2—4　幼児の仲間との関係の持ち方

では次に、「幼児の仲間との関係の持ち方」が性自認時期とどのように関係しているのかについて検証する。

「幼児の仲間との関係の持ち方」が性自認時期とどのように関係しているのかについて検討するためには、まず、各幼児が仲間とどのような関係の持ち方をしているのかを明らかにする必要がある。そのために、以下の作業を行った。

まず、夏休み前までの観察データから、観察日ごとに、表側、表頭ともに幼児全員の名前を並べた表を作成した。次に、観察データから、この日に誰が誰と何回一緒に遊んだかをカウントしたものを各欄に記入した。この表をもとに、遊んだ回数が多かった幼児同士を「よく一緒に遊んでいる幼児」として線でつないでいき、クラス全体の人間関係を図示した。これを観察日ごとに作成し、クラスの人間関係の推移を見た。そのうえで、継続的に「集団（幼児同士３人以上）で遊ぶ傾向」にある幼児、「個人で遊ぶ傾向」にある幼児、場面によってそのどちらにも属する「中間」の幼児の３つのタイプに分類した。

「集団で遊ぶ傾向」にある幼児というのは、いつも誰かと一緒にいないと遊ぶことができないタイプの幼児であった。そのため１人で遊ぶということはほとんど見られなかった。「個人で遊ぶ傾向」にある幼児は、自分の世界を持っており、１人でも遊ぶことができるタイプの幼児であった。このタイプの幼児は、必要があれば２人で一緒に遊ぶこともあったが、１人で遊べる度合いは他のタイプの幼児に比べると最も高かった。「中間」の幼児は、自分の世界を持っており、１人で遊ぶこともできるが、自分の必要性や興味に合わせて、集団で遊んだり１人で遊んだりすることができるタイプの幼児であった。以上の作業を経て作成したのが、図３－２である。

図３－２を見てみると、「集団で遊ぶ傾向」にある幼児は10名、「個人で遊ぶ傾向」にある幼児は11名、その両者に属する「中間」の幼児は10名と３つのタイプともほぼ同数であった。

また、男女の分布について見てみると、「集団で遊ぶ傾向」にある幼児と「中間」の幼児はともに「女：男＝４名：６名」、「個人で遊ぶ傾向」にある幼児は

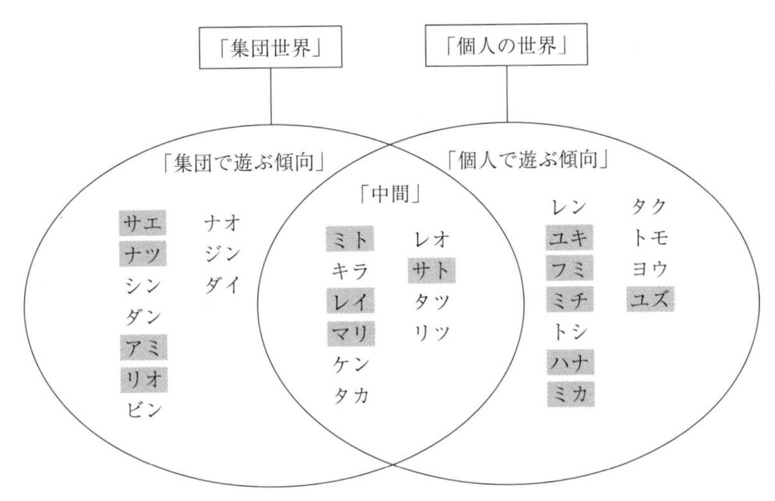

図3－2　2クラス全体の「幼児の仲間との関係の持ち方」

「女:男＝6名:5名」であった。全体的に3つのタイプの間に大きな差はなかったが、詳細に見てみると、「個人で遊ぶ傾向」にある幼児のみ女児の数が男児の数よりも多かった。全体で見ると「女：男＝14名：17名」で女児の方が少ないことを考えると、女児は「個人で遊ぶ傾向」にある幼児が相対的に多かったと見ることができる。

以上により、2クラス全体の「幼児の仲間との関係の持ち方」の傾向としては、3タイプともほぼ同数であり、男女の分布においても極端な偏りは確認されなかった。

2―5　「幼児の仲間との関係の持ち方」と性自認時期との関係

では、「幼児の仲間との関係の持ち方」と性自認時期はどのような関係にあるのだろうか。これについて以下に検討していく。

表3－12は、2クラス全体の「幼児の仲間との関係の持ち方」と性自認時期との関係を見るために作成した表である。これを見ると「集団で遊ぶ傾向」にある幼児は相対的に性自認時期が早く、「個人で遊ぶ傾向」にある幼児は相対的に遅かった。そして「中間」の幼児は両者の中間で、相対的に性自認が早い幼児と遅い幼児に分かれていた。

表３－12　２クラス全体の「幼児の仲間との関係の持ち方」と性自認時期

	集団で遊ぶ傾向										中間										個人で遊ぶ傾向										
	サエ	ナツ	シン	ダン	アミ	リオ	ビン	ナオ	ジン	ダイ	ミト	キラ	レイ	マリ	ケン	タカ	レオ	サト	タツ	リツ	レン	ユキ	フミ	ミチ	トシ	ハナ	ミカ	タク	トモ	ヨウ	ユズ
4	●	●	●	●							●	●									●										
5					●	●	●	●					●	●	●	●	●		●			●	●	●							
6									●	●									▲						●	●					
7																		●									●	●	●	●	
8																															
9																															
10	↓	↓	↓	↓	↓	↓	↓	↓	↓	↓	↓	↓	↓	↓	↓	↓	↓	↓	↓×	×	↓	↓	↓	↓	↓	↓	↓	↓	↓	↓	×

注：■：女児、■：８月は夏休み

３．ＳＱ１とＳＱ３の関係はどうなっているのか（ＳＱ４）

ここまで、幼児の「保育者との関係の持ち方」と性自認時期の関係および「仲間との関係の持ち方」と性自認時期の関係について明らかにしてきた。では、「保育者との関係の持ち方」「仲間との関係の持ち方」「性自認時期」の３つの要素の関係はどのようになっているのだろうか。これについて以下で検討する。

表３－13は、２クラス全体の「保育者との関係の持ち方」「仲間との関係の持ち方」「性自認時期」の３つの要素の関係を見るために作成した表である。また、表の下部には「保育者に同調傾向」「保育者と非分離傾向」「保育者に反抗傾向」「保育者と没交渉傾向」ごとに「集団で遊ぶ傾向」にある幼児、「個人で遊ぶ傾向」にある幼児、「中間」の幼児がそれぞれ何％ずついるかを示した。なお、各幼児の「仲間との関係の持ち方」については、「集団で遊ぶ傾向」にある幼児を「||||||||」、「中間」の幼児を「☰」、「個人で遊ぶ傾向」にある幼児を「░」で区分した。

そうして見てみると、「保育者に同調傾向」の幼児の69％が「集団で遊ぶ傾向」にある幼児、23％が「中間」の幼児、８％が「個人で遊ぶ傾向」にある幼児であった。また、「保育者と非分離傾向」の幼児の83％が「個人で遊ぶ傾向」にある幼児、17％が「中間」の幼児、「集団で遊ぶ傾向」にある幼児はいなかった。そして、「保育者に反抗傾向」の幼児の66％が「中間」の幼児で、「集団で遊ぶ

表３－13　２クラス全体の「保育者との関係の持ち方」「仲間との関係の持ち方」「性自認時期」の関係

	保育者とのコミュニケーションが多い																									保育者とのコミュニケーションが少ない					
	保育者に同調傾向													保育者と非分離傾向						保育者に反抗傾向						保育者と没交渉傾向					
	‖‖	‖‖	‖‖	═	‖‖	‖‖	‖‖	═	═	‖‖	‖‖	‖‖	░	░	░	░	░	░	═	═	═	═	═	‖‖	░	░	░	░	░	═	═
	■	■		■		■	■	■	■						■	■	■	■							■	■				■	
	サエ	ナツ	シン	ミト	ダン	アミ	リオ	レイ	マリ	ビン	ナオ	ダイ	トシ	レン	ユキ	フミ	ミチ	ユズ	タツ	キラ	ケン	タカ	レオ	ジン	ミカ	ハナ	タク	トモ	ヨウ	サト	リツ
4	●	●	●	●	●									●						●											
5						●	●	●	●	●	●				●	●	●				●	●	●	●							
6												●	●													●					
7																									●		●	●	●	●	
8																															
9																															
10																		×	×												×

	保育者に同調傾向	保育者と非分離傾向	保育者に反抗傾向	保育者と没交渉傾向
集団	69%	０%	17%	０%
中間	23%	17%	66%	33%
個人	８%	83%	17%	67%

注１：■：女児、░：８月は夏休み
　２：‖‖：集団で遊ぶ傾向にある幼児、═：中間の幼児、░：個人で遊ぶ傾向にある幼児

傾向」にある幼児および「個人で遊ぶ傾向」にある幼児がともに17%であった。最後に、「保育者と没交渉傾向」の幼児の67%が「個人で遊ぶ傾向」にある幼児、33%が「中間」の幼児、「集団で遊ぶ傾向」にある幼児はいなかった。

さらに詳細に見ていくと、「保育者に同調傾向」の幼児の中で最も遅く性自認したトシは「個人で遊ぶ傾向」にある幼児であった。そして、「保育者に反抗傾向」の幼児の中で最も遅く性自認したミカも「個人で遊ぶ傾向」にある幼児であった。このことから、保育者と「同調的」あるいは「反抗的」な形でコミュニケーションを取っていても、幼児同士のコミュニケーションが少ない場合は、各タイプに該当する幼児の中で性自認時期が最も遅い傾向にあったことが明らかになった。

また、「集団で遊ぶ傾向」にある幼児は、全員が「保育者とのコミュニケーションが多い」幼児であった。さらに、幼児同士の集団で遊び、かつ保育者に同調

的なタイプは、クラスで最も性自認が早い幼児が多かった。そして、幼児同士のコミュニケーションがなくとも保育者と非分離傾向にある幼児は、性自認時期が比較的早かった。反対に幼児同士のコミュニケーションも保育者とのコミュニケーションも少なかった幼児は、性自認時期が2クラス全体で最も遅かった。

以上により、「仲間との関係の持ち方」「保育者との関係の持ち方」「性自認時期」の3つの要因の間には、「集団で遊ぶ傾向」かつ「保育者とのコミュニケーションが多い」傾向（特に「保育者に同調傾向」）を持つ幼児は、2クラス全体において性自認時期が相対的に早く、「個人で遊ぶ傾向」かつ「保育者とのコミュニケーションが少ない」傾向（特に「保育者と没交渉傾向」）を持つ幼児は、性自認時期が相対的に遅い傾向にあることが明らかになった。また、幼児同士の関係においては「個人で遊ぶ傾向」を持っていても「保育者と非分離傾向」にある幼児は相対的に性自認時期が早い傾向があった。

第3節 —— まとめと考察

1．まとめ

以上により、幼稚園3歳児クラスの幼児は、表3－14のようにタイプ分類されることが明らかになった。

表3－14は、幼稚園3歳児クラスにおける幼児のタイプ分類を見るために作成したものであり、表側は「保育者との関係の持ち方」のタイプ、表頭は「仲間との関係の持ち方」のタイプで、両者をクロスした欄に幼児のタイプ名が記入してある。また、タイプ名は12タイプに分類されており、表側は上に位置するほど性自認時期が早く、下に位置するものほど性自認時期が遅い。そして、表頭は左に位置するものほど性自認時期が早く、右に位置するものほど性自認時期が遅い。したがって、「集団・同調タイプ」の幼児が性自認したのが最も早く、「個人・没交渉タイプ」の幼児が性自認したのが最も遅かった。

なお、各タイプの該当者数と幼児名は以下の通りであった。「集団・同調タ

表3－14　幼稚園3歳児クラスにおける幼児のタイプ分類

		幼児の仲間との関係の持ち方				性自認時期
		集団で遊ぶ傾向にある幼児	中間の幼児（集団寄り）	中間の幼児（個人寄り）	個人で遊ぶ傾向にある幼児	
幼児の保育者との関係の持ち方	保育者に同調傾向	集団・同調タイプ	中間（集）・同調タイプ	中間（個）・同調タイプ	個人・同調タイプ	早い
	保育者と非分離傾向	×	×	中間（個）・非分離タイプ	個人・非分離タイプ	↕
	保育者に反抗傾向	集団・反抗タイプ	中間（集）・反抗タイプ	中間（個）・反抗タイプ	個人・反抗タイプ	↕
	保育者と没交渉傾向	×	×	中間（個）・没交渉タイプ	個人・没交渉タイプ	
性自認時期		早い ←→ 遅い				遅い

イプ」は9名（サエ・ナツ・シン・ダン・アミ・リオ・ビン・ナオ・ダイ）、「集団・反抗タイプ」は1名（ジン）、「中間（集）・同調タイプ」は2名（ミト・マリ）、「中間（集）・反抗タイプ」は1名（キラ）、「中間（個）・同調タイプ」は1名（レイ）、「中間（個）・非分離タイプ」は1名（タツ）、「中間（個）・反抗タイプ」は3名（ケン・タカ・レオ）、「中間（個）・没交渉タイプ」は2名（サト・リツ）、「個人・同調タイプ」は1名（トシ）、「個人・非分離タイプ」は5名（レン・ユキ・フミ・ミチ・ユズ）、「個人・反抗タイプ」は1名（ミカ）、「個人・没交渉タイプ」は4名（ハナ・タク・トモ・ヨウ）であった。

一方、「集団で遊ぶ傾向」かつ「保育者と非分離傾向」の幼児、「集団で遊ぶ傾向」かつ「保育者と没交渉傾向」の幼児、「中間（集団寄り）」かつ「保育者と非分離傾向」の幼児、「中間（集団寄り）」かつ「保育者と没交渉傾向」の幼児は該当者がいなかった。

2．考察

2－1　「集団で遊ぶ傾向」にある幼児かつ「保育者とのコミュニケーションが多い」幼児の性自認時期が相対的に早かった理由

まず、「集団で遊ぶ」「保育者とのコミュニケーションが多い」という要因に共通するのはどのような点だろうか。

第１に、幼稚園３歳児クラスで生活していく中で、他者とのコミュニケーションを必要としているという点が挙げられる。「集団で遊ぶ傾向」にある幼児かつ「保育者とのコミュニケーションが多い」幼児は、１人で遊ぶ場面はほとんど観察されず、たいていの場合ほかの幼児と一緒に遊んでいた。これは、各観察日に各幼児が誰と何回遊んだのかをカウントしたものによって確認されている。

そして第２に、「保育者」「クラスで中心的な幼児」（X組：サエ［女児］、Y組：ダン［男児］）といった「権力を持つ他者」に対して敏感であるという点が挙げられる。ここでいう「権力を持つ他者」という表現は、「保育者」「クラスで中心的な幼児」のように、「クラスにおける物事を進める際の絶対的な権限を握っている者」をいう。より詳細に見ると、保育者は幼児とは異なる上位の次元での絶対的な権限を持った存在であり、「クラスで中心的な幼児」はピアとしての強い影響力を持った存在[3)]であるという意味である。

なお「権力」という概念は、近年社会学において「上からくる権力」「下からくる権力」（杉田 2000）など、さまざまな議論がなされているものである。そのため、使用する際には慎重にならなければならないが、本書においては、本データの文脈に適していると考えられる、ウェーバーの「社会関係のなかで抵抗に逆らっても自己の意志を貫徹するおのおののチャンス」（Weber 1921＝1987：82）という定義を採用する。ここでは、この意味において「権力を持つ他者」に限定して論じる。

前述のように「集団で遊ぶ傾向」にある幼児は、１人では遊べないため、集団に属することが必要である。そのため、その集団から排除されることを恐れ、クラスで中心的な幼児に対して敏感に反応しているように見えた。これは以下のような例によっても確認された。

＜X組：７月11日＞

リオは保育者から座ってはいけないと言われていた場所に座っていたレイを見て、

リ　オ：「だめなんだよ、ここわっちゃ（「座っちゃ」の意味）！　ねー、サエちゃん！」
と、サエに同意を求めた。するとサエが
サ　エ：「いーんだよ。～～～～～～（理由を説明。筆者は聞き取れなかった）。
ねー、シンちゃん」
と、シンに同意を求めた。するとリオが即座に
リ　オ：「あ、そっか。ごめんちゃいな♪（おどけた感じで言った）」
サ　エ：「ふざけんじゃねーよ！」
シ　ン：「ごめんちゃいな♪」
サ　エ：「ごめんちゃいな♪」

この例では、リオが保育者の日ごろの意向を根拠にレイを注意した。リオは、保育者に日ごろ言われていることなので、おそらく反対されることはないだろうという予想のもと、自分の言動をさらに正当化するために、権力を持ったサエに同意を求めた。しかし、サエが予想外の反応（リオの言動を否定）を示した。そこでリオは即座に自分の言動を翻し、なおかつ「おどける」という形で、自分への風当たりを弱める行動に出た。サエはその直後は「ふざけんじゃねーよ！」と、強い態度に出たが、シンがリオの「ごめんちゃいな♪」の文脈に乗り直したことで、サエも最終的にはこの文脈に乗り、場の雰囲気が和やかになった。このように、リオは「権力を持つ他者」であるサエに対して極めて敏感に反応した。これは、サエに逆らうことによって集団から排除されることを恐れているからなのではないだろうか。

また、「保育者とのコミュニケーションが多い」幼児は、前述のように「保育者と非分離傾向」「保育者に同調傾向」「保育者に反抗傾向」の幼児から構成されているが、いずれも保育者を強く意識しているために敏感な反応をしているようであった。これは以下のような例によっても確認された。

＜X組：６月20日＞
ままごとをしていたリオにダイが、
ダ　イ：「いーれーて！」

リ　オ：「だーめーよ！」
ダ　イ：「いーれーて！」
リ　オ：「だーめーよ！」
保育者：「あれ？　だーれ？　だめって言ってる人は。だめよ、レイちゃん（だめと言っているのはリオだが、保育者はレイを注意した。レイは不思議そうな顔できょとんとしていた）」
すると、トモがやってきて、
ト　モ：「いーれーて」
リ　オ：「いーいーよ」
と言った。それを見たダイが控えめに、
ダ　イ：「……いーれーて」
リ　オ：「いーいーよ」

これは先ほどと同じくリオの例である。リオは、最初ダイが何度「いーれーて！」とままごとに入れてくれるように頼んできても、「だーめーよ！」と強い調子で断っていた。しかし、保育者の「だーれ？　だめって言ってる人は。だめよ、レイちゃん」という言葉を境に態度を一変させた。保育者が注意したのはリオではなくレイであるが、実際に「だーめーよ！」と言っていたのはリオなので、自分の発言が注意されたことはわかったのだろう。このまま「だーめーよ！」を続けていけば、今度は自分が注意されるのではないかと予想したのか、保育者の発言の直後にトモが「いーれーて」と言うと「いーいーよ」と言った。そしてそれを見ていたダイも恐る恐る「いーれーて」と言ったのだが、リオはしぶしぶ「いーいーよ」と発言するに至った。このように、リオは「権力を持っていない他者」であるダイには強い態度に出たが、「権力を持つ他者」である保育者の意向には即座に従った。

以上の２点より、「集団で遊ぶ傾向」にある幼児かつ「保育者とのコミュニケーションが多い」幼児は、幼稚園３歳児クラスで生活していくにあたって「権力を持つ他者に従う必要性が高い」と感じる性質を持っていると考えられる。

では、「権力を持つ他者に従う必要性が高い」と感じる性質を持っている幼児は、なぜ性自認した日、すなわち「保育者に『女の子来てー／男の子来てー』

と呼ばれたときに、初めて保育者のところへ行った日」が相対的に早かったのだろうか。これを考えるにあたり、まず「保育者に『女の子来てー／男の子来てー』と呼ばれたときに、初めて保育者のところへ行った日」というのが、幼児にとってどのような意味を持っているのかについて検討する。

多くの場合、これは少なくとも、①「女の子／男の子」という言葉を言われたときに、自分が動く存在であるということを認識している状態であると考えられる。また、②自分以外の目印となる他者が動いたときに一緒に動いただけという可能性も考えられる。

ではこの２つの場合に、「権力を持つ他者に従う必要性が高い」と感じる性質を持っている幼児が、「保育者に『女の子来てー／男の子来てー』と呼ばれたときに、初めて保育者のところへ行った日」が相対的に早かったことはどのように説明できるだろうか。

まず幼児にとって「権力を持つ他者」とは、「保育者」と「クラスで中心的な幼児」が考えられる。この二者はともに、幼児たちと関係を持つ際に「女の子／男の子」という言葉を多用することが観察によって確認されている（第８章参照）。具体的には「保育者」は、幼児を統制する場面で「女の子／男の子」の２グループに分けて動かす目的で「女の子／男の子」という言葉を使用することが多い(第４章参照)。これは森繁男によっても指摘されている点である(森 1995)。また、「クラスで中心的な幼児」は、主に遊びの場面において「同性の幼児との結束を固める」「異性を排斥する」という目的で「女の子／男の子」という言葉を使用し、自らのクラスにおける地位を固めているという場面が見られる（第５・８章参照)。以上により、「権力を持つ他者」は、「女の子／男の子」という言葉を媒介として幼児と関係を持つという方法を取ることがしばしばあるといえる。

こうした状況の中で、「権力を持つ他者に従う必要性が高い」と感じる性質を持っている幼児が「権力者」に従うためには、「女の子／男の子」という言葉の置かれた状況を的確に把握し、的確に動く必要がある。すなわち、幼稚園の中で自分が生きていくためには、保育者に「女の子／男の子」という言葉で呼ばれたときに動けるようにする（＝いち早く性自認をしておく）必要性が高い。そのため、このタイプの幼児は性自認が相対的に早かったのではないかと考えられる。

前述のように、「保育者に『女の子来てー／男の子来てー』と呼ばれたときに、初めて保育者のところへ行った」という現象は、①「女の子／男の子」という言葉を言われたときに自分が動く存在であるということを認識している状態、②自分以外の目印となる他者が動いたときに一緒に動いただけという２つの状態が考えられる。しかし、いずれの状態であっても、「他者の指示に的確に従えるようになりたい」という幼児本人の意思が働いていることが推察される。①と②の違いは、「女の子／男の子」という言葉を目印として認識することで動けるようになるか、他者を目印として動けるようになるかの違いである。つまり、幼児本人にとっては、「権力を持つ他者」の指示に的確に従うための手段の違いにすぎない。

いずれにせよ、以上のような理由から「権力を持つ他者に従う必要性が高い」と感じる性質を持っている幼児は、「女の子／男の子という言葉で動けるようになる必要性」が高いと考えられる。

2―2　「個人で遊ぶ傾向」にある幼児かつ「保育者とのコミュニケーションが少ない」幼児は性自認時期が相対的に遅かった理由

まず、「個人で遊ぶ」「保育者とのコミュニケーションが少ない」という要因に共通するのはどのような点だろうか。

第１に、幼稚園３歳児クラスで生活していく中で、他者とのコミュニケーションを必要としていないという点が挙げられ、観察によって、このタイプの幼児は１人で遊ぶことができる幼児であることが確認されている。

そのため第２に、前述のタイプとは異なり、「保育者」「クラスで中心的な幼児」といった「権力を持つ他者」に対して鈍感であるという点が挙げられる。これは、「個人で遊ぶ」「保育者とのコミュニケーションが少ない」幼児は、保育者やサエのような「権力を持つ他者」との距離が比較的遠い（接触している場面がほとんど観察されなかった）ところで生活していたためか、「権力を持つ他者」の言動に対して敏感に反応している場面が観察されなかったことから推察された。

以上の２点より、このタイプの幼児は、幼稚園３歳児クラスで生活していくにあたって、「権力を持つ他者に従う必要性が低い」と感じる性質を持っていると考えられる。

では、「権力を持つ他者に従う必要性が低い」と感じる性質を持っている幼児は、なぜ性自認が相対的に遅かったのだろうか。

ここでは前述のタイプについての考察に対応させる形で考察する。すなわち、「権力を持つ他者に従う必要性が低い」と感じる性質を持っている幼児は、「権力者」が使用する「女の子／男の子」という言葉を認識しなくても、幼稚園の中で生きていけるスキルを持っている。それぞれが「自分１人の世界」を持っており、１人で遊ぶことができるのである。したがって、「女の子／男の子」という言葉で呼ばれたときに動けるようになる必要性が低い。そのため、このタイプの幼児は性自認が相対的に遅かったのではないかと考えられる。

2―3　2―1と2―2のまとめ

以上により、「集団で遊ぶことを好む」「保育者とのコミュニケーションが多い」という要因を持った幼児は、幼稚園で生きていくために「女の子／男の子」という言葉を認識する必要性が高かったために性自認が相対的に早く、「個人で遊ぶ」「保育者とのコミュニケーションが少ない」という要因を持った幼児は、幼稚園で生きていくために「女の子／男の子」という言葉を認識する必要性が低かったために性自認が相対的に遅かったのであると考察した。

言い換えると、幼児の性自認が相対的に早いか遅いかには、発達や男女差よりも幼稚園集団で生きていくうえでの幼児の「他者との関係の持ち方に関する意思」と「女の子／男の子という言葉を認識する必要性の高低」という２つの要因が関係していると推察された。これにより、幼児が保育者に「女の子来てー／男の子来てー」と呼ばれたときに、初めて保育者のところへ行くという行動をするようになるまでには、集団の影響が働いているということが示唆された。

2―4　「女の子／男の子」という言葉と「権力」の関係

また、「女の子／男の子」という言葉は何の意味も持たずにまっさらなものとして幼児に提示され取り込まれるのではなく、提示された時点からすでに「保育者」「クラスで中心的な幼児」といった「権力者」との関係性を持ったものとして提示され、「権力を持つ他者」の「権力」とセットのものとして「女の子／男の子」という言葉が認識され、取り込まれているのではないかということが推察された。

このことから、本章において提示してきたデータだけでは論証できないが、相互行為場面を詳細に分析すれば、「女の子／男の子」という言葉は、初めから常に「保育者による統制」や「男が上、女が下という社会構造と連動した価値観」等とセットで幼児の前に提示されているという結果が出る可能性が推測される。この点について次章以降で分析を進めていく。

【註】

1）ただし、これは「月」というミクロな時間軸の中でのことであり、よりマクロな時間軸で見ればほぼ全員が３～４歳の間に性自認をしていたのであり、これは従来心理学が指摘してきた幼児が性自認するとされてきた時期と一致する。その意味ではマクロな発達の流れには乗っていると考えられる。少なくとも、性自認をできるだけの認知的発達が前提としてあったからこそ性自認ができたのであるという点に異論はない。また、本研究は１つの幼稚園の２クラスだけを調べたものであり、より多くのサンプルの検証の結果、異なる結果が出る可能性もある。

以上より、少なくともＢ幼稚園のＸ組・Ｙ組においては「月」というミクロな時間軸で見た場合、性自認時期を発達の影響のみで説明することには疑問が残ることが示唆されたと述べるにとどめておく。

2）幼稚園３歳児クラスの幼児は、屋内でも屋外でも保育者の付近である程度まとまって行動することが多かった。また、観察対象が十数人であったため、常にほぼ全員の行動を観察することができた。したがって、観察に行った日にはほぼ全員のデータを取ることができた。そして、毎週同じ曜日に観察を行ったので、定期的な変化をとらえるためにここではカウントを行った。

なお、ここでカウントを行ったのは、カウントを行えば客観的であるという単純な理解によるものではない。とらえることが難しい事象の変化をとらえるための１つの指標としてカウントを行っているが、これはあくまで１つの枠組みで切り取っているに過ぎない。このことには自覚的であるということを、ここに述べておきたい。

3）「クラスで中心的な幼児」に関して、場面によって影響力を持っている幼児が変わったり、クラス単位の活動や自由遊びをするときによって異なるのではないか、性別も変わるのではないかという反論があり得る。しかし、Ｂ幼稚園におけるこの時期の３歳児クラスにおいては、第５章で述べるように、「クラスで中心的な幼児」は固定的であった。ここでの考察はこの事実に基づいて行っている。

第4章

性自認時期と「幼児と保育者の相互行為」の関係

本章では、性自認時期と「幼児と保育者の相互行為」の関係を明らかにしていく。第1節で本章の課題構成を述べた後、第2節において検証を行い、第3節においてまとめと考察を行う。

第1節 —— 課題構成

本章は「幼稚園3歳児クラスにおける保育者·幼児間の関係に限定した場合、幼児はどのようなメカニズムで自分の性別を認識したのか」という問いをMQとしている。そのため、課題構成を図4－1のように設定する。以下では、図4－1に沿ってMQとSQについて論じる。

前述のMQを明らかにするためには、第1章第4節で作成したクライテリア（判断基準）を使用して、「SQ1：各幼児が性自認したのはいつか」を検証する必要がある。これにより、大半の幼児が幼稚園入園時には性自認していない

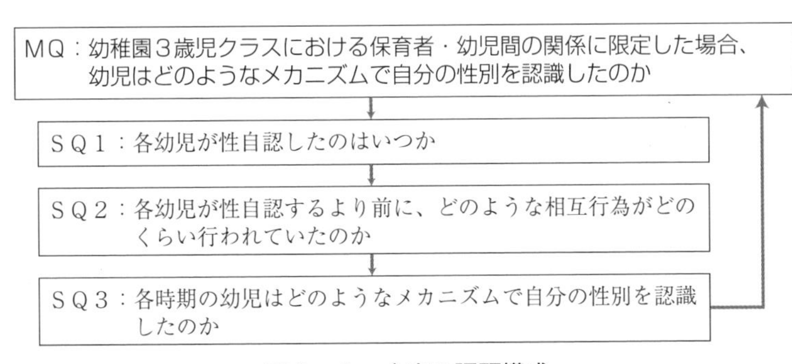

図4－1　本章の課題構成

こと、および各幼児の性自認時期がいくつかの時期に分かれていることを示す。これは第２章第２節で確認したが、本章以降ではより詳細な日付が重要になるため、ここで改めて詳細な日付を確認しておく。そのうえで、「ＳＱ２：各幼児が性自認するより前に、どのような相互行為がどのくらい行われていたのか」をカウントし、ＳＱ１で分類した各時期の傾向を把握する。そして最後に「ＳＱ３：各時期の幼児はどのようなメカニズムで自分の性別を認識したのか」について分析する。これによってＭＱを明らかにする。

以上をふまえ、①各幼児の性自認時期を測定し、性自認時期を表にした（実験データによる）。②各観察日に保育者が「性別に関する言葉」を発した回数をカウントして表にした（観察データによる）。③①・②を統合し、各幼児が性自認した日より前に保育者がどのような「性別に関する言葉」を何回発していたのかを明らかにした。④そのうえで、各幼児が幼稚園で経験した出来事の内容分析を行った（観察データによる）。これにより各時期の幼児の性自認メカニズムを分析した。

第２節 —— 結果

１．各幼児が性自認したのはいつか（ＳＱ１）

１—１　Ｘ組の幼児の性自認日

表４－１は、Ｘ組の各幼児が性自認した日を見るために作成した表である。表側に各幼児が性自認した月・日、表頭に各幼児名を性自認が早い順に並べ、あてはまる欄に「●」を記入したものである。なお、名前に網かけしているのが女児、網かけしていないのが男児である。サエ・ナツ・シン・レンの４名は全員が同時に４月18日の時点で性自認していた。次にアミ・リオの２名が５月９日に、１週間後の５月16日にレイが性自認した。そして、１か月以上空いた後、ジン·トシの２名が６月20日に、１週間後の６月27日にダイが性自認した。最後に、その１週間後の７月４日にサト・ミカ・タク・トモ・ヨウの５名が同時に性自認した。

表４－１　Ｘ組の幼児が初めて性自認した日

月	日	サエ	ナツ	シン	レン	アミ	リオ	レイ	ジン	トシ	ダイ	サト	ミカ	タク	トモ	ヨウ
4	8															
	11															
	18	●	●	●	●											
	20															
	25															
5	2															
	9					●	●									
	16							●								
	26															
6	1															
	6															
	13															
	20								●	●						
	27										●					
7	4											●	●	●	●	●
	11															
8																
9																
10		↓	↓	↓	↓	↓	↓	↓	↓	↓	↓	↓	↓	↓	↓	↓

注１：■：女児、■：８月は夏休み
　２：４月18日が第１期、５月９、16日が第２期、６月20、27日が第３期、７月４日が第４期

以上により、①Ｘ組の幼児は幼稚園入園時点で性自認していたのが４名、していなかったのが11名であり、大半の幼児が性自認していなかったことが明らかになった。また、②幼児の性自認時期はサエ・ナツ・シン・レンの第１期、アミ・リオ・レイの第２期、ジン・トシ・ダイの第３期、サト・ミカ・タク・トモ・ヨウの第４期というように、４つの時期に分かれていたことが明らかになった。なお、ダイを第３期と見なしたのは、全員同じ日に性自認が確認された第４期の幼児との区別をするためである。あえて区別をしたのは、性自認メカニズムについて考えるとき、「同じ日に性自認した」という場合とそうでない場合では、メカニズムが異なる可能性があるためである。それ以外は視覚的なまとまりによって分類している。

1—2　Y組の幼児の性自認日

　では次にY組について見てみよう。表4－2は、表4－1と同様の方法でY組の各幼児が性自認した日を見るために作成した表である。ミト・ダンの2名は4月19日の時点で性自認していた。次に1週間後の4月26日にキラが、その2週間後の5月10日にマリ・ユキ・ビンの3名が同時に性自認した。さらにその2週間後の5月24日にフミ・ミチ・ケン・タカ・ナオ・レオの6名が同時に性自認した。そして、それから1か月以上経った6月28日にハナが性自認した。タツ・ユズは迷いながらも10月に至っても性自認をしていなかった。また、リツは4月から10月まで一貫して性自認をしていなかった。

　以上により、①Y組の幼児は幼稚園入園時点で性自認していたのが2名、していなかったのが14名であり、X組同様大半の幼児が性自認していなかったこ

表4－2　Y組の幼児が初めて性自認した日

月	日	ミト	ダン	キラ	マリ	ユキ	ビン	フミ	ミチ	ケン	タカ	ナオ	レオ	タツ	ユズ	ハナ	リツ
4	12																
	19	●	●														
	21																
	26			●													
5	10				●	●	●										
	17																
	24							●	●	●	●	●	●	●	▲		
	31																
6	7																
	14																
	21																
	28													▲	●	●	
7	5																
	12																
8																	
9																	
10		↓	↓	↓	↓	↓	↓	↓	↓	↓	↓	↓	↓	×	×	↓	×

注1：■：女児、■：8月は夏休み
　2：4月19日が第1期、26日が第2期、5月10日が第3期、24日が第4期、6月28日が第5期

とが明らかになった。また、②幼児の性自認時期はミト・ダンの第１期、キラの第２期、マリ・ユキ・ビンの第３期、フミ・ミチ・ケン・タカ・ナオ・レオの第４期、ハナの第５期というように、５つの時期に分かれていたことが明らかになった。キラを第１期に含めなかったのは、幼稚園入園時にはすでに性自認していたと考えられる２名と区別するためである。あえて区別したのは、性自認メカニズムについて考えるとき、「幼稚園入園時にすでに性自認していた」という場合とそうでない場合では、メカニズムが異なる可能性があるためである。それ以外はX組の場合と同様、視覚的なまとまりによって分類している。

なお、これらを総合し、X組・Y組全体で見ると、幼稚園入園時点で性自認していたのが６名、していなかったのが25名であり、①幼稚園入園時点では大半の幼児が性自認していなかったことが明らかになった。また、②各幼児の性自認時期を並べてみると、４～５期に分かれたことが明らかになった。

２．各幼児が性自認するより前に、どのような相互行為がどのくらい行われていたのか（ＳＱ２）

２―１　相互行為場面を分析する際の分析枠組み

では、４～５期に分類した幼児の性自認時期より前に、幼稚園３歳児クラスにおける保育者と幼児の間ではどのような相互行為がどのくらい行われていたのだろうか。これについて相互行為場面を分析する際の分析枠組みを、幼稚園３歳児クラスにおける幼児の経験について観察データを整理し、「視覚的経験」「言語的経験」「複合的経験」の３つの次元に分類した。

「視覚的経験」とは、「服装」「持ち物」「空間配置」といった「視覚」で認識することができるものを指す。次に「言語的経験」とは「言葉」等の「聴覚」で認識することはできるが、「視覚」で認識することはできないものを指す。そして「複合的経験」とは、「女の子／男の子と呼ばれたときに人が動くような場面」等の、「視覚」と「聴覚」の両方で同時に認識することができるものを指す。「視覚的経験」と「言語的経験」は単独で現れることもあれば、「複合的経験」の形で現れることもある。

ここで「相互行為場面」に限定して考えたとき、これは主に「言語的経験」と「複合的経験」によって構成されていると考えられる。そのため、本書においてはこの２つの次元を中心に分析を行い、必要に応じて「視覚的経験」についてもふれるという形を取ることとする。

ここまで確認したうえで、「言語的経験」の詳細を見てみると、「相互行為場面」の中で幼児の性自認を促したり、性自認のきっかけとなったりする「言葉」というのは主に、「性別に関する言葉」であると考えられる。すなわち、観察データから抽出したものを整理すると、「女の子／男の子」という言葉、「かわいい／かっこいい」「女言葉／男言葉」「お姉さん／お兄さん（お母さん／お父さん、お姫様／王子様等の性別によって分類されたラベル）」「わたし／ぼく・おれ」といった言葉が挙げられる。

したがって、本項において、これらの言葉が幼稚園３歳児クラスの保育者によっていつ何回発せられていたのかをカウントし、全体の傾向をとらえた後、次項においてこれらの言葉が発せられた具体的な事例をピックアップし、詳細な内容分析を行うこととする。

2―2　X組における経験

表４－３は、「X組における経験」（「言語的経験」「複合的経験」）を見るために作成した表である。表側に観察を行った月・日、表頭に「言語的経験」「複合的経験」を並べ、当てはまる欄に観察された回数を記入したものである。なお、表頭の「言語的経験」は、「女の子／男の子」「かわいい／かっこいい」「女言葉／男言葉」「お姉さん／お兄さん」「わたし／ぼく・おれ」に分かれている。そのうえで、「お姉さん／お兄さん」については、女児に「お姉さん／お兄さん」と言った場合、男児に「お姉さん／お兄さん」と言った場合に分かれている。最後に、「実験」については、各観察日に実験が行われた回数が示してある。

表４－３全体で見てみると、４月は性別に関する経験がほとんど起こっていなかった。しかし、５月、６月と時間が経つにつれて性別に関する言葉を発する回数および頻度が増加していき、６月27日辺りからは特に多くなっていた。これは表の一番右側の「合計」の回数が４月は16回だったものが、５月には34回、６月には31回と増加していき、７月には観察日が２回しかなく、なおかつ最終日は午前保育だったのにもかかわらず22回であったことからも確認できる。このことから、４月入園当初のX組は、保育者によって「性別に関する言

表４－３　X組における経験（「言語的経験」「複合的経験」）

月	日	言語的経験												複合的経験	小計	合計
		女の子／男の子		かわいい／かっこいい		女言葉／男言葉		お姉さん／お兄さん				わたし／ぼく・おれ		経験		
								女児		男児						
		女の子	男の子	かわいい	かっこいい	女言葉	男言葉	お姉さん	お兄さん	お姉さん	お兄さん	わたし	ぼく・おれ	実験		
4	8	1						1							2	16
	11			1									1		2	
	18	2	1					1			1			1	6	
	20	1	1											1	3	
	25	1	1											1	3	
5	2	1	1												2	34
	9	1	2			1		1			1	1	1	1	9	
	16	1	1	1										1	4	
	26	5	8		1	1		1			1			2	19	
6	1	1											1	1	3	31
	6	1	2					1			1			1	6	
	13	1	2									1	1		5	
	20	1	2			1								1	5	
	27	2	6	1			1						1	1	12	
7	4	3	2	1		1		1				1	1	1	11	22
	11	2	3				1	4				1			11	
小計		24	32	4	1	4	2	10	0	0	4	4	6	12	103	103
合計		56		5		6		14				10		12	103	103

注：４月18日が第１期、５月９、16日が第２期、６月20、27日が第３期、７月４日が第４期

葉がほとんど発せられない段階」であり、７月には「性別に関する言葉が頻繁に発せられる段階」へと変化していたことが明らかになった。

そのうえで、第１～４期の各時期より前に何が何回カウントされたかという観点から見ていく。まず、第１期の前に起きていた経験について見てみる。４月８日は保育者が「女の子」「お姉さん」という言葉を、４月11日は保育者が「かわいい」「ぼく・おれ」という言葉を１回ずつ発したのが観察された。自称については保育者が男児に対して「ぼく・おれ」と言っていた場面が１回観察さ

れた。第1回目の実験が行われた4月18日には、実験の中で保育者が「女の子」「男の子」という言葉を1回ずつ、また実験とは関係なく、「女の子」という言葉を1回発した。そして「お姉さん」「お兄さん」という言葉を1回ずつ発した。以上により、4月18日より前にはほとんど性別に関する経験は観察されなかった。

次に、第2期の前に起きていた経験について見てみよう。性別に関する言葉の中で第2期までに最も多く観察されたのは、「女の子」「男の子」という言葉であった。これらがどのような場面で発せられたのかについて観察データを見てみると、ほとんどが「実験」の際に発せられていた。また、性別に関する言葉は「女の子」「男の子」という言葉を除くと、第1期以降、第2期の5月9日より前には一度も発せられていなかった。すなわち、第1期に性自認した幼児と第2期に性自認した幼児の社会的経験の主な違いは、「実験」が行われた回数の差であった。以上のことから、第2期の時点で性自認していた幼児は「保育者」による「実験」の影響を受けたことにより性自認したのではないかと推察された。

では、第3期の前に起きていた経験について見てみよう。第2期が終わってから6月20日までの間に目立って増加したのは、「女の子」「男の子」という言葉が発せられた回数で、中でも最も多かったのは5月26日であった。これについて観察データを見てみると、この日は健康診断があり、男女で異なる指示をしていた。また、この日は音楽に合わせてみんなで踊る場面において、男女で異なる動きをするように指示していた。さらに、おかえりの時間に男児を先に、女児を後に呼び、布バッグを取りに行かせていた。その際、自分の性別の指示に反応しなかった幼児を1人ずつ呼び、「タクちゃんはね、男の子だよ」と内緒話のような口調で耳打ちして教えていた。

第3期が終わってから7月4日までの間に目立って増加したものはなく、第3期と第4期の間に大きな違いは見られなかった。

2—3　Y組における経験

表4－4は、Y組についてX組と同様の表を作成したものである。表4－4全体を見てみると、4月は他の月に比べて「女の子」「男の子」という言葉が

表４－４　Ｙ組における経験（「言語的経験」「複合的経験」）

月	日	言語的経験												複合的経験	小計	合計
		女の子／男の子		かわいい／かっこいい		女言葉／男言葉		お姉さん／お兄さん				わたし／ぼく・おれ				
								女児		男児						
		女の子	男の子	かわいい	かっこいい	女言葉	男言葉	お姉さん	お兄さん	お姉さん	お兄さん	わたし	ぼく・おれ	実験		
4	12														0	9
	19	2	1											1	4	
	21	1	1												2	
	26	1	1											1	3	
5	10	1	2		2									1	6	22
	17															
	24	1	5		2	3	2				1	1		1	16	
	31														0	
6	7			1											1	40
	14			1	2						1				4	
	21	2	3	1	1										7	
	28	3	7	2	5	1	1	5			2		1	1	28	
小計		11	20	5	12	4	3	5	0	0	4	1	1	5	71	71
合計		31		17		7		9				2		5	71	71

注：４月19日が第１期、26日が第２期、５月10日が第３期、24日が第４期、６月28日が第５期

毎回コンスタントに発せられていたが、それ以外の性別に関する言葉は一言も発せられていなかった。５月になると男児に関する言葉が発せられる回数が増加していた。そして、その傾向は６月になるとさらに加速していた。

しかし、「お姉さん」「お兄さん」「わたし」「ぼく・おれ」という言葉はほとんど発せられておらず、「お姉さん」「お兄さん」という言葉は特に、６月28日に集中的に観察された。Ｘ組はどの性別に関する言葉も比較的コンスタントに観察されたのに対し、Ｙ組は、性別に関する言葉が特定の日に集中している傾向が見られた。具体的には５月10日、24日、６月21日、28日がそれであった。このことから、Ｙ組においては、これらの日に起こった何らかの出来事に引っ張られて性別に関する言葉が頻発したという可能性が推察された。

そのうえで、第1～5期より前に何が何回カウントされたかという観点から見ていく。まず第1期の前に起きていた経験について見てみよう。4月19日より前には1度も性別に関する経験が観察されなかった。第1回目の実験が行われた4月19日には、実験をすることによって保育者が「女の子」という言葉を2回、「男の子」という言葉を1回発しただけであった。

次に、第2期の前に起きていた経験について見てみよう。第2期までに観察されたのは「女の子」「男の子」という言葉であった。この時期に性自認したのはキラだけであるが、保育者による「実験」の他は性別に関する言葉がキラの耳にふれたような出来事は特に起きていなかった。

では、第3期の前に起きていた経験について見てみよう。第2期が終わってから5月10日までの間に増加したのは、「男の子」という言葉が発せられた回数と「かっこいい」という言葉が発せられた回数であった。この日は保育者によってマジレンジャー（調査当時にテレビで放映されていた戦隊番組）のお面が投入された日であり、それに伴い「かっこいい」等の言葉が発せられる場面が見られた。

そして、第4期までに多く観察されたのは「女の子」「男の子」「かっこいい」という言葉、および「女言葉」「男言葉」であった。

最後に、第5期までに観察されたのは「女の子」「男の子」「かわいい」「かっこいい」「女言葉」「男言葉」「お姉さん」「お兄さん」「ぼく・おれ」であった。そして第5期までにおいては、特に「かわいい」「かっこいい」という言葉が観察された回数が急増していた。

3．各時期の幼児はどのようなメカニズムで自分の性別を認識したのか（SQ3）

前述の通り、幼児の性自認時期は、X組は4期、Y組は5期に分かれることが明らかになった。また、各幼児が性自認した日より前に保育者がどのような「性別に関する言葉」を何回発していたのかが明らかになった。本項ではこれらの言葉が発せられた具体的な事例をピックアップし、詳細な内容分析を行う。

3―1　各時期の幼児の性自認メカニズム

表４－５は、「幼児と保育者の相互行為」場面に限定したときに各幼児がどのようなメカニズムで性自認したと考えられるのかを検証し、その結果を示すために作成したものである。表側を幼児の性自認時期、表頭をＸ組・Ｙ組に分け、該当する結果を当てはまる欄に記入した。

表を見てみると、第１期に性自認した幼児はＸ組・Ｙ組ともに、幼稚園入園時にすでに性自認をしていた。したがって、この時期に該当する幼児がどのようなメカニズムによって性自認したのかは本書では明らかにすることができない。しかし、先行研究の知見から、「同性の親・きょうだいとの同一化」「異性の親・きょうだいとの補完的同一化」によって性自認したという可能性が推察される。

第２期からはクラス別に見ていこう。まずＸ組の第２期に性自認した幼児は、「性別カテゴリーとの同一化」による性自認、あるいは、すでに身につけていた「性別記号との同一化」による性自認をしていた（ここでいう「性別カテゴリー」とは「女の子／男の子」という言葉自体を指している。また、「性別記号」とは「スカートを履くのは女の子」のように、すでに自分が身につけているも

表４－５　各時期の幼児が性自認したメカニズム（幼児と保育者の相互行為編）

	Ｘ組	Ｙ組
第１期	幼稚園入園時にすでに性自認をしていた（同性の親･きょうだいとの同一化、異性の親・きょうだいとの補完的同一化の可能性）	同左
第２期	「性別カテゴリーとの同一化」による性自認 「性別記号との同一化」による性自認	同左
第３期	「性別カテゴリーとの同一化」による性自認（＋「教え込み」「訂正」といった保育者による強化措置） 「性別記号との同一化」による性自認（「性別記号」が「価値」と一緒に提示されていた）	性自認するための回路がほぼ出来上がっていた状態で行われた「実験」によって性別カテゴリーとの同一化が行われたことによる性自認 「性別記号との同一化」による性自認
第４期	同上	「性別カテゴリーとの同一化」による性自認
第５期		性自認の「指標」となる言語記号の出現頻度が増加したことによる性自認

ので社会におけるジェンダーと結びついているもののことを指す)。続く第3期に性自認した幼児は第2期同様、「性別カテゴリーとの同一化」による性自認、あるいは、すでに身につけていた「性別記号との同一化」による性自認をしていた。ただし、「性別カテゴリーとの同一化」による性自認に至る道筋において、保育者による「教え込み」「訂正」といった強化措置が取られていた。また、すでに身につけていた「性別記号との同一化」による性自認に至る道筋においては、「性別記号」が「価値」と一緒に提示されていた。そして、第4期に性自認した幼児は、第3期と同様のメカニズムで性自認していた。

一方、Y組について見てみると、第2期に性自認した幼児は、X組同様「性別カテゴリーとの同一化」による性自認、あるいは、すでに身につけていた「性別記号との同一化」による性自認をしていた。続く第3期に性自認した幼児は、性自認するための回路がほぼ出来上がっていた状態で行われた「実験」によって性別カテゴリーとの同一化が行われたことによる性自認、あるいは、すでに身につけていた「性別記号との同一化」による性自認をしていた。そして第4期に性自認した幼児は、「性別カテゴリーとの同一化」による性自認をしていた。最後に第5期に性自認した幼児は、性自認の「指標」となる言語記号の出現頻度が増加したことによる性自認をしていた。

そして、X組とY組を比較してみると、「性別カテゴリーとの同一化」による性自認が、X組の第2・3期およびY組の第2・4期において起こっていた。また、すでに身につけていた「性別記号との同一化」による性自認がX組の第2・3期およびY組の第2・3期において起こっていた。

以上により、「幼児と保育者の相互行為」に限定したときに考えられる性自認のメカニズムは、以下の4つに整理された。すなわち、①「性別カテゴリーとの同一化」による性自認、②「性別記号との同一化」による性自認、③性自認するための回路がほぼ出来上がっていた状態で行われた「実験」によって性別カテゴリーとの同一化が行われたことによる性自認、④性自認の「指標」となる言語記号の出現頻度が増加したことによる性自認であった。

以上の結果は、すべての観察データを対象に分析を行ったうえで明らかになったものである。本来ならばそのすべてを詳細に提示したいところだが、以下ではこれら4つの性自認メカニズムについて、①各メカニズムの簡潔な説明を行った後、②これに該当するいくつかの事例を示し、解釈を加えるという形で概略を示す。

３―２　「性別カテゴリーとの同一化」による性自認

「性別カテゴリーとの同一化」による性自認とは、「女の子／男の子」という「性別カテゴリー」に誰が当てはまるのかを認識し、自身を「女の子／男の子」という言語記号との同一化、すなわち、「性別カテゴリーとの同一化」によって性自認することを指す。これを図示すると図４－２のようになる。

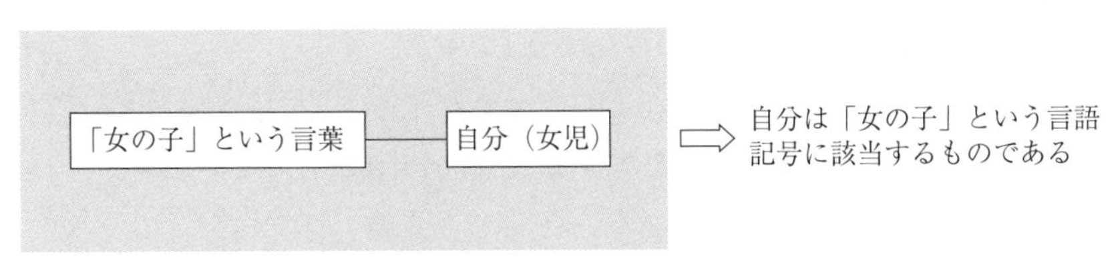

図４―２　「性別カテゴリーとの同一化」による性自認

該当する事例

＜X組：４月20日＞

保育者主導で、X組全員で園庭に遊びに行ったが、雨が降ってきたため早めに保育室に戻ることになった。保育者が雨の当たらない場所にござを敷き、幼児たちは全員ござの上の好きな場所に座った。そこで、

保育者：「男の子先に戻るよ。女の子座って待っててね」

と言うと、レン・シンが立ち上がって下駄箱へ行った。

他の男児たち：「……」

他の男児たちはそのまま座っていたため、

保育者：「ヨウくんどうぞ。タクちゃんどうぞ……」

と１人ずつ男児の名前を呼び、下駄箱へ行かせた。男児を全員保育教室に戻した後、

保育者：「Xさんの女の子お待たせ」

と言うと、サエ・ナツが立ち上がって下駄箱へ行った。

他の女児たち：「……」

他の女児たちはそのまま座っていたため、
保育者：「リオちゃんどうぞ。アミちゃんどうぞ……」
と１人ずつ女児の名前を呼び、下駄箱へ行かせた。

この事例は、女の子という「性別カテゴリー」に該当するのが誰で、男の子という「性別カテゴリー」に該当するのが誰かという点を提示していた。そして、幼児は「女の子／男の子」という言語記号との同一化、すなわち、「性別カテゴリーとの同一化」によって性自認した可能性が考えられる。

X組における保育者による「教え込み」「訂正」の事例

以下のように、X組において第３期に行われた「実験」では、「教え込み」「訂正」といった保育者による性自認に向けた強化措置が取られていた。まず「教え込み」の事例を見てみよう。

＜X組：６月27日＞
帰る直前に、
保育者：「男の子、先生と（手を）パッチンするよ」
と言うと、レンが真っ先に保育者のところへ行ったが、後は誰も行かなかったため、
保育者：「あれ？　あと男の子は？　じゃあ、女の子」
と言うと、サエ・レイ・ナツが保育者のところへ行った。さらに、しばらくしてアミがニコニコしながら保育者のところへ行った。
保育者：「男の子、２回目どうぞ」
と言うと、シン・ダイが保育者の所へ行った。そして保育者は、
保育者：「タクちゃんおいで。タクちゃんは、オ・ト・コ・ノ・コだよ」
とタクを呼び、次にヨウ・トモにも同様に言った。そしてサトを呼び、
保育者：「サトちゃん。オ・ン・ナ・ノ・コだよ」
と言った。

この事例の下線部が「教え込み」を行っている部分である。これと同様の「教

え込み」は、ちょうど1か月前の5月26日にも観察された。そのときにも、タク・ヨウ・トモの3名は教え込まれていた。しかし1か月経っても効果は出ていなかった。

次に「訂正」の事例を見てみよう。

＜X組：６月６日＞
おかえりの時間に、
保育者：「じゃあ、おかえりの支度をします。女の子どうぞ」
と言うと、ナツ・リオ・レイ・サエ・アミが準備を始めた。すると、
ダ　イ：「ダイちゃん女～！」
と言ってダイが準備を始めようとしたため、
保育者：「違う、ダイちゃんは男の子!!　では、男の子どうぞ」
と言った。するとタクが保育者を見たため、保育者はタクに向かって、
保育者：「いいよ」
と言い、タクが立ち上がった。次に保育者は座っているジンに向かって、
保育者：「ジンちゃんもおいで」
と言ったが、ジンは動かなかった。トモ・シン・ヨウは、ベランダで遊んでいて保育者の指示を聞いていなかった。

この事例の下線部が「訂正」を行っている場面である。これにより、「ダイは男の子である」というのがダイ自身にも他の幼児にも示された。これと同様の「訂正」は5月26日にも観察された。このように、第3期に行われた「実験」においては、「教え込み」「訂正」といった保育者による強化措置が取れていた。

では次にY組について見てみよう。

＜Y組：５月24日＞
カブトムシの糞を入れ替えるために、クラスのほぼ全員が集まっていた場面で、
タ　ツ：「ナオー！」
と突然叫んだ。そこで、

保育者：「ナオどの子？」
と言うと、タツはナオを指差した。その後、
保育者：「じゃあ、タカは？」
というようにクラス全員を１人ずつ指差させた。タツはビンと女児以外を正しく指差した。
保育者：「すごいね、タツくん。男の子全部覚えたね！」
と言った。

これは、タツが呼んだ人は全員男の子であるということを提示していた。これにより、クラスの中で誰が「男の子」に属するのかが幼児に対しても明示された。さらに、誰が「男の子」であるかが示されたことで、補完的に「女の子」が誰なのかについても提示されていた。これによって性自認した場合、ここで起こっていたのは「性別カテゴリーとの同一化」による性自認であるといえるだろう。

３―３　「性別記号との同一化」による性自認

「性別記号との同一化」による性自認とは、すでに自分が身につけていた（保護者によって着せられていた等）ものが「性別記号」であることを知り、それを手がかりに自分の性別が何であるのかという認識につながるという流れで性自認することを指す。これを図示すると図４－３のようになる。図４－３ではわかりやすいように「性別記号」の例として「スカート」を挙げている。

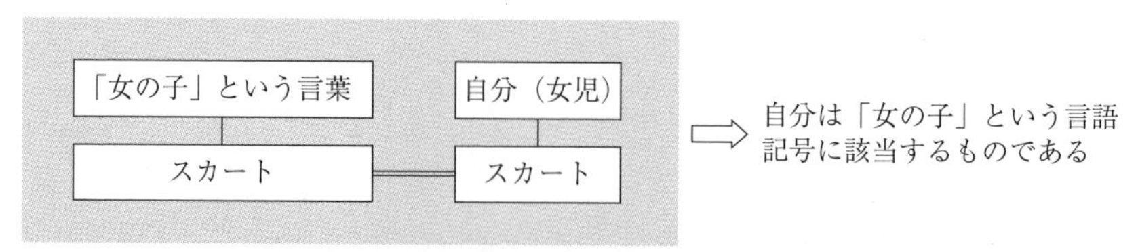

図４－３　「性別記号との同一化」による性自認

該当する事例

<X組：５月16日>
　みんなに絵本を読む場面で、
　保育者：「今日はかわいい本を読むよ」
　と言い、絵本を読みはじめた。途中でもじゃもじゃ頭だった女の子が、髪を切っておかっぱになり、赤いリボンをつけた場面で、
　保育者：「かわいいね」
　と言い、そして最後に、
　保育者：「かわいいね。よかったね」
　と言った。

　この場面については、考えられる可能性として、「赤いリボン」「おかっぱの髪の毛」という点に、自分との共通点を見出し、性自認に結びついた可能性がある。第２期に性自認したアミ・リオ・レイの３名の女児のうち、アミはリボンや何らかの髪かざりをつけていることが多かったが、リオ・レイは常におかっぱ頭であった。この３人の髪型はどれも絵本の中の女の子と似ており、これによって結びついた幼児がいる可能性はある。すなわち、すでに自分が身につけていたものが「性別記号」であることを知り、それを手がかりに自分の性別が何であるのかということを認識し、性自認がなされたということである。

<X組：５月26日>
　健康診断があるため、幼児の上半身の服を脱がせようとする場面で（幼児を半円状に集め、その中心に保育者がいるという状態）、
　保育者：「女の子はスカートはいたままでいいし、男の子はズボンはいたまんま。
　　　　　女の子、スカートの吊りをおろしてごらん」
　と言うと、ミカ以外すぐ反応した。

　B幼稚園は制服があるため、この日も女児はスカートを、男児はズボンをはいていた。そのため、全員が指示される対象者に該当していた。そのうえで、

幼児同士が互いに見えるような位置関係において、事例にあることが行われた。この事例は、スカートという「記号」を身につけている者は「女の子」という「性別カテゴリー」に属する者であり、ズボンという「記号」を身につけている者は「男の子」という「性別カテゴリー」に属する者であるということを提示していた場面であると解釈できる。

したがって、「スカート」「ズボン」という「記号」のみ、あるいは「女の子」「男の子」という「性別カテゴリー」のみを理解している場合でも保育者の指示に従うことができる。もちろん、その両方を理解している場合でも保育者の指示に従うことができる。そして、いずれか1つの「記号」を理解していた段階の幼児が、他の「記号」や「性別カテゴリー」と理解が結びつくことによって性自認に至った可能性もあるだろう。すなわち、「A：自分はスカートをはいている→B：スカートをはいているのは女の子である→C：自分は女の子である」という三段論法的な論理によって性自認に至ったということである。

X組における「性別記号」が「価値」と一緒に提示されていた事例

では次に、「性別記号」が「価値」と一緒に提示されていた2つの例について見てみる。

＜X組：６月13日＞
朝、タクが髪を短く切ってきたのを見て、
保育者：「タクちゃん男っぽくなったねー」
と言った。

この事例は、「短く切った髪型」という「性別記号」が、「男っぽい」という「価値」で表現されるものであるということを提示していた。

では次にＹ組について見てみる。

<Ｙ組：５月10日>
　トイレで立って用を足している男児たちに向かって、
　補助の保育者：「上手だねぇ、男の子」
　と言った。

この事例は、「男児用便器で立って用を足す」という「性別記号」を実践している者は、「男の子」という「性別カテゴリー」に属しているということを提示している。したがって、このとき立って用を足していた男児にとっては「きみは男の子だよ」と言われたのと同じようなものである。そのため、こうしたやりとりは性自認を促し得るものであると考えられる。

３―４　性自認するための回路がほぼ出来上がっていた状態で行われた「実験」によって性別カテゴリーとの同一化が行われたことによる性自認

性自認するための回路がほぼ出来上がっていた状態で行われた「実験」によって性別カテゴリーとの同一化が行われたことによる性自認とは、言葉の通り、この時期までに性自認するための回路がほぼ出来上がっていて、その状態で「実験」が行われたことで性別カテゴリーとの同一化が行われ、性自認に至ったことを指す。

該当する事例

<Ｙ組：４月26日>
　トイレに行くときに、
　保育者：「じゃあ、今日は女の子来てください」
　と言ったところ、
　ミ　ト：「はーい」
　と言ってミトが１人だけ並んだ。それを見て、
　ケ　ン：「ケンちゃんも女の子」
　と言いながらケンがミトの後ろに並んだ。すると、それに続いてナオ・レオ・ビン・ユズ・フミも並んだ。そして、

保育者：「じゃあ、男の子」
と言うと、ダン・キラが並び、その後ろにハナとリツが並んだ（ハナとリツは、ただトイレに行くために並んだように見えた）。

<Y組：５月10日>
おかえりの時間に、
保育者：「女の子、おかばんを取りに行ってください」
と言うと、マリ・ミト・ユキが立ち上がって取りに行った。次に、
保育者：「じゃあ、男の子取りに行ってください」
ビ　ン：「はーい！」
と言って取りに行ったが、ダンは無言で取りに行った。他の幼児は立たなかった。
保育者：「取りに行ってね。ハナちゃん。ハナちゃんは男の子？」
ハ　ナ：「うん！」
保育者：「じゃあ、男の子のハナちゃん、取りに行ってください」
保育者：（筆者に向かって）「ハナちゃん男の子です（笑）」

これは、５月10日までに行われた「実験」の様子である。これらの事例はともに、誰が「女の子」で、誰が「男の子」なのかということを幼児に提示しており、その点でX組における「実験」と共通の要素を含んでいる。しかし、決定的に異なる点がある。それは、Y組では「誰が『女の子／男の子』に該当するのかを一度も保育者が教えていない」という点である。そのため、幼児が自分で判断して誤った認識をしていても保育者が「訂正」することはなく、どちらの事例においても誤った認識をしている幼児はそのままになっている。したがって、幼児にとってはこの「実験」が「女の子／男の子」という言葉について考えるきっかけを与えた可能性はあるが、この「実験」によって直接的に性自認したとは考えにくい。

これらのことから、Y組において第３期に性自認した幼児というのは、この時期までに性自認するための回路がほぼ出来上がっていて、その状態で「実験」が行われたことで性別カテゴリーとの同一化が行われ、性自認に至ったのではないかという可能性が推察された。

3―5　性自認の「指標」となる言語記号の出現頻度が増加したことによる性自認

性自認の「指標」となる言語記号の出現頻度が増加したことによる性自認とは、周囲の幼児がほぼ全員性自認していた中で、「かわいい」等のポジティブ・サンクション（肯定的な承認等）や性別記号が提示される機会が増加していくことによって、周囲を固められて性自認したことを指す。

該当する事例

＜Ｙ組：６月28日＞
６月生まれの幼児の誕生会での出来事。幼児全員が保育室の中央に集まり、その前には６月生まれのミト・リツ・ユズが座っていた。保育者は同じ色・形の冠をミト・リツ・ユズにかぶせながら、まずミトに対し、
保育者：「ミト姫に変身です」
次にリツに対し、
保育者：「リツ王子さま、かっこいい！」
そしてユズに対し、
保育者：「おっ！　ユズ姫に変身です。かわいい！」
と言った。そしてミトとユズには赤い包装紙、リツには青い包装紙のプレゼントを渡した。

この事例は、一見日常的によく見かける一場面のようであるが、実は保育者の認識形態が顕著に表れている事例である。全く同じ色・形の冠をミト・ユズにかぶせたときには「姫」と言いながらかぶせ、リツにかぶせたときには「王子さま」と言いながらかぶせた。さらに、全く同じものであるにもかかわらず、ミトとユズには「かわいい」と言い、リツには「かっこいい」と言った。

この事例において、「冠」という「記号」は同じものであり統制されている。また、この事例が発生したときには、ほぼ全員が性自認していたので、見ている幼児に与えたメッセージは、「女児」が「冠」という「記号」を付与されたときには「姫」と言われ、「かわいい」という「価値」によって表現される。そして、「男児」が「冠」という「記号」を付与されたときには「王子さま」と言われ、「かっこいい」という「価値」によって表現されるというように認

識される。すなわち、「姫」か「王子さま」か、「かわいい」か「かっこいい」かを決めるのは、「冠」それ自体ではなく、それが付与されるのが「女児」か、「男児」かという点にあるということである。

このような認識形態は、何もこの保育者に限ったものではなく、現代日本社会に生きている大人であれば、ごく自然に無意識に近いレベルで行っている場合が多いだろう。こうしたケースは、幼稚園に限らず大人の日常生活の中でも多々見受けられ、それがたまたまこの幼稚園でも上記の事例のような形で現れてきているにすぎない。しかし、このような事例が積み重なっていくことによって、幼児の性自認はより強固になっていくのではないかと考えられる。

Ｙ組における第５期には、大多数の幼児がすでに性自認しており、保育者もそのことを認識していた。そのため、この事例のように「性別に関する言語記号」が使用される頻度が非常に高くなっていた。そうした状況の中でやっと性自認した幼児は、性自認の「指標」となる言語記号の出現頻度が増加したことによる性自認をしたことが推察される。

第３節 —— まとめと考察

１．まとめ

以上により、幼稚園３歳児クラスにおける保育者・幼児間の関係に限定したデータを分析した結果、①幼児の性自認時期は誕生日とは関係なく大きく４～５期に分かれていた、②それぞれの時期で性自認のメカニズムが異なっていた、③保育者との相互行為の影響を強く受けて性自認した幼児は、a）「性別カテゴリーとの同一化」、b）「性別記号との同一化」によって性自認していた点が明らかになった。

２．考察

「幼児と保育者の相互行為」においては、保育者による「実験」が大きな軸

表４－６　Ｘ組とＹ組における「実験」の相違点と共通点

		相違点	共通点
方法	Ｘ組	認識していない幼児に教えていた	同じようなシチュエーションで同じようなことを繰り返していた
	Ｙ組	認識していない幼児はそのままにしていた	
頻度	Ｘ組	ほぼ毎回	
	Ｙ組	ときどき	
結果	Ｘ組	大多数が性自認したのがＹ組より遅かった	着実に保育者のところへ来る幼児が毎回増加していった
	Ｙ組	大多数が性自認したのがＸ組より早かった	

となっていた。そのため、ここでＸ組・Ｙ組における「実験」の相違点と共通点を整理しておく。表４－６は、Ｘ組・Ｙ組における「実験」の相違点と共通点を見るために作成したものである。表側に「実験」の方法・頻度・結果、表頭を相違点・共通点に分けたうえで、それぞれに該当する内容を当てはまる欄に記入している。

まず、相違点について見てみると、「方法」は、Ｘ組は自分の性別を認識していない幼児に教えていたのに対し、Ｙ組はそのままにしていた。次に「頻度」は、Ｘ組はほぼ毎回行っていたのに対し、Ｙ組はときどき行っているだけであった。それにもかかわらず「結果」は、クラスの大多数の幼児が性自認した時期はＸ組の方が遅く、Ｙ組の方が早かった。

次に、共通点について見てみると、「方法」は、ともに同じようなシチュエーションで同じようなことを繰り返していた。そして「結果」は、いずれのクラスも着実に保育者のところへ来る幼児が毎回増加していった。

以下ではこれをもとに考察を行う。Ｘ組の方は、「実験」をほぼ毎回実施しており、なおかつ保育者が、誰が「女の子／男の子」に当てはまるのかを提示していたにもかかわらず、大多数の幼児が性自認に至った時期はＹ組よりも遅かった。これは何を意味しているのだろうか。

１つ考えられるのは、保育者による「実験」は幼児の性自認にとってそこまで影響を与えていないということである。これは、Ｘ組・Ｙ組ともに各時期における性自認のメカニズムとして、時期ごとにそれほど大きな差が見られない点からも推察できる。このように考えると、幼児の性自認にとっては、保育者との相互行為よりも幼児同士の相互行為による影響が大きい可能性が考えられる。これについては、「幼児同士の相互行為」の検証によって明らかにすることができるので、結論は次章以降で述べていくことにする。

ただし、クラス内で幼児間の相互行為がまだ見られなかったり、少なかったりする時期（＝幼児同士の集団形成以前）に性自認をした幼児にとっては、保育者との相互行為の影響が大きなものであったことが推察される。これはいずれのクラスも第１期〜２期辺りが該当する。このうち、第１期に性自認した幼児は、前述のように幼稚園入園時にはすでに性自認していたことが予測された。そのため、保育者の影響を強く受けたと考えられるのは主に第２期に性自認した幼児たちであると推察される。表４－５より、第２期に性自認した幼児たちは、Ｘ組・Ｙ組ともに「性別カテゴリーとの同一化」「性別記号との同一化」によって性自認していた。したがって、保育者の影響によって性自認したと考えられる幼児は主に「性別カテゴリーとの同一化」「性別記号との同一化」によって性自認したと考えることができるだろう。

本章における知見をふまえ、次章では「集団」における幼児同士の関係に限定した場合の幼児の性自認メカニズム、第７章では「集団」における保育者・幼児間の関係に限定した場合と、幼児同士の関係に限定した場合の幼児の性自認メカニズムの関係について明らかにしていく。これにより、保育者・幼児間の関係に限定したデータを分析しただけでは見えてこなかったより大きなクラスルームのダイナミズムが明らかになることが予想される。したがって、これらの作業を通して、「集団」における幼児の性自認メカニズムの全体像の解明により近づくことができるだろう。

第5章

性自認時期と「幼児同士の相互行為」の関係

本章では､性自認時期と「幼児同士の相互行為」の関係を明らかにしていく。第１節で本章の課題構成を述べた後、第２節において検証を行い、第３節においてまとめと考察を行う。

第１節 —— 課題構成

本章は､「幼稚園３歳児クラスにおいて各幼児が他の幼児との相互行為によって、どのようなメカニズムで性自認したのか」という問いをＭＱとしている。そのため、課題構成を図５－１のように設定する。

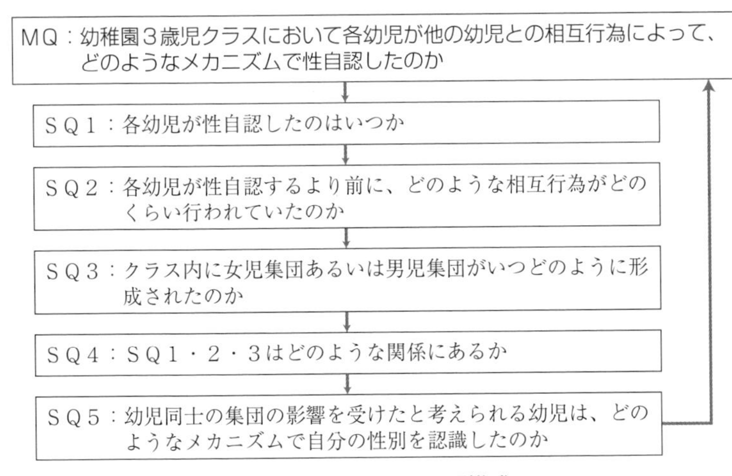

図５－１　本章の課題構成

本章のＭＱを明らかにするためには、前述のクライテリア（判断基準）を使用して、「ＳＱ１：各幼児が性自認したのはいつか」を検証する必要がある。これについては本章で改めて提示することはせず、前章で提示したものをそのまま使用する。

そのうえで、「ＳＱ２：各幼児が性自認するより前に、どのような相互行為がどのくらい行われていたのか」をカウントし、ＳＱ１で分類した各時期の傾向を把握する。その際、「性別に関する言葉」が観察データの中で何回登場したのかを分析する。続いて「ＳＱ３：クラス内に女児集団あるいは男児集団がいつどのように形成されたのか」を概観する。そのうえで、「ＳＱ４：ＳＱ１・２・３はどのような関係にあるか」を分析し、それらの関係があることを示す。そして最後に、「ＳＱ５：幼児同士の集団の影響を受けたと考えられる幼児は、どのようなメカニズムで自分の性別を認識したのか」について分析する。これによってＭＱを明らかにする。

以上をふまえ、①各幼児の性自認時期を測定し、性自認時期を表にした（実験データによる）、②各観察日に幼児が「性別に関する言葉」を発した回数をカウントして表にした、③クラス内に男児集団あるいは女児集団がいつどのように形成されたのかをチャート化した、④①・②・③を時系列で統合し、それらの関係を明らかにした、⑤そのうえで、幼児同士の集団の影響を受けたと考えられる幼児が幼稚園で経験した出来事の内容分析を行った（観察データによる）。これにより、各時期の幼児の性自認メカニズムを分析した。

第２節 —— 結果

１．各幼児が性自認するより前に、どのような相互行為がどのくらい行われていたのか（ＳＱ２）

１—１　相互行為場面を分析する際の分析枠組み

では、前章で４～５期に分類した幼児の性自認時期より前に、幼稚園３歳児クラスにおける幼児の間ではどのような相互行為がどのくらい行われていたのだろうか。これについて以下に見ていくが、それに際し、相互行為場面を分析する際の分析枠組みは、前章のものをさらに詳しく分類したものを用いる。

具体的には、表５－１は、「お姉さん／お兄さん」と同様に、「かわいい／かっこいい」についても、女児に「かわいい／かっこいい」と言った場合、男児に「かわいい／かっこいい」と言った場合に分かれている。また、「女言葉／男言葉」についても、女児が「女言葉／男言葉」を使用した場合、男児が「女言葉／男言葉」を使用した場合に分かれている。そして「わたし／ぼく・おれ」についても、女児が「わたし／ぼく・おれ」と言った場合、男児が「わたし／ぼ

表５－１　X組における経験（言語的経験）

月	日	言語的経験																		小計	合計
		女の子/男の子		かわいい／かっこいい				女言葉／男言葉				お姉さん／お兄さん				わたし／ぼく・おれ					
				女児に		男児に		女児が		男児が		女児に		男児に		女児が		男児が			
		女の子	男の子	かわいい	かっこいい	かわいい	かっこいい	女言葉	男言葉	女言葉	男言葉	お姉さん	お兄さん	お姉さん	お兄さん	わたし	ぼく・おれ	わたし	ぼく・おれ		
4	8																			0	13
	11							1									1		1	3	
	18		1	1			1									1	1		1	6	
	20																	1	2	3	
	25															1				1	
5	2															1				1	35
	9	1									1					3	1		1	7	
	16	3	2					2			2					5		1		15	
	26	2	1	1			1									3		1	3	12	
6	1								1			1	1			3			1	7	63
	6			1		1	1	1	1			2				2		2	1	12	
	13			2				2			1				1	3			1	10	
	20			1					5		2									8	
	27	10	5	2							1	3			1	2		1	1	26	
7	4	6	5	4				1	5		1	3	1		3	5	2	1		37	57
	11	1	2	4			3	1	3		2					3			1	20	
小計		23	16	16	0	1	6	8	15	0	10	9	2	0	5	32	5	7	13	168	168
合計		39		23				33				16				57				168	168

注：４月18日が第１期、５月９日、16日が第２期、６月20、27日が第３期、７月４日が第４期

く・おれ」と言った場合に分かれている。以上の点が前章より詳しくなった点である。より詳細にしたのは、性自認過程にある幼児の相互行為場面においては、一般的な認識とは異なる発言等が見られる可能性があると考えたためである。

1―2　X組における経験

では、表5－1の「女の子／男の子」という言葉がいつ何回観察されたかについて見てみると、4月18日に「男の子」という言葉が1回観察されたものの、その後は5月9日まで観察されなかった。5月16日、26日は1～3回ずつ観察されたが、これは筆者からの問いかけに対して答えるという形で発したのがほとんどで、幼児の方から発したものではなかった。その後1か月間は「女の子／男の子」ともに観察されず、6月27日から急に観察された回数が増加した。また、さらに詳細に見てみると、幼児が「女の子」という言葉を発した回数は、「男の子」という言葉を発した回数を上回っていた。

次に、「かわいい／かっこいい」という言葉がいつ何回観察されたかについて見てみると、幼児が女児に対して「かわいい」という言葉を発したのは、4月18日に1回、それから1か月以上空いた5月26日に1回、その後、6月6日に1回観察されてから、6月中は毎回1～2回観察され、7月に入ると4日、11日ともに4回ずつ観察された。このように、4月と5月はほとんど観察されなかったのに対し、6月上旬辺りから次第に観察される回数が増加していった。なお、女児に対して「かっこいい」という言葉が発せられたことは1度もなかった。それに対し、幼児が男児に対して「かっこいい」という言葉を発したのは、4月18日、5月26日、6月6日に1回ずつと、7月11日の3回で、7月11日を除いてはほとんど発せられていなかった。なお、男児に対して「かわいい」という言葉が発せられた事例が6月6日に1回だけ観察された。

続いて、「女言葉／男言葉」がいつ何回観察されたかについて見てみると、女児が「女言葉」を発した事例が4月11日に1回観察され、その後は5月16日に2回発せられるまで1か月以上観察されなかった。6月になると、6日、13日に観察され、その後3週間空いた後、7月4日、11日にも1回ずつ観察された。また、女児が「男言葉」を発したのは4・5月には1回も観察されず、6

月1日の1回を皮切りに、6日に1回、20日に5回観察された。そして2週間後の7月4日にも5回、11日には3回観察され、6月以降急増していた。それに対し、男児が「女言葉」を発した回数は1度もなかった。しかし、「男言葉」を発した回数を見てみると、5月9日まで観察されず、翌週の16日には2回観察された。その後は再び約1か月間観察されず、次に観察されたのは6月13日であった。それからは毎回1～2回コンスタントに観察された。「女言葉／男言葉」全体で見ると、6月以降に集中して観察されていた。また、女児が「女言葉」を発した回数、男児が「男言葉」を発した回数よりも、女児が「男言葉」を発した回数の方が多かった。

そして、「お姉さん／お兄さん」という言葉がいつ何回観察されたかについて見てみると、幼児が女児に「お姉さん」と言ったのは、6月1日に1回観察されたのを皮切りに、6月6日に2回、27日に3回、7月4日に3回観察された。また、女児に「お兄さん」と言ったのは6月1日と7月4日にそれぞれ1回ずつ観察された。それに対し、男児に「お姉さん」と言った回数は1度もなかった。しかし、男児に「お兄さん」と言ったのは、6月13日、27日に1回ずつ、7月4日に3回観察された。このように、4・5月は「お姉さん／お兄さん」という言葉は1回も観察されず、6月以降に集中して観察されるようになった。また、幼児が女児に「お姉さん」と言った回数は、男児に「お兄さん」と言った回数の約2倍であった。

また、「わたし／ぼく・おれ」という言葉がいつ何回観察されたかについて見てみると、女児が「わたし」と言った回数は、4月18日を皮切りに、ほぼすべての観察日に1～5回観察された。そして、女児が「ぼく・おれ」と言った回数は4月11日、18日、5月9日にそれぞれ1回ずつ、7月4日に2回観察された。それに対し、男児が「わたし」と言った回数は、4月20日、5月16日、26日にそれぞれ1回ずつ、6月6日に2回、6月27日、7月4日にそれぞれ1回ずつ観察された。また、男児が「ぼく・おれ」と言った回数は、4月11日を皮切りに、ほぼ毎回1～3回観察された。このように「幼児」が「わたし／ぼく・おれ」と言う場面は4月から頻繁に観察された。

以上、表5－1について詳細に見てきたが、表全体で見てみると、4月は性別に関する指標がほとんど観察されなかった。特に幼児は性別に関する言語的指標をほとんど発していなかった。しかし、5・6月と時間が経つにつれ性別に関する言葉を発する回数および頻度が増加していき、6月27日辺りからは特に多くなっていた。これは表中の「合計」の数値が4月は13回だったものが、5月には35回、6月には63回と増加していき、7月には観察日が2回しかなく、なおかつ最終日は午前保育だったのにもかかわらず57回であったことからも確認できる。このことから、4月入園当初のX組は「性別に関する言葉がほとんど発せられない段階」であり、その中でもたまに発するのは「一部の幼児」であったものが、7月には「多くの幼児」によって「性別に関する言葉が頻繁に発せられる段階」へと変化していたことが明らかになった。

1―3　Y組における経験

表5－2は、X組と同様の方法で「Y組における経験」(言語的経験) を見るために作成した表である。まず、「女の子／男の子」という言葉がいつ何回観察されたかについて見てみると、「女の子」という言葉は4月26日に1回観察されてから、5月31日、6月7日を除いて毎回1～4回観察された。そして「男の子」という言葉は5月17日に5回観察され、その後は1～2回ずつ観察された日が3回あった。

次に、「かわいい／かっこいい」という言葉がいつ何回観察されたかについて見てみると、幼児が女児に対して「かわいい」という言葉を発したのは、5月24日、31日、6月28日に1回ずつ観察された。なお、女児に対して「かっこいい」という言葉が発せられたことは1度もなかった。それに対し、男児に対して「かわいい」という言葉が発せられたのは、6月7日、28日に1回ずつであった。一方、男児に対して「かっこいい」という言葉が発せられた回数は他に比べて多く、5月24日に3回、31日に4回、6月21日に1回、28日に2回観察された。

続いて、「女言葉／男言葉」がいつ何回観察されたかについて見てみると、女児が「女言葉」を発したのは、5月17日に1回観察されただけであった。それに対して、「男言葉」を発したのは5月10日、24日に1回ずつ、6月28日に2回観察された。一方、男児が「女言葉」を発したのは6月7日に1回観察されたのみであったが、「男言葉」を発した回数は群を抜いて多く、5月10日か

表５－２　Ｙ組における経験（言語的経験）

月	日	言語的経験																				小計	合計
		女の子／男の子		かわいい／かっこいい				女言葉／男言葉				お姉さん／お兄さん				わたし／ぼく・おれ					
				女児に		男児に		女児が		男児が		女児に		男児に		女児が		男児が			
		女の子	男の子	かわいい	かっこいい	かわいい	かっこいい	女言葉	男言葉	女言葉	男言葉	お姉さん	お兄さん	お姉さん	お兄さん	わたし	ぼく・おれ	わたし	ぼく・おれ		
4	12																			0	3
	19															1	1			2	
	21																			0	
	26	1																		1	
5	10	4							1		2				1				1	9	66
	17	2	5					1			2									10	
	24	2	1	1			3		1		19						2		1	30	
	31			1			4				9								3	17	
6	7					1				1	7		1	1	2		1		7	21	90
	14	4									10					2	1		7	24	
	21	1	1				1				3						1		5	12	
	28	4	2	1		1	2		2		7						1		13	33	
小計		18	9	3	0	2	10	1	4	1	59	0	1	1	3	3	7	0	37	159	159
合計		27		15				65				5				47				159	159

注：４月19日が第１期、26日が第２期、５月10日が第３期、24日が第４期、６月28日が第５期

ら毎回コンスタントに観察された。その回数も、２回から多いときは19回観察された日もあった。

そして、「お姉さん／お兄さん」という言葉がいつ何回観察されたかについて見てみると、幼児が女児に「お姉さん」と言ったのは、一度も観察されなかったが、「お兄さん」と言ったのは６月７日に１回観察された。一方、幼児が男児に「お姉さん」と言ったのは同じく６月７日に１回観察された。それに対して、「お兄さん」と言ったのは、５月10日に１回、６月７日に２回観察された。

また、「わたし／ぼく・おれ」という言葉がいつ何回観察されたかについて見てみると、女児が「わたし」と言ったのは、４月19日に１回、６月14日に２回観察されただけであったが、「ぼく・おれ」と言ったのは４月19日、６月７日、

14日、21日、28日に１回ずつ、５月24日に２回観察された。それに対し、男児が「わたし」と言ったのは、一度も観察されなかった。一方、「ぼく・おれ」と言ったのは５月10日を皮切りに、ほぼ毎回観察された。回数は５月31日の３回から徐々に増加し、６月28日には13回に達した。

以上、表５－２について詳細に見てきたが、表全体で見てみると、４月は性別に関する指標がほとんど観察されなかった。ところが、５月10日を境に性別に関する言葉を発する回数および頻度が急増した。特に男児に関する言葉が突然増加し、その増加ぶりには目を見張るものがあった。月ごとに見ても、性別に関する言葉が観察された回数の合計が４月は３回だったものが、５月には66回、６月には90回と爆発的に増加した。特に４月と５月の差は大きく、４月入園当初のＹ組は「性別に関する言葉がほとんど発せられない段階」であったのに対し、５月には「性別に関する言葉が頻繁に発せられる段階」へと変化していたことが明らかになった。

2．クラス内に女児集団あるいは男児集団がいつどのように形成されたのか（ＳＱ３）

2―1　Ｘ組における集団形成過程

図５－２はＸ組における集団形成過程、すなわち、「いつどのようにしてどのような集団が形成されていたのか」を見るために作成したものである。

図を見てみると、Ｘ組においては入園当時から幼児同士の相互行為が多くあった。これは個人間における相互行為であり、たいてい２名、多くても３～４名の間での相互行為であった。その間に、サエがよく他の幼児をとがめている場面が観察された。これにより、サエは徐々に、しかし着実に幼児の中にお

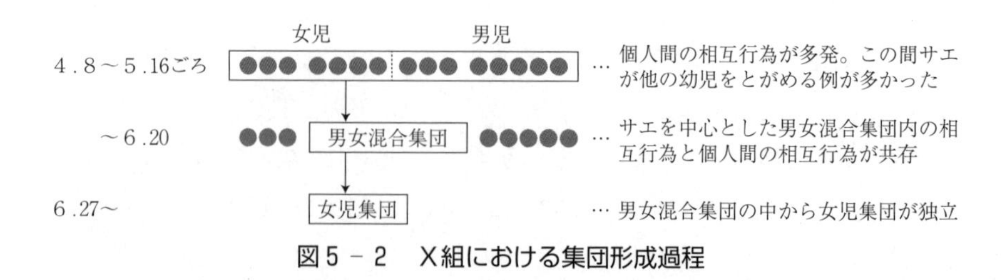

図５－２　Ｘ組における集団形成過程

ける自らの地位を高めていき、やがてサエを中心とした男女混合集団が形成されるに至った。この集団においてはサエが絶対的な権限を握っており、サエがこの集団のルールといっても過言ではない状態であった。この段階におけるＸ組には「サエを中心とした男女混合集団内の相互行為」と「個人間の相互行為」が共存していた。そうした状態のもと、サエがさらに自らの地位を特権化するような形で女児集団を男女混合集団のさらに上に位置づけた。この時期には「女の子は良いが、男の子はダメ」という構図が頻繁に観察されるようになった。こうした経緯でＸ組に女児集団が形成された。

2―2　Ｙ組における集団形成過程

図５－３は、Ｙ組における集団形成過程をＸ組と同様に作成したものである。

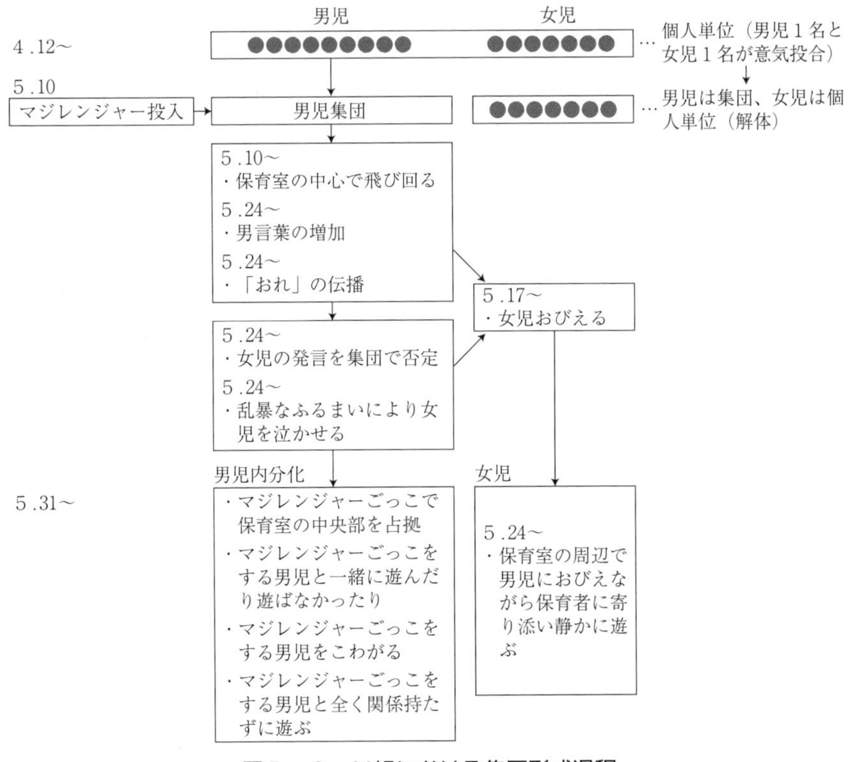

図５－３　Ｙ組における集団形成過程

図を見てみると、Y組は入園してから５月10日までの間は幼児間の相互行為がほとんどない状態であった。それは、Y組の幼児の約半数が入園当初は保護者となかなか離れることができず、泣いてばかりいたことも関係していると見られる。幼児間の相互行為は、先生を介してのものか、先生を交えてのものであったが、それもほとんど観察されず、毎回個々の幼児が自分の好きな遊びをして過ごしていた。

ところが、５月10日に担任の先生がマジレンジャーのお面を投入した。これに興味を示したのは、ビン・ダン・タカ・タツ・ミチだった。ビン・ダンは剣もつくってもらい、マジレンジャーごっこが始まった。その後、ビン・ダン・タツ・レオ・ナオ・ケン・キラを中心にマジレンジャーごっこが盛り上がり、この日を境に毎日保育室の中心部で走り回り、飛び回るマジレンジャーごっこが１か月以上続いた。初めはミチもお面をつくり、戦いごっこにはミトも何度か参加していたが、やがて女児は一切参加しなくなった。このマジレンジャーごっこを境に、男児の間で「おれ」という自称が流行し、話し言葉は「男言葉」が急増した。

そして男児の遊び方は保育室の中央部を飛び回るという形態のものになった。その過程で剣が体に当たったり、ぶつかられたりした女児たちが男児たちを「こわい」と言って避けるようになり、結果的に保育室の中心部ではなく周辺部で遊ぶことが多くなった。

こうした中で、女児の発言を男児が集団で否定し、女児の発言を通らなくしたり、乱暴なふるまいをして女児を泣かせたりすることが見られるようになっていった。女児たちはこれを受けてさらに男児と接しないようになり、男児におびえ先生に寄り添いながら遊ぶようになった。

しかし、５月31日辺りから徐々に男児集団の中でも分化が起こり、最終的にマジレンジャーごっこを続けて保育室の中央部を占拠していた男児、マジレンジャーごっこをする男児と遊んだり遊ばなかったりする男児、マジレンジャーごっこをこわがる男児、マジレンジャーごっこと全く関係を持たずに遊ぶ男児に分化した。この間、女児は一度も集団を形成しなかった。

３．ＳＱ１・２・３はどのような関係にあるか（ＳＱ４）

では、ＳＱ１・２・３はどのような関係にあるのだろうか。表５－３は、ＳＱ１・２・３におけるＸ組に関する表を時系列で統合し、関係を見るために作成したものである。表を見てみると、６月27日に男女混合集団の中から女児集団が独立すると、特に「女の子／男の子」という言葉、女児に対する「かわいい」という言葉が増加した。そして、この時期にそれまで性自認していなかった幼児が一斉に性自認した。

一方、表５－４は、ＳＱ１・２・３におけるＹ組に関する表を時系列で統合し、関係を見るために作成したものである。表を見てみると、５月10日にマジレンジャーが投入され、男児集団が形成されると、特に男児が「男言葉」を話した回数、「女の子／男の子」という言葉が急増した。そして、男児が「男言葉」を話した回数が19回と最も多く観察された５月24日に、それまで性自認していなかった大半の幼児が一斉に性自認した。

表５－３、５－４について比較してみると、いずれもクラス内に女児集団あるいは男児集団が形成されると「女の子／男の子」という言葉や「男言葉」「かわいい」等の性別に関する言葉が登場する回数が急増した。そして、クラス内に女児集団あるいは男児集団が形成されてから１～２週間の間にそれまで性自認していなかった大半の幼児が性自認したという共通点があった。

表5－3　X組―3者の関係

月	日	言語的経験																		小計	合計
		女の子/男の子		かわいい/かっこいい				女言葉/男言葉				お姉さん/お兄さん				わたし/ぼく・おれ					
				女児に		男児に		女児が		男児が		女児に		男児に		女児が		男児が			
		女の子	男の子	かわいい	かっこいい	かわいい	かっこいい	女言葉	男言葉	女言葉	男言葉	お姉さん	お兄さん	お姉さん	お兄さん	わたし	ぼく・おれ	わたし	ぼく・おれ		
4	8																			0	13
	11							1									1		1	3	
	18		1	1			1									1	1		1	6	
	20																	1	2	3	
	25															1				1	
5	2															1				1	35
	9	1									1					3	1		1	7	
	16	3	2					2			2					5		1		15	
	26	2	1	1			1									3		1	3	12	
6	1								1			1	1			3			1	7	63
	6			1		1	1	1	1			2				2		2	1	12	
	13			2				2			1				1	3			1	10	
	20			1					5		2									8	
	27	10	5	2							1	3			1	2		1	1	26	
7	4	6	5	4				1	5		1	3	1		3	5	2	1		37	57
	11	1	2	4			3	1	3		2					3			1	20	
小計		23	16	16	0	1	6	8	15	0	10	9	2	0	5	32	5	7	13	168	168
合計		39		23				33				16				57				168	168

注：４月18日が第１期、５月９日、16日が第２期、６月20、27日が第３期、７月４日が第４期

個人間の相互行為が多く見られ、この間サエが他の幼児をとがめる例があった
↓
サエを中心とした男女混合集団内の相互行為と個人間の相互行為が共存
↓
男女混合集団の中から女児集団が独立
↓

月	日	サエ	ナツ	シン	レン	アミ	リオ	レイ	ジン	トシ	ダイ	サト	ミカ	タク	トモ	ヨウ
4	8															
	11															
	18	●	●	●	●											
	20															
	25															
5	2															
	9					●	●									
	16							●								
	26															
6	1															
	6															
	13															
	20								●	●						
	27										●					
7	4											●	●	●	●	●
	11															
8																

注：■：女児、■：８月は夏休み

表５－４　Ｙ組―３者の関係

月	日	言語的経験																		小計	合計
		女の子/男の子		かわいい/かっこいい				女言葉/男言葉				お姉さん/お兄さん				わたし/ぼく・おれ					
				女児に		男児に		女児が		男児が		女児に		男児に		女児が		男児が			
		女の子	男の子	かわいい	かっこいい	かわいい	かっこいい	女言葉	男言葉	女言葉	男言葉	お姉さん	お兄さん	お姉さん	お兄さん	わたし	ぼく・おれ	わたし	ぼく・おれ		
4	12																			0	3
	19															1	1			2	
	21																			0	
	26	1																		1	
5	10	4							1		2				1				1	9	66
	17	2	5					1			2									10	
	24	2	1	1			3		1		19						2		1	30	
	31			1			4				9								3	17	
6	7					1				1	7		1	1	2		1		7	21	90
	14	4									10					2	1		7	24	
	21	1	1				1				3						1		5	12	
	28	4	2	1		1	2		2		7						1		13	33	
小計		18	9	3	0	2	10	1	4	1	59	0	1	1	3	3	7	0	37	159	159
合計		27		15				65				5				47				159	159

注：４月19日が第１期、26日が第２期、５月10日が第３期、24日が第４期、６月28日が第５期

個人単位（男児１名と女児１名が意気投合）
↓
マジレンジャー投入
男児は集団、女児は個人単位に

月	日	ミト	ダン	キラ	マリ	ユキ	ビン	フミ	ミチ	ケン	タカ	ナオ	レオ	タツ	ユズ	ハナ	リツ
4	12																
	19	●	●														
	21																
	26			●													
5	10				●	●	●										
	17																
	24							●	●	●	●	●	●	●	▲		
	31																
6	7																
	14																
	21																
	28													▲	●	●	
7	5																
	12																

注：■：女児

4．幼児同士の集団の影響を受けたと考えられる幼児は、どのようなメカニズムで自分の性別を認識したのか（ＳＱ５）

4－1　各時期の幼児が性自認したメカニズム

これまでの検証により、クラス内に女児集団あるいは男児集団が形成されると性別に関する言葉の登場回数が急増することが確認されたが、これは実際どのような事例の中で使用された言葉なのだろうか。本項では、これに該当する事例をピックアップし、その内容分析を行うことを通じて、「ＳＱ５：幼児同士の集団の影響を受けたと考えられる幼児は、どのようなメカニズムで自分の性別を認識したのか」について考察していく。

表５－５は、「幼児同士の相互作用」場面に限定したとき、各幼児がどのようなメカニズムで性自認したと考えられるのかを検証し、その結果を示すために作成したものである。表側を各幼児の性自認時期別に分けた場合の時期、表頭をＸ組・Ｙ組に分けたうえで、それぞれに該当する結果を当てはまる欄に記入したものである。以下では最初に表５－５の結果を概観し、その後いくつかの事例を取り上げ、詳細な解説を行う。

表を見てみると、第１期に性自認した幼児はＸ組・Ｙ組ともに、幼稚園入園時にすでに性自認をしていたと考えられる。したがって、この時期に該当する幼児がどのようなメカニズムによって性自認したのかは本書では明らかにする

表５－５　各時期の幼児が性自認したメカニズム（幼児同士の相互行為編）

	Ｘ組	Ｙ組
第１期	幼稚園入園時にすでに性自認をしていた（同性の親･きょうだいとの同一化、異性の親・きょうだいとの補完的同一化の可能性）	同左
第２期	「幼児同士の相互行為」により性自認したのではない	同左
第３期	「異性集団との補完的同一化」による性自認	「同性集団との同一化」による性自認 「異性集団との補完的同一化」による性自認
第４期	「同性集団との同一化」による性自認 「異性集団との補完的同一化」による性自認	同上
第５期		同上

ことができない。しかし、先行研究の知見から、「同性の親・きょうだいとの同一化」「異性の親・きょうだいとの補完的同一化」によって性自認したという可能性が推察される。

また、第２期に性自認した幼児は、Ｘ組･Ｙ組ともに「幼児同士の相互行為」により性自認したのではないと推察された。これについては前章において、保育者との相互行為によって性自認したことが明らかにされている。

続く第３期に性自認した幼児は､Ｘ組の場合は「異性集団との補完的同一化」による性自認がなされていた。また、Ｘ組の第４期、Ｙ組の第３・４・５期はいずれも「同性集団との同一化」による性自認、あるいは「異性集団との補完的同一化」による性自認がなされていた。

以上により、「幼児同士の相互行為」に限定したときに考えられる性自認のメカニズムは、①「同性集団との同一化」による性自認、②「異性集団との補完的同一化」による性自認の２つに整理された。

なお、いずれのクラスにおいても「同性集団との同一化」による性自認をしたのは、クラスで主導権を握っていた性別に該当する幼児であった。一方､「異性集団との補完的同一化」による性自認をしたのは、クラスで主導権を握っていなかった性別に該当する幼児であった。また、いずれのクラスにおいても、男女どちらかの同性集団が形成されると、ほどなくしてクラスの大多数の幼児が一斉に性自認していた。

以上の結果は、すべての観察データを対象に分析を行ったうえで明らかになったものである。本来ならばそのすべてを詳細に提示したいところだが、ここではすべてを提示することはせず、以下にこれら２つの性自認メカニズムについて、まず簡潔な説明を行った後、これに該当するいくつかの事例を示し、解釈を加えるという形で概要を示す。

4―2　「同性集団との同一化」による性自認の説明

「同性集団との同一化」による性自認とは、同性集団と接することで、「女の子」「男の子」という性別カテゴリーに属する存在としての自分を認識し、性自認に至った可能性のことを指す｡例えば､女児が女児集団と接することで､「女の子」という「性別カテゴリー」に属する者が有する要因を自分も持っていることを目の当たりにし、自分は「女の子」という「性別カテゴリー」に属する存在であるということを提示された場合等がこれにあたる。これを図示したのが図５－４である。

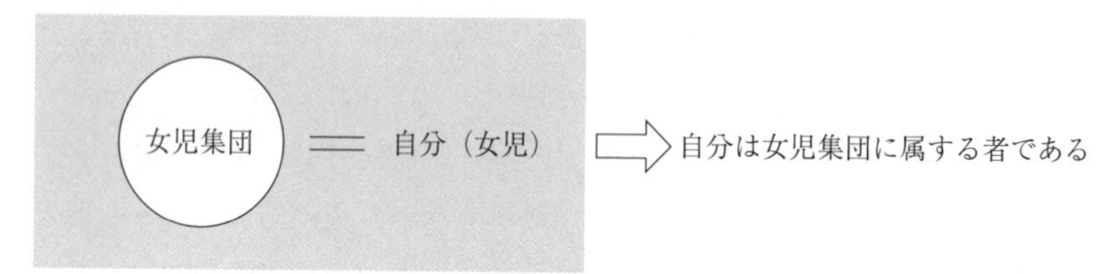

図５－４　同性集団との同一化による性自認

４―３　「異性集団との補完的同一化」による性自認の説明

「異性集団との補完的同一化」による性自認とは、異性集団と接することで、「女の子ではない存在としての男の子」「男の子ではない存在としての女の子」という「性別カテゴリー」に属する存在としての自分を認識し、性自認に至った可能性のことを指す。例えば、男児が女児集団と接することで「女の子」という「性別カテゴリー」に属するのは誰なのか、どのような要因を持っているのかを目の当たりにし、自分は「女の子」という「性別カテゴリー」に属する存在ではないということを提示された場合等がこれにあたる。これを図示したのが図５－５である。

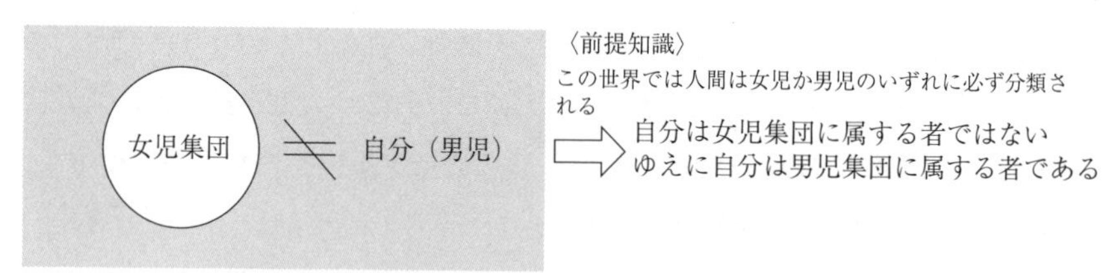

図５－５　異性集団との補完的同一化による性自認

４―４　該当する事例

では、以下にこれらに該当する事例を見ていこう。まずは、女児にとっては「同性集団との同一化」、男児にとっては「異性集団との補完的同一化」を示す事例である。

＜X組：６月27日＞
この日から水遊びが始まった。幼児たちは水着に着替えるため、保育室の真ん中に半円状にいすを並べ、各自自分のいすのところおよび真ん中の空間で着替えをしていた。半円状のため、他の幼児が着替えているのを全員が見ざるを得ない空間配置になっていた。水着は幼稚園指定のものではなく、各自異なる水着を着ていた。しかし、男児の水着は概してズボンだけの形であり、女児の水着は上半身が隠れる形で、なおかつほとんどが腰の辺りにひらひらしたスカートがついていた。幼児の着替えがおおかた終わったところでサエが“女の子の水着には共通してひらひらしたスカートがついている”ということに気づき、自分の水着のスカートを持ちながら「女の子はかわいい、コレだねー」と言った。するとアミが、「見てー、かわいいでしょ」と言いながら真ん中の空間に出てみんなに自分の水着を見せた。そしてサエもアミに続くように、「見てー、スカートついてるー」と言いながら真ん中の空間に出て自分の水着を見せた。すると、この一連の出来事を見ていたミカ・レイ・サトも真ん中に出てきて水着を見せ合いはじめた。皆ファッションショーのようにくるくると回ったりしていた。男児は誰一人としてこれに加わらなかった。

まず、この事例はX組のすべての幼児が、ズボンだけの水着を着ている幼児と、上半身が隠れるスカートつきの水着を着ている幼児に二分されているという視覚的に明確な差異を前にして起こった出来事であった。これを前提として、この二者のうち「スカート」のついている水着を着ている幼児は「女の子」という「性別カテゴリー」に属する幼児であるということが、サエによって提示された。

これをきっかけに、サエとアミが立ち上がってみんなに自分の水着を見せたが、ここで「スカート」という記号のついている水着を着ていたミカ・レイ・サトが同様に立ち上がって水着を見せはじめた。

この時点でミカとサトはまだ性自認していなかったが、自分がすでに身につけていた「スカート」という「性別記号」をきっかけに、「女の子」という「性別カテゴリー」に自らを同一化することによって、性自認に至った可能性がある。これは、すでに身につけていた「『性別記号との同一化』による性自認」

と「『性別カテゴリーとの同一化』による性自認」の複合プロセスといえるだろう。これをより大きな次元でとらえると、「同性集団との同一化」による性自認といえる。

一方、これを見ていた男児は「女の子」という「性別カテゴリー」に属するのは誰なのかを目の当たりにし、自分は「女の子」という「性別カテゴリー」に属する存在ではないということを提示された形となった。これにより、「女の子ではない存在としての男の子」という認識により、性自認に至った可能性が考えられる。すなわち、「異性集団との補完的同一化」といえる。

水着着用の最初の日にこの出来事が起こり、この後1週間毎日水着の着用があったため、この間に幼児の中の認識が進んだ可能性が考えられる。異なる水着であっても基本的な形は同じとなれば、普遍性への気づきも促進されるのではないだろうか。この初日の時点では曖昧な認識であっても、このようなことが1週間続くことで、確信に変わった可能性がある。

さらに同じ日にもう1つの象徴的な出来事が起こった。この事例も女児にとっては「同性集団との同一化」、男児にとっては「異性集団との補完的同一化」を示す事例である。

＜X組：6月27日＞

保育室の中心付近でキャンプごっこが始まった。

サ　エ：「キャンプ行こう！」

ア　ミ：「うん！」

サ　エ：「今日は女の子だけで行こうねー」

ア　ミ：「うん、女の子だけね」

ダ　イ：「ダイも！」

サ　エ：「だめ！！」

ダ　イ：「ダイも行きたい！」

サ　エ：「だめ！　今日は女の子だけ！」

サエ・アミ：「今日は女の子だけだからダイちゃんはだめ！！」

筆　者：「ダイちゃんは女の子？」

ダイは首を横にふる。

サ　エ：「ダイちゃんは男の子だから男の子の方に行くんだよ」
筆　者：「ダイちゃんは女の子？」
ダ　イ：「……？？　ダイも行きたいー！」
サエ・アミ：「だめ！　女の子だけだから、今日は」
サ　エ：「明日はどうする？　明日はダイちゃんも連れてってあげようか？」
ア　ミ：「うん」
サ　エ：「明日は連れてってあげるから、ダイちゃん」
ダ　イ：「うん！」（うれしそう）
しかし、なぜかジンは当たり前のようにキャンプに入って、アミと話をしていた。それを見て、
ダ　イ：「いーれーて！」
ナ　ツ：「ダイちゃんはだめ！」
サエ・アミ：「明日だけはダイちゃん入れてあげようね」
そこにミカがふらふらとやってきた。
サ　エ：「ミカちゃんもだめ！」
ダイはあきらめて筆者のところに来て腕の辺りを「トントン」と叩いた。それを見た保育者に「ダイちゃん、ダイちゃん、乱暴にしない」と言われ、ダイは手を止めて筆者のそばを離れた。筆者はサエに聞いた。
筆　者：「ジンくんは男の子でも（キャンプに入って）いいの？」
サ　エ：「うん」（照れた感じで控えめに言う）

この事例は、少なくとも筆者が観察に入った日の中では初めて「女の子」「男の子」であることを理由に排除が行われた事例であった。このキャンプに参加したのは、サエ・アミ・ナツ・サト・ジンである。このうち、サエ・アミ・ナツの３名はこの時点で自分の性別および他者の性別を認識していたが、ダイ・サトの２名はこの時点では性自認に関する安定した認識は確認されていなかった。この出来事は教室の中心部で起こっており、なおかつこの教室は狭いので、このときほとんど全員がダイ・サエ・アミのやりとりを見守っていた。

この事例はまず、サエ・アミは「女の子」という「性別カテゴリー」に属するが、ダイは「女の子」という「性別カテゴリー」には属さず、「男の子」という「性別カテゴリー」に属することを提示していた。ダイはこの場でサエか

ら「ダイちゃんは男の子」と言われたことで、性自認に至る最後の確信を得たように見えた。

しかし、この事例の後半では、前半のルールが揺らぎ、「男の子」であるジンはキャンプに行くことができ、「女の子」であるミカはキャンプに行くことが許されなかった。この非一貫性が、周囲の幼児にも混乱を与えた可能性は高い。

このことから、おそらく、サエはダイを排除したいがために、大義名分として「女の子／男の子」というカテゴリーを使用したのだろうということが推察された。事実、これより以前にもサエがダイを排除した例は観察されていたが、その際には「男の子」という理由ではなかった。したがって、たまたま今回は「男の子」という理由を採用したものと考えられる。

なお、ダイは一度キャンプに行くことをあきらめたが、ジンがキャンプに入っているのを見て、再び「いーれーて」と言った。このことから、ダイは自分の性別はわかっていなくても、自分とジンは同じ「性別カテゴリー」に属するというところまではわかっていた可能性がある。

この事例は、周囲で見ていた幼児にどのような影響を与えたのだろうか。周囲で見ていた幼児にとっては、サエ・アミ・ナツとダイは違う「性別カテゴリー」に属するのだということが提示されていることになる。また、「女の子／男の子」という違いが強烈に印象づけられるきっかけとなった可能性がある。「女の子だけ。男の子はだめ！」という発言を聞いたとき、周囲の性自認していなかった幼児は「自分はどっちに属するのだろうか。キャンプに一緒に行けるのだろうか、行けないのだろうか」ということを心の中で考えた可能性は高い。それがきっかけとなって集中的にその情報に耳を澄ましたり、以前言われたことについて記憶の糸をたどったりしたことにより、性自認に至ったと考えることもできる。これもやはり、「同性集団との同一化」あるいは「異性集団との補完的同一化」といえるだろう。

以上により、第３期に性自認したジン・トシ・ダイの３名の男児についていえば、「異性集団との補完的同一化」により性自認したと推察された。

次に、男児にとっては「同性集団との同一化」、女児にとっては「異性集団との補完的同一化」を示す事例を見る。

＜Y組：５月10日＞
担任の保育者が、色画用紙にマジレンジャーの顔の絵が描いてあるものを持ってきた（これを作成したのはＺ組の男性保育者）。担任保育者がこれを切り抜いてお面をつくった。色はレッド、グリーン、イエロー、ブルー、ピンクの５色。最初にこれに興味を示したのはビン・ダン・タカ・タツ・ミチの５人。この中で、ビンとダンはグリーンを、タカとタツはイエローを、ミチはピンクを選択した。
その後、ビン・ダンは剣もつくってもらった。お面をつけ、剣を持ったビンとダン、そしてキラが３人で追いかけっこや戦いごっこを始め、保育室内を動き回った。その周りをマリが何も言わず静かについて回り、様子をうかがっていた。後から剣をつくってもらったタツは、剣を手にすると得意気になって飛び跳ね、戦いのポーズをした。それを見た保育者２名が「かっこいいねー！」と言うと、タツはますます得意になってジャンプした。
この様子を見ていたビンもまねして跳んだが、その際に持っていた剣が補助の保育者に当たった。それを見た担任保育者が、「ビンちゃんぶっちゃだめだよ。先生イタイイタイになっちゃうよ」と言った。そこでビンはやめた。この一連の出来事を見て、ダンが自分の剣をビンとタツに見せながら「おれのはちょっと長いぜー！」と言った。
その後、担任保育者がマジレンジャーの悪者役となり逃げ回っているのを、レオ・ナオ・タツ・ビン・ダン・ミトが追いかけてたたいた。最後に担任保育者は「ほんとに痛いんだけど…」とこぼし、「さあー、マジレンジャーたちー！　一緒にお外へ遊びに行かないかー？」と、太く低い悪者の声で提案した。幼児たちはそれに応じて外に出た。これにより一旦マジレンジャーごっこは中断された。
外から戻ってお弁当を食べた後、再びマジレンジャーごっこが始まった。ビンはケンと戦いながら、「○○じゃねーよ！　なんだとー！？」と言っていた。その横でミトが「正義の味方、ミトマンだ！」と言っていた。

この日に性自認したのはマリ・ユキ・ビンの３名である。ビンはこの日マジレンジャーごっこに参加し、マリはそれについて回り静かにその様子を注視していた。そしてユキは、マジレンジャーごっこをしている幼児たちに近づきこそしないものの注意深くその様子を見つめていた。このことから、マジレンジャーごっこがこの３名の幼児に何らかの性自認のきっかけを与えた可能性が考えられる。マジレンジャーごっこが始まる前の段階で保育者による実験が行われていたこともあり、「女の子」「男の子」という言葉への注意も高まっていた。そんなときにこの出来事が起こったため、性自認に至ったということも考えられる。

いずれにしろ、このマジレンジャーごっこが性自認のきっかけとなったとすると、実際にはどのようなメカニズムで性自認に至ったのだろうか。ここで考えられるのが「同性集団との同一化」による性自認、あるいは「異性集団との補完的同一化」による性自認である。

この事例の場合、このときＹ組には男児集団と個人行動の女児がいた。その場合、ビンは同性集団である男児集団と自分を同一化することによって性自認し、ユキとマリは異性集団である男児集団とは異なる存在であることを認識することで性自認したということになる。ただし、男児の多くがマジレンジャーのお面に興味を示したのに対し、なぜ女児はほとんど興味を示さなかったのかについては、この事例からでは検証できない。これには家庭において与えられてきたおもちゃや見ていたテレビ番組等が関係している可能性もあるが、本書においてはそこまでは検証不可能なため、これについては今後の課題としたい。

また、以下のような事例も見られた。

＜Ｙ組：５月17日＞
タカ・ケン・レオがマジレンジャーごっこをしていた。その最中にケンがハナにぶつかった。ハナはびっくりした表情をし、おびえて立ちすくんだ。それを見ていた保育者が、「ケンちゃんはマジレンジャーごっこしてて楽しいかもしれないけど、やってないお友だちはぶつかってびっくりしちゃうでしょ？」
と言ってケンを叱った。

このように、マジレンジャーごっこをしていた男児がその過程で女児にぶつかってしまい、結果的に女児が男児におびえるという事例が複数回観察された。

次に、女児にとっては「異性集団との補完的同一化」を示す事例を見てみよう。

<Ｙ組：５月24日>

保育室ではお昼ご飯を食べる準備が始まろうとしており、保育者が「お昼ご飯の前にトイレ行ってないね。みんな行こう」と言って保育室の出口にみんなを呼んだ。

そして、「ドア開くかな？　魔法かけてみようか。ちちんぷいぷい…えいっ！開かないなぁ…」と、保育者がマジレンジャーのまねをしていると、ミチが「ちちんぷいぷいぱぴぷぺぽいぽい！」と言った。それに対して保育者が、「先生にも教えてー！　ちちんぷいぷいぱぴぷぺぽい？」と言うと、ダンが「違いますけど！」、ビンも「間違いですけど！」と言ってミチの胸元を押した。ミチは半べそになって黙ってしまった。

これは女児が意思表示をしたにもかかわらず、２人の男児によってそれを否定され、結果的に女児の意思が通らなかったという事例である。これらはいずれも幼児全員がそろっていた場での出来事であった。その場において、女児の発言が男児に否定され、結果的にその男児の発言を保育者が肯定するという構図が少なくとも２回発生していた。

最終的にマジレンジャーごっこには男児のみが参加した。参加メンバーの中には性自認をしていた幼児としていなかった幼児がいたため、マジレンジャーごっこをする中で性自認をしていた幼児が、他の幼児に性別を教えるような場面があったかもしれない。

そうした中で、参加者は自分の性別が「男の子」というもので、誰が同じ「男の子」というカテゴリーに属するのかを学んでいった可能性が高い。男児たちが性自認をしたときにはすでに多くの女児が性自認をしていた。そのため、マジレンジャーごっこに「男の子」だけが参加しているのを見て、「あれは男の子の遊びだから女の子である自分は参加しないのだ」という考えで参加せず、ますますマジレンジャーごっこは男児の遊びとして定着していったように見えた。実際、ミトが「ミト、女の子だからマジレンジャーごっこはしないんだよ」と言っていた場面が観察された。

以上により、この時期に性自認した幼児たちは、「同性集団との同一化」による性自認、あるいは「異性集団との補完的同一化」による性自認をしていたと推察された。またその際、幼児間における異性に対する「否定」や、そのことによる「おびえ」が発生していた。

4—5　幼児間の「性別」に関するやりとりの種類

本節において「幼児同士の相互行為」場面を検証するなかで､いくつかの「性別」に関するやりとりが行われていた。これについて最後にまとめておく。

本節の検証の中で明らかになったのは、「幼児同士の相互行為」場面における以下の４点であった。すなわち、①幼児Ａが幼児Ｂに対して、幼児Ｂが属する「性別カテゴリー」は何かということを「教え」たり、「訂正」したりしていた。②性別aに属する幼児が、異性である性別bに属する幼児の意思を否定していた。③同じく性別aに属する幼児が､異性である性別bに属する幼児を｢性別b」に属するという理由で排除していた。④それらの結果として、性別bに属する幼児が性別aに属する幼児に対しておびえるようになった。

以上のような具体的なやりとりが、幼児に「ある性別集団」との同質性や異質性を感じさせ、「同性集団との同一化」あるいは「異性集団との補完的同一化」による性自認につながったり、固定化につながったりしたことが推察される。

第３節 ―― まとめと考察

1．まとめ

以上により、本章は以下の点を明らかにした。すなわち、①クラス内に女児集団あるいは男児集団が形成されると「女の子／男の子」という言葉や「男言葉」「かわいい」等の性別に関する言葉が登場する回数が急増した。そしてクラス内に女児集団あるいは男児集団が形成されてから１～２週間の間にそれまで性自認していなかった大半の幼児が性自認していた。②この時期に性自認した幼児たちは、「同性集団との同一化」による性自認、あるいは「異性集団との補完的同一化」による性自認をしていたと推察された。③Ｘ組・Ｙ組いずれのクラスにおいても「同性集団との同一化」による性自認をしたのは、クラスで主導権を握っていた性別に該当する幼児であった。一方、「異性集団との補完的同一化」による性自認をしたのは、クラスで主導権を握っていなかった性別に該当する幼児であった。

２．考察

以上の結果をもとに、以下に若干の考察を行う。第１に、Ｘ組・Ｙ組はクラス内に集団が形成された過程も時期も全く異なっていたにもかかわらず、クラス内に女児集団あるいは男児集団が形成された途端に大半の幼児が一斉に性自認したことから、幼児の性自認にとって女児集団あるいは男児集団が与えた影響は大きなものであったと考えられる。

第２に、女児集団あるいは男児集団が形成されると「性別に関する言葉」が登場する回数が急増していたことから、女児集団あるいは男児集団は「性別に関する言葉」を頻繁に使用した相互行為を展開していること、そして、それが幼児の性自認につながっていることが推察される。

第３に、「同性集団との同一化」による性自認をしたのは、クラスで主導権を握っていた性別に該当する幼児であり、「異性集団との補完的同一化」による性自認をしたのは、クラスで主導権を握っていなかった性別に該当する幼児であったことから、今後の課題として、「同性集団との同一化」による性自認をしたか「異性集団との補完的同一化」による性自認をしたかによって、その後のジェンダーに関する意識に違いが見られるか否かという点を検討してみたい。

最後に、本章は女児集団・男児集団という同性集団・異性集団が幼児の性自認に影響を与えているさまを具体的に描き出したといえる。これは従来、性自認を発達の影響および一対一の関係の影響によって説明してきた先行研究に対し、「集団の影響」という性自認の社会学的側面の存在およびその詳細を明らかにしたという点で意義があると考える。

第6章

性自認のゆらぎ

本章では、第１節で本章の課題構成を述べた後、第２節において検証を行い、第３節においてまとめと考察を行う。

第１節 —— 課題構成

本章は性自認のゆらぎが見られた幼児「ユズ」の事例分析を通して、性自認のゆらぎのメカニズムを明らかにすることを目的とする。ただし、本章における事例はわずか一事例に過ぎない。したがって本章における分析がすべての性自認のゆらぎのケースを説明できるわけではないことを初めに断っておく。

また、前章までの検証では対象となる幼児が20名以上存在したが、本章においては１名である。そのため、前章までよりも詳細な分析を行う。具体的には、前章までは主に「呼びかけ」の次元をベースに分析を行っていたのに対し、本章では「呼びかけ」「ふるまい」「言語使用」の３つの次元すべてについて分析を行い、その関係を明らかにしていく。

本章においては、「性自認のゆらぎのメカニズムを明らかにする」という問いをＭＱとし、図６－１のようなＳＱにブレイクダウンする。以下では、図６－１に沿ってＭＱとＳＱについて論じる。

ＭＱを明らかにするためにはいくつかの方法が考えられるが、その中の１つとして、①ユズ自身の変遷、②ユズを取り巻く人々の変遷に分けて、それぞれについて時系列で分析していき、最後に統合するという方法が有効であると考える。したがって、本章ではこのような考えのもと、「ＳＱ１：ユズ自身の変遷」について分析した後、「ＳＱ２：保育者・仲間の対応の変遷」について分

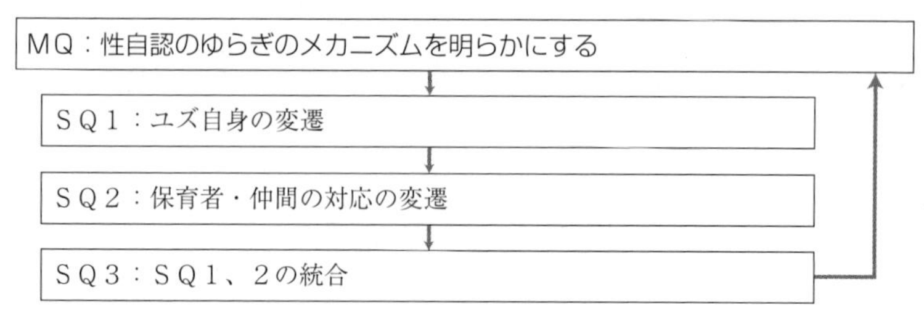

図６－１　本章の課題構成

析し、最後に「ＳＱ３：ＳＱ１、２の統合」を行うことによってMQを明らかにする。

なお、「ユズ自身の変遷」については、前述した「呼びかけ」「ふるまい」「言語使用」に分けて分析を行う。具体的には、「性自認」（呼びかけ）、「対人関係・遊び方・行動」（ふるまい）、「言葉」（言語使用）、そしてこれらに当てはまらないものとして「価値」という６つの軸に分けて分析を行う。

分析方法としては、観察によって収集した３歳児クラス１年間のデータをもとに、①ユズに関するデータを時系列に並べた。その際、「女児だけと遊んでいた場合／女性的な呼びかけ・ふるまい・言語使用をしていた場合」「男児だけと遊んでいた場合／男性的な呼びかけ・ふるまい・言語使用をしていた場合」「混合」に分けて事例を整理した。②①でピックアップした事例をもとに、性自認、対人関係、遊び方、行動、言葉、価値に関するデータをそれぞれ取り出し、変遷を明らかにした。③①・②のデータを時系列に統合し、各要素の内容および関係を分析した。

第２節 —— 結果

１．ユズ自身の変遷（ＳＱ１）

１—１　性自認（呼びかけ）

まず、ユズ自身の中で、性別の認識がどのような変遷をたどっていたのかについて見ていく。表6－1は、ユズ自身の性自認の変遷を時系列で見るために作成したものである。表側に観察日、表頭にユズ自身の性別認識が「女の子」か「男の子」であった場合に分け、それぞれを示す事例が観察された日に「●」を記した。

表6－1　ユズの性自認の変遷

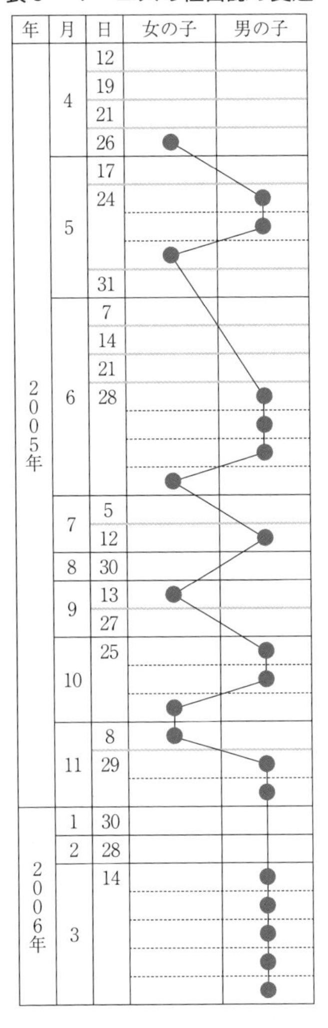

年	月	日	女の子	男の子
2005年	4	12		
		19		
		21		
		26	●	
	5	17		
		24		●
				●
			●	
		31		
	6	7		
		14		
		21		
		28		●
				●
				●
			●	
	7	5		
		12		●
	8	30		
	9	13	●	
		27		
	10	25		●
				●
			●	
	11	8	●	
		29		●
				●
2006年	1	30		
	2	28		
	3	14		●
				●
				●
				●
				●

表を見てみると、「女の子」が6回、「男の子」が15回であり、「男の子」は「女の子」の2倍以上であった。回数だけを見ると、ときどき「女の子」になるのであって、ベースは「男の子」にあるようであった（自分のセックスと異なるジェンダーを選ぶこともできる）。また、同じ日でも「女の子」と「男の子」の間を行き来することがあることが明らかになった（5月24日、6月28日、10月25日は2つのジェンダーを行き来していた）。しかし、11月29日からは一貫して「男の子」という認識を示していた。

1―2　対人関係（ふるまい）

次に、ユズの対人関係の変遷について見ていく。表6－2はY組におけるユズの対人関係を時系列で見るために作成したものである。表側に観察日、表頭に女児のみでの遊び、男女混合での遊び、男児のみでの遊び、1人での遊び、保育者との遊びを配し、該当する欄に回数を記している。

表を見てみると、ユズは4月の入園当初は1人で遊ぶことが多かった。5月になると女児のみや、男女混合で遊ぶことがあったが、男児のみと遊ぶことはなかった。ところが、ユズの誕生日である6月28日以降、突然男児のみと遊ぶことが始まった。そして、11月29日からは男児のみと遊ぶ回数が増え、反対に

表6－2　対人関係の変遷

年	月	日	女児のみ	男女混合	男児のみ	1人	保育者
2005年	4	12				1	1
		19					
		21					
		26				1	
	5	17		2			
		24	1	4		1	4
		31	2	1			2
	6	7		1		1	
		14	1	4		1	2
		21	3			1	2
		28			1		6
	7	5			1		
		12	5		1	4	
	8	30		4			3
	9	13	6	4	1	2	3
		27	8	2	1		3
	10	25	2	2	2		5
	11	8	3	4		1	
		29	6		4		
2006年	1	30	3	1	4	1	2
	2	28	1		1	2	1
	3	14		2	3		1

女児のみと遊ぶ回数が減少し、最後には0になった。

以上のように、ユズは最初1人で遊んでいたが、やがて女児のみや男女混合で遊ぶようになり、その後、こうした関係を残しつつも男児のみと遊ぶ回数が増加していくという変遷をたどっていたことが明らかになった。

1―3　遊び方（ふるまい）

表6－3はユズの遊び方の事例を時系列で見るために作成したものである。表側に観察日、表頭に女児的遊び方、混合的遊び方、男児的遊び方、保育者による話を配し、該当する欄に事例を記入している。

では、表をもとにユズの遊び方の変遷について見ていこう。まず、5月24日までは1人で遊んでいたり、動き回ることはなく、静かに遊んでいた。そして5月31日からは友だち数名（主に女児）と一緒に遊ぶようになり、ときどき動き回ることもあった。6月28日からは男児のみの集団とも遊びはじめ、8月30

日からは大勢での活動にも参加するようになった。9月27日にはフミと2人で女児的な遊び方をするが、10月25日からは男児に混ざることが増加しはじめた。11月29日からは遊び方も男児的になり、1月30日からは走ったり、跳んだり、たたいたりする行為が見られるようになった。また、「うんち」や「おしっこ」等の言葉を言って楽しむという傾向が現れた。

以上のように、ユズの遊び方はほとんど動き回らない「静的」なものから、動き回る「動的」なものへと変化していたことが明らかになった。また、遊びの内容も、1人でできる遊びから、女児的な遊び方を経て、男児的な遊び方へと変化していた。

表6－3　遊び方の変遷（事例）

年	月	日	女児的	混合的	男児的	保育者による話
2005年	4	12		(男女混合で) カブトムシを見る。その後も1人で見続ける		
				フミがユズに「どうぞー」とオレンジ色の折り紙を差し出したがユズは受け取らなかったため、保育者が「ユズちゃん青がいいの？」と言うとユズはうなずいた。フミが青い折り紙を見つけてきて「はい」と手渡すとユズは「ありがとう」と言った		
				ユズが保育者に「先生描いた」と言って絵を差し出した。保育者が「ありがとう。壁に飾っておくね。先生のお母さんにも見せるね」と言うと、ユズは満面の笑みでニコニコした		
		19		ねんどで物をつくる		
				フミが砂を持って歩いている。それにユズはついて行く		
				みんなが手遊びをしているときに手遊びをしていない		
		26		ねんどで物をつくる		
	5	17		男女混合で絵本を読んでもらい、傍らで聞いている		
				外の遊具で遊ぶ。男女混合だが内訳は女児の方が多い		
		24		ユズが1人でつまらなさそうにしているのでフミが声をかけに行く		
				1人黙々と物をつくる		
				ユズが保育者に「あー」と言って甘える		
				園庭で男女混合でご飯づくりごっこをする		

			保育者が幼児たちに対し追いかけて捕まえるという遊びを始めた。ユズもみんなと一緒に逃げ回る		
			保育者が「向こうの黄色い壁までよーいドン！」と言うと、ユズもみんなに混じって走っていく		
			みんなで並んでトイレに行くとき、ナオ・フミ・マリ・ユズが4人で手をつないで楽しそうに笑いながら移動した		
	31		補助の先生にユズ・リツが張りつく		
		保育者・ハナ・ミト・ミチ・ユキ・ユズが同じテーブルでねんど遊びをする			
		ミトが中心となり、フミ・ミチ・ユズも加わり、汽車ポッポごっこをする			
			ホールでみんなで迷路をつくる。ユズも参加する		
6	7		ユズが「ちょうちょさん」と言って蝶々のお面をつくる		
			トイレから帰ってきた後、ハナ・フミ・マリ・ユズがリツをベランダで追いかける		
	14		タツ・マリ・ユキ・ユズが泥団子をつくる		
			保育者・タカ・ミト・ユズ・レオが砂場で遊ぶ		
		ミチ・ユズが砂場に水をためて川をつくる			
			保育者・タツ・マリ・ユズが砂場で泥遊びをする		
			昼食を食べ終わると、1人で本を読む		
			マリ・ユズが2人でままごとコーナーの棚の中に隠れる。ナオが布をめくって「みーつけた！」と言う		
	21		トイレットペーパーの芯を使って望遠鏡をつくる		
		保育者・フミ・ユキ・ユズが空き箱を使って物をつくる			
		Y組の保育室で、ミト・ユキ・ユズが「うさぎぴょんぴょん」と言って、手をうさぎの耳のようにしながらぴょんぴょんと飛び跳ねる			
		かくれんぼで、マリ・ユズがずっと棚の中に隠れ続けて出てこない			
	28		水遊びの時間だが、ユキ・ユズは水着に着替えず、水遊びにも参加しない		
				ままごとコーナーにある机に男児が集まり、キラ・タカ・タツ・ダンとユズが同じ机で空き箱を使って物をつくっている。ユズは男児と若干離れている	

				保育者が「さーて、デザートでも食べようっと」と言うと、ハナが「ハナもー」、ケンが「おれも食べるー」と言い、ユズも「ぼくも食べるー」と言った	
7	12			キラ・ケン・タツのそばに座る	
		ユキと２人で壁に貼ってある写真を見る			
			折り紙をした後ねんどで遊ぶ		
		ハナ・マリ・ミチ・ユズが部屋の中で走り回る			
		マリ・ミチ・ユズが３人で一緒にいる。ミチが「疲れたときはみんなで走ろう！」と言って３人で走る。やがて、空き箱のところへ行き、マリが「３個じゅちゅ」と言って１人３個ずつの空き箱を手に持つ。その後、他の幼児が園庭に行くので、３人も園庭に行くことにし、持ち上げた箱は捨てる			
			園庭で１人でブランコに乗る		
		ミチと一緒に遊具で遊ぶ			
		マリ・ユズが園庭に落ちている松葉を触る			
			Ｙ組の保育室で１人、ままごとコーナーにある電話を触る		
				ナオがユズを抱き上げようとするがうまくできず、ユズが「重たいでちょー」と言う	
			七夕の短冊に願い事を書いてもらう		
8	30		フミ・マリ・ユキ・ユズは近くにいるが、それぞれ相互行為はなく、１人で遊んでいる		
			保育者と一緒にみんなで手裏剣をつくる。ユズも参加する		
			タツ・ミチ・ミト・フミ・ユキ・ユズが焼き肉ごっこをする		
			ナオ・ハナ・フミ・ミト・ユキ・ユズ・リツがカメを見る		
			水遊びを見学する		
			すべり台を１人で降りる		
			園庭で保育者・ダン・フミ・ミチ・ミト・マリ・ユズが一緒に遊ぶ		
9	13		１人で走り回り、楽しそうに笑う		
			保育者・タツ・ダン・ナオ・ビン・マリ・ミチ・ユキ・ユズ・レオでおみこしをつくる		
			ハート型の紙を使って物をつくり、保育者にあげる		
			ケン・タカ・タツ・ダン・ナオ・ハナ・フミ・ミト・ユキ・ユズでおみこしを担ぐ		
			ねじりはちまきをする		
		ハナ・マリ・ユズの３人で本を見る			

			ユキ・ユズがケン・タツ・ダン・ナオ・レオに混じって箱で物をつくる。男児は箱をつなげるだけだが、ユキ・ユズは箱を切る。ユズは箱のすそを切り、タコをつくる	
	マリ・ユズが２人で手をつなぐ			
		タカ・ユキ・ユズが３人で手をつなぐ		
		タカ・ハナ・ユキ・ユズが手をつないでそれだけで楽しそうにしている		
	ユズ・ユキが２人で園庭に行く			
	ミトと話す			
	ミチがユズに「また明日追いかけっこしようね」と言うと、ユズは「ミチちゃんと追いかけっこしてないよ」と言った			
	ユキ・ユズが２人で手をつなぐ			
27		ケン・タツ・ハナ・フミ・マリ・ミト・ユキ・ユズがケーキ屋さんごっこをする		
		保育者に抱っこしてもらう		
		タツ・ユキ・ユズ・レオが図鑑を見る		
	フミ・ユズが２人でスカートを履いて、フライパンとバッグを持って歩く			
	フミと２人で遊び続ける。ユズが「(電話で話しながら)じゃーねー。ピッ！」と言う			
	フミ・ユズがエプロンを持ってくる。フミが「これ着けたいなー」と言うと、ユズは「ねー、フミちゃんこれで何ちゅるー？」と答える			
	フミ・ユズがバッグとポシェットを持って並んで歩く			
	フミ・ユズが木の棚の裏でおもちゃの食べ物を食べている。その後ミチも隣に座る。ユズは「これがクリームよ」などと言っている			
	フミ・ユズがクマのぬいぐるみを持ち、保育者に「赤ちゃん産まれたのー」と言う。保育者が「あら、おめでとうございます。お名前は何て言うんですか？」と聞くと、フミが「くまちゃん」と答えた			
	フミ・ユズが遊んでいる場面で、フミが「すぐ帰ってきちゃったわね。わたしママに電話しなきゃだめなのー」と言うと、ユズが「ぼくもパパに電話しなきゃだめなのー」と答え、フミが「(電話をかけながら) じゃあ15分で行くからー。夜まで待ってるねー」と言う			

			ままごとコーナーにハナ・フミ・ユキ・ユズがいた。そこにお片づけのチャイムが鳴ったため、保育者が「チャイムが鳴ったから出てきてください、お母さんたち」と言うと、フミが「でもー…」と答えた。保育者が「赤ちゃんがまだ寝てる？」と聞くと、フミが「うん…」と答えたため、保育者は「じゃあ、寝かせておいてください。明日起こしてあげるから」と答えた			
	10	25		保育者の周りで他の幼児とともに本を読んでもらう		
					タツ・ダン・ビン・レオとともに、ユズもフライパンでピザを焼く遊びをする	
					クラスでペンキ遊びをすることになった。数が限られているので男女半分ずつやることになった。保育者が「まずは女の子やりまーす。男の子は終わったら呼ぶからね」と言うと、男児はぞろぞろと部屋の外へ出て行くが、ユズも男児について行き、ダンボールでつくった車に乗ろうとした。そこで保育者が「じゃあ、ユズちゃんはここね」とペンキ遊びの場所を割り当てたが,ユズは車で遊ぼうとした。するとキラが「ユズちゃん男なの？（違うでしょ）」と言って、ペンキ遊びの場所に戻した。ユズはペンキで「ママ」と「お兄ちゃんのクリスマスのプレゼント」を描いた	
				ユズがパパとママの絵を描いた		ユズはパパ・ママ・兄をよく描く
				保育者が「おなら攻撃だ！　ブブブブブ…」と言うと、ハナ・ユズが「きゃー」と言って逃げたり、保育者をたたいたりする		
			保育者・ハナ・フミ・マリ・ユキ・ユズがみんなでつながってすべり台をすべる			
			ハナと話す			
	11	8	ユズがフミの手をとって歩く			
				ナオ・ハナ・フミ・ユズ・レオが電車ごっこをする		
				鳥の羽をつくり、ユズは保育者に「ねー鳥の羽できた、鳥の羽！」と言う		
			フミ・ユズがうさぎの耳のお面をつくる			
			フミ・マリ・ユズがビニール袋に落ち葉をつめる			
				ハナ・マリ・ユキ・ユズ・リツがオバケごっこをする		
				タツ・ハナ・フミ・マリ・ミチ・ユキ・ユズがお片づけをする		

		29	クリスマスの飾りをフミの隣でつくる			
			かくれんぼでミト・ユキ・ユズが机の下に一緒に隠れる			
			ミチ・ユキ・ユズが鉄棒で遊ぶ			
					男児に混じって泥遊びをする	
			ユキ・ユズが砂場で山をつくる			
					布を3枚かけて寝ているミトに、ケン・リツ・ユズが「ぼくたちはおばけだー！」と言って驚かせる	
			ハナのエプロンをユズがとる			
			ミトと話す			
					ケン・タツ・ナオと一緒にいる	
			ユキ・ユズが手をつなぐ			
2006年	1	30	フミ・ユズが2人で手をつないで登園する			
					保育者や筆者にカラフルなラインが入っている手袋を見せる	
					筆者にピカチュウのタオルを見せる	
					ねんど遊びをレオの隣で行う	
				ユズがつくった物で保育者の背中をさすり、保育者が「あー、気持ちいいわ。マッサージ機かしら」と言うと、ユズはみんなの背中をさすっていく。そして突然物づくりコーナーに行ってお菓子の空き箱を持ってくる。それをテレビに見立てて「先生、テレビを見るときはこうやって見なきゃ」と言った		
					その後、空き箱を使ってテレビをつくり、1人でそれを持って走り回る（他の女児がみんなで黄色いベルトをつくっているとき、ユズは1人で独自の世界で遊んでいる）	
					マリが茶色い折り紙を保育者にもらおうとするのを見て、ユズが「うんちだよ。触らない方がいいよ」と言った。すると、レオも「うんちがいっぱーい」と言い、ケンも「いっぱーい、うんちが！」と言った	
					ケン・ユズ・レオがベランダで泳ぐまねをして遊んだり、「おしっこー、おしっこー」と言いながら走ったりして遊ぶ	
				保育者・ケン・ハナ・ビン・フミ・マリ・ミチ・ユキ・ユズ・レオでおばけをつくる		
			ハナ・マリ・ミチ・ユキ・ユズがおばけのトンネルの下にいすを並べて座る			
			ハナ・マリ・ミチ・ユキ・ユズが並び、そのうちのハナ・ミチ・ユズが手をつなぐ			

					ユズ・レオが保育者に「見てー！だーん!!」と言っておばけをたたいた	
	2	28			この日はユズの兄がY組に遊びにきた。ユズはときどき心配そうに兄を見ている。ユズが「とおっ！」と言って飛ぶまねをすると兄が倒れ、他の幼児にぶたれる。ユズは青ざめた顔をして見ていたが、みんながぶつのを止めると、途端に笑顔になって走り回る	
					箱で何かをつくろうとしたが、Y組には箱がなかった。ユズが「先生、箱がない」と言うと、保育者は「じゃあ、X組さんに箱もらいに行っておいで」と答えた	
			フミ・マリ・ミチ・ユキ・ユズがおうちごっこをする			
	3	14		筆者にトトロの話をする		
				フミ・ミチ・ミトがコマを回している。そこにナオ・ユズも行くが、フミ・ミチ・ミトはユズが行くと逃げる。しかし、本気で嫌がっているわけではなく、追いかけっこをしている模様。そこにケンも加わる		
					ケン・タツ・ユズがお店屋さんごっこのメニューを書いている。ユズのメニューには「おさけ　おとこだけ」と書いてある。ユズは「ちょいとー」と言っている	

次に表6－4を見てみよう。表6－4は表6－3の内容が書かれている欄に「●」を入れたものである。遊び方は変化が激しいので、各観察日に「女児的遊び方」「混合的遊び方」「男児的遊び方」が観察されたか否かのみを記している。これを見ると、入園当初から一貫して混合的な遊び方が観察されていた。そして、5月31日からは「女児的な遊び方」が観察されるようになり、1か月遅れて、ユズの誕生日である6月28日からは「男児的な遊び方」が観察されるようになった。2月28日までは「女児的」「男児的」のいずれも観察されていたが、最終日の3月14日には「男児的」「混合的」のみが観察され、「女児的」は一度も観察されなかった。

表6－4　遊び方の変遷

年	月	日	女児的	混合的	男児的
2005年	4	12		●	
		19		●	
		26		●	
	5	17		●	
		24		●	
		31	●	●	
	6	7		●	
		14	●	●	
		21	●	●	
		28		●	●
	7	12	●	●	●
	8	30		●	
	9	13	●	●	●
		27	●	●	
	10	25	●	●	●
	11	8	●	●	
		29	●		●
2006年	1	30	●	●	●
	2	28	●		●
	3	14		●	●

1―4　行動（ふるまい）

では、ユズの行動の変遷について見ていこう。表6－5は、ユズの行動の変遷を時系列で見るために作成したものである。表側に観察日、表頭に女児的行動、混合的行動、男児的行動、保育者による話を配し、該当する欄に事例を記したものである。

表を見てみると、まず、4月26日にはユズは保育者に「女の子」と呼ばれたときに保育者のところへ行った。そして5月24日には保育者が机を移動させるのを自然と女児らが手伝っていた中にユズもいた。しかし同じ日、保育者が「じゃあ男の子、お靴を履いてください」と言うと、真っ先にユズが靴を履きに行った。また、保育者が「男の子」と言ったときも、真っ先にユズが保育者のもとへ行った。ところが、その日の帰りに保育者が「これから、帽子とかばんを取りに行きます。Y組の男の子、取りに行ってください」と言ったときにはユズは動かず、「次、私は女の子だと思う人、取りに行ってください」と言ったときにも行かなかった。そして保育者が2度目に「女の子だと思う人どうぞ」と言ったときに初めて動いた。このように、同じ日でも「男の子」と呼ばれた

表6－5　行動の変遷（事例）

年	月	日	女児的	混合的	男児的	保育者による話
2005年	4	26	「女の子」と呼ばれたときに保育者のところへ行く			
	5	24	保育者が机を移動させるのを自然と女児らが手伝う。その中にユズもいた			
					保育者が「じゃあ男の子、お靴を履いてください」と言うと、真っ先にユズが靴を履きに行く	
					保育者が「男の子」と言うと、真っ先にユズが保育者のところへ行く	
			保育者が「これから、帽子とかばんを取りに行きます。Y組の男の子、取りに行ってください」と言ったときにはユズは動かなかった。「次、私は女の子だと思う人は取りに行ってください」と言ったときにも行かず、保育者が2度目に「女の子だと思う人どうぞ」と言ったときに初めて動いた			
	6	28	おかえりの時間に保育者が「女の子、帽子とかばんを持ってきてください」と言うと、ユズも行く			
	7	12			キラ・ケン・タツの側に座っている	
			ハナ・マリ・ミチ・ユズが部屋の中で走り回る			
	9	13	保育者が「女の子立って」と言ったら、ユズも立つ			
		27			クラスで集合するとき、自然と男児が集まっているエリアに座る	
	10	25			布バッグを迷わず男児用の箱に入れる	ユズはいつも布バッグを男児用の箱に入れる
	11	8	布バッグを女児用の箱に入れる			
		29			男児に混じって泥遊びをする	
					ケン・タツ・ナオと一緒にいる	
					ホールで男児の並んでいる列にユズも並んでいる	
2006年	1	30			ねんど遊びをレオの隣で行う	
	2	28			この日はユズの兄がY組に遊びにきた。ユズはときどき心配そうに兄を見ている。ユズが「とおっ！」と言って飛ぶまねをすると兄が倒れ、他の幼児にぶたれる。ユズは青ざめた顔をして見ていたが、みんながぶつのを止めると、途端に笑顔になって走り回る	
				保育者が「かばんを背負ったら、ドアのところで好きなお友だちと2人で手をつないでください」と指示するが、ミトとつなぎたかったフミが、ミトがミチとつないでしまったため泣き出した。ミトは「ひとりぼっちだからユズちゃんもいいでしょ」と言い、ユズとつなごうとするが、フミはミトとつなごうとする。その結果、フミ・ミチ・ミトが3人でつなぎ、ユズはケン・ハナとつなぐことになった。ミトは「ユズちゃん1人だったから…」とつぶやく		

	3	14			保育者が「男の子」と言うと、ユズが男児とともに真っ先に保育者のところへ行く。他の幼児は誰もそれをとがめることはなく、当然のように進行している	
					年少組最後の記念撮影で、男児が前列・女児が後列という配列になっていたが、ユズは当たり前のように前列に並び、なおかつ真ん中で写真に写る。これについても誰も異議を唱えない	
					最後にクラス全員で集まって座ったとき、男児がまとまって座っているエリアの中心にユズが座っている	

ときにも、「女の子」と呼ばれたときにも動くことがあった。6月28日には、おかえりの時間に保育者が「女の子、帽子とかばんを持って来てください」と言うと、ユズも行った。

そして、7月12日にはキラ・ケン・タツ（＝男児集団）のそばに座っていた場面が観察された。同じ日に、ハナ・マリ・ミチ・ユズ（＝女児集団）とともに部屋の中で走り回る場面も観察された。9月13日には、保育者が「女の子立って」と言うとユズも立った。9月27日にはクラスで集合するとき、ユズは自然と男児が集まっているエリアに座った。そして、10月25日には布バッグを迷わず男児用の箱に入れた。この日の保育者の話によれば、保育者の見たところ、ユズはいつも布バッグを男児用の箱に入れているということであったが、11月8日には布バッグを女児用の箱に入れている場面が観察された。

その後、11月29日に男児に混じって泥遊びをしている場面が観察されたことを皮切りに、徐々に男児と一緒に遊ぶ場面が増えていった。また、同じ日にはケン・タツ・ナオと一緒にいる場面や、ホールで男児の並んでいる列にユズも並んでいる場面が観察された。そして、年が明けた1月30日には、レオの隣で粘土遊びを行っている場面が観察された。

2月28日になると、ユズが「とおっ！」と言って飛ぶまねをしたり、走り回ったりという、しばしば男児に観察されるような行動をしていた。そして同じ日に、保育者が「かばんを背負ったら、ドアのところで好きなお友だちと2人で手をつないでください」と言ったときに、ユズは自分から誰かとつなごうとすることもなく、また、他の幼児がユズとつなごうとすることもなかったので1人になった。4月当初からしばらく仲良くしていたフミとつなぐこともなかった。

こうした状況を経て、３月14日には保育者が「男の子」と言うと、男児とともに真っ先にユズが保育者のところへ行った。そして、年少組最後の記念撮影で、男児が前列、女児が後列という配列になっていたが、ユズは当たり前のように前列に並び、なおかつ真ん中で写真に写った。また、最後にクラス全員で集まって座ったときも、男児がまとまって座っているエリアの中心にユズが座っていた。

以上のように、ユズは年少組の最初は「女の子」と呼ばれたときに動いたり、女児と遊んだりしていたが、やがて「男の子」と呼ばれたときに動いたり、男児と遊んだり、布バッグを男児用の箱に入れたり、男児が集まっているエリアに入ったりするようになった。しばらくは女児と男児の間を行き来していたが、最終的には男児の方に傾斜していった。つまり、「呼びかけ」「遊びの内容」「遊ぶ友だち」「持ち物の分類」「空間配置」の要素において、他の男児と同じ行動をするようになっていったことが明らかになった。

次に表６－６を見てみよう。表６－６は、表６－５の内容が書かれている欄に「●」を入れたものである。入園当初は「女児的行動」のみが観察されていたが、５月24日からは「男児的行動」も観察されるようになった。「女児的行動」は11月29日以降には全く観察されず、それに対して「男児的行動」は３月14日まで比較的コンスタントに観察された。

表６－６　行動の変遷

年	月	日	女児的	混合的	男児的
2005年	4	26	●		
	5	24	●		
					●
					●
			●		
	6	28	●		
	7	12			●
			●		
	9	13	●		
		27			●
	10	25			●
	11	8	●		
		29			●
					●
					●
2006年	1	30			●
	2	28			●
				●	
	3	14			●
					●
					●

１－５　言葉（言語使用）

表６－７は、ユズが言葉を発した事例の変遷を時系列で見るために作成したものである。表側に観察日、表頭に女言葉、混合、男言葉、保育者による

話を配し、該当する欄に事例を記している。ただし、表中ではユズが発した言葉の背景もふまえ分類している。

表に沿ってユズの言葉の変遷について見ていくと、まず、自称は最終日の3月14日を除けば一貫して「ぼく」を使用していた。自分は「女の子」であると主張していた5月24日も「ぼく」だった。

自称以外の言葉について見てみると、ユズは最初ほとんど話していなかった。話すようになっても穏やかな口調で、「男言葉」に分類されるような言葉は話さなかった。しかし、話の内容に「男の子」であったり「かっこいい」などの男児に使用する言葉が含まれていたりした。

ところが11月29日辺りから、「男の子」「かっこいい」「強い」「うんち」「おしっこ」「だーん！」「とおっ！」など、男児がよく発するが、女児はあまり発しないような言葉を多く発するようになった。また、「おとこだけ」と書いたり、最後には自分のことを「ユズくん」と呼んだりするようになった。

以上のように、ユズは最初、自称以外は男児が使用するような言葉は使用していなかったが、次第に男児が使用するような言葉を使用するようになっていくという変化が見られたことが明らかになった。

表6－7　言葉の変遷（事例）

年	月	日	女言葉	混合	男言葉	保育者による話
2005年	4	12		「ありがとう」		
				「うん」		
		19			「ぼく」	
	5	24		「あー」		
				「ぼくトマトも食べる、梅干しも食べる。ちゅごいでちょ！」 「違うよ、女の子だよ。もうちゅぐ4ちゃいになるもん」 「4ちゃいになったらおっきくなって男の子になって、お母さんびっくりしちゃうね！」		
	6	7		「ちょうちょさん」		
						「ユズユズって呼ばないで。ユズちゃんで呼んで！」
		14			「ぼくもう食べたからちゃー。今日ふりかけおにぎりひとちゅと、昆布のおにぎりひとちゅ。2個食べた」 「おうちでもモリモリ食べるよ！」	
		21			「赤！　かっこいい！」	
				「(マジレンジャーごっこをやっている男児が) 怖い」		

年	月	日				
					「ぼくミッフィーちゃんちゅき」	
		28		「うん」		
					「うん！　そちたらお母さんびっくりちゅるよ」	
					「ぼくも食べるー」	
					「ぼく15ちゃいになったのー。14ちゃい」 「15ちゃい、15ちゃい。ぼく15ちゃい」	
					「うん。『男の子どうぞ』って言われたら『はーい』って行くの。『女の子どうぞ』って言われたら『行かなーい！』って言うんだー」	
					「違う。ヤマガタユズちゃんって言ってほちいの」。その後、保育者が「ヤマガタユズくんはどう？」と言うと、「いいよ。ヤマガタユズの後に『うん』がつくから」	
					「おーとーこー、おーとーこー」	
	7	12			「うん。こーんなちっちゃく。こーんなちっちゃいの。5ちゃいになったらもっと大きくなるの。8ちゃいになったらもっと大きく。10ちゃいになったらこーんなんで、13ちゃいになったらこーんなん！　丸くなっちゃうね」	
					「重たいでちょー」	
				「お母さん早く来てね」		
	8	30			「えっ…まだだよ」	
	9	13	「おもち食べるんじゃない？　おもち食べると気持ちわりゅくなりゅ」			
			「ミチちゃんと追いかけっこしてなよ」			
		27	「（電話で話しながら）じゃーねー。ピッ！」			
			「これがクリームよ」			
			「ぼくもパパに電話しなきゃだめなのー」			
	10	25		「わかんない」		
	11	8		「うん」		
				「ねー鳥の羽できた、鳥の羽！」		
		29			「男の子になれるじゃん、ミトちゃん！」	
2006年	1	30			「手袋！　きれいな手袋！」	
					「見て！　ピカチュウ！　かっこいいよ、ピカチュウ。強いよ、ピカチュウ」	
				「先生、テレビを見るときはこうやって見なきゃ」		
					「うんちだよ。触らない方がいいよ」	
					「おしっこー、おしっこー」	
					「見てー！　だーん!!」	
	2	28			「とおっ！」	
	3	14		「トトロ！」 「トトロ見たことあるよー」 「テレビで見たことある。おーっきいのとかがあるんだよ」		
					「おさけ　おとこだけ」と書き、「ちょいとー」と言う	
					「ユズくんやってあげる！」	

次に表6－8を見てみよう。表6－8は、表6－7の内容が書かれている欄に「●」を入れたものである。入園当初は「混合」のみであったが、4月19日からは「男言葉」がほぼ継続的に観察された。それに対して「女言葉」は9月13日と27日に観察されただけであった。

表6－8　言葉の変遷

年	月	日	女言葉	混合	男言葉
2005年	4	12		●	
				●	
		19			●
	5	24		●	
				●	
	6	7		●	
		14			●
		21			●
				●	
					●
		28		●	
					●
					●
					●
					●
					●
					●
	7	12			●
					●
				●	
	8	30			●
	9	13	●		
			●		
		27	●		
			●		
			●		
	10	25		●	
	11	8		●	
				●	
		29			●
2006年	1	30			●
					●
				●	
					●
					●
					●
	2	28			●
	3	14		●	
					●
					●

1―6　価値

次に､価値の変遷について見ていく。表6－9はユズが持つ価値がうかがえる事例の変遷を時系列で見るために作成したものである。表側に観察日、表頭に女児的価値、混合的価値、男児的価値、保育者による話を配し、該当する欄に事例を記している。まず、4月12日には､「オレンジ」ではなく「青」がいいという意思表示をしていた。これは単に青が好きということも考えられるが､「青＝男の子の色」という認識をしたうえでの反応であった可能性も考えられる。

そして、5月24日には「3歳はちっちゃいから今は女の子だが、4歳になるとおっきくなるから男の子になる」という独自の論理を展開していた。第2章でも述べたように、ユズには小学生の兄がいる。保育者の話によればユズは「お兄ちゃん大好きっ子」であるため、一つには兄への憧れの気持ちから、自分も男の子になりたいと思っている

表6－9　価値の変遷（事例）

年	月	日	女児的	混合的	男児的	保育者による話
2005年	4	12			フミがユズに「どうぞー」とオレンジ色の折り紙を差し出したがユズは受け取らなかったため、保育者が「ユズちゃん青がいいの？」と言うとユズはうなずいた。フミが青い折り紙を見つけてきて「はい」と手渡すとユズは「ありがとう」と言った	
	5	24		園庭で筆者にユズが「ぼくトマトも食べる、梅干しも食べる。ちゅごいでちょ！」と話しかけてきたため、「すごいねー！　ユズちゃんは男の子なの？」と聞くと、「違うよ、女の子だよ。もうちゅぐ4ちゃいになるもん」と答えた。そこで「4歳になると女の子になるの？」と聞くと、「4ちゃいになったらおっきくなって男の子になって、お母さんびっくりしちゃうね！」とニコニコしながら言った		
	6	14			お弁当の時間に、ユズが「ぼくもう食べたからちゃー。今日ふりかけおにぎりひとちゅと、昆布のおにぎりひとちゅ。2個食べた」と言ったため、保育者が「いっぱい食べたねー、ユズちゃん」と答えると、「おうちでもモリモリ食べるよ！」と言った	
		21			自分の赤い靴下を指して「赤！かっこいい！」と言った	
					ユズが自分のお弁当グッズについているキャラクターを指して、「ぼくミッフィーちゃんちゅき」と言った	
		28			保育者がユズに向かって「ユズユズ、ヤマヤマ、ガタガター」と言うと、ユズは「違う。ヤマガタユズちゃんって言ってほちいの」と言い、保育者が「ヤマガタユズくんはどう？」と言うと、「いいよ。ヤマガタユズの後に『うん』がつくから」と答えた。	
	7	12			園庭で筆者に近寄ってきたユズに、「ユズちゃん男の子になった？」と聞くと、ユズはうなずいた。そこで「おちんちん生えてきたの？」と聞くと「うん。こーんなちっちゃく。こーんなちっちゃいの。5ちゃいになったらもっと大きくなるの。8ちゃいになったらもっと大きく。10ちゃいになったらこーんなんで、13ちゃいになったらこーんなん！　丸くなっちゃうね」と身振り手振りで大きさを表現しながら、最後には体全体で飛び跳ねながら大きさを表現した。	
					ナオがユズを抱き上げようとするがうまくできなかったため、ユズが「重いでちょー」と言った	

年	月	日				
	10	25	ハナ・ユズが2人で「女の子」と言っているのを聞いた保育者が「ナオくんは？」と聞くと、ハナが「男だよ」と答えた。「じゃあかっこいいの？」と保育者が聞くと「…うん…。女の子はかわいい」とハナが答えた。そこで保育者が「かわいい人？」と聞くと、2人が「はーい」と言い、「じゃあ、かっこいい人？」と聞くと、2人は「違うよー」と答え、ハナが「だってかっこいいのは男の子だもん」と言った			
	11	29			ミトが「ミト、注射したのに泣かなかったんだよ！」と言うと、「男の子になれるじゃん、ミトちゃん！」とユズが言った。そこで筆者が「泣かないと男の子なの？」とユズに聞くと、ユズは「うん」とうなずいた。「じゃあ、ユズちゃんも泣かないんだ？」と聞くと、ユズは「うん」と答えた	
2006年	1	30			カラフルなラインが入っている手袋を保育者や筆者に見せながら、ユズが「手袋！　きれいな手袋！」と言う	ユズのお母さんも「かわいいじゃなくてかっこいいと言ってください」と保育者に頼んでいる。フリルのついた女児用の靴下を履いていても「かっこいい」と表象するとユズは満足するとのこと
					ユズがピカチュウのタオルを筆者に見せながら、「見て！　ピカチュウ！　かっこいいよ、ピカチュウ。強いよ、ピカチュウ」と、得意気な顔をして言う	
	3	14			ユズが筆者に「トトロ！」と言ってトトロのタオルを見せる。ユズが「トトロ見たことあるよー」と言ったので、「えーっ！　いいなー！　本物？」と聞くと、「テレビで見たことある。おーっきいのとかがあるんだよ」と答えた	
					ケン・タツ・ユズがお店屋さんごっこのメニューを書いている。ユズのメニューには「おさけ　おとこだけ」と書いてある。ユズは「ちょいとー」と言っている	

ことが考えられる。一方で、ユズを取り巻く環境から考えれば、「お兄ちゃんはおっきい＝男の子、自分は3歳でちっちゃい＝女の子。しかし、4歳＝おっきい、だから4歳になる＝男の子になる」という論理に到達することは、この時点でのユズの持っている情報を総合すれば大変筋の通った論理であるといえ

るだろう。

ユズがこのような考えを持っているとすれば、５月24日、６月14日に観察されたような「モリモリ食べる」などの表現は、「モリモリ食べる→おっきくなれる→男の子になれる」という意味を含んでいるという解釈も可能である。

ユズの誕生日の１週間前にあたる６月21日には「赤かっこいい」「ぼくミッフィーちゃんちゅき」と言っていた。この発言からは「赤＝女の色、ミッフィーちゃんは女児用のキャラクター」という認識はしていないようである。「赤」や「ミッフィーちゃん」自体よりも「かっこいい」「ぼくちゅき」というのが重要であるようだ。また、誕生日である６月28日には「うん」がつくからいいと言っている。ユズの言う「うん」は「くん」のことである。このときにはすでに「くん」がつくのが男の子であると認識していた可能性がある。

そして、７月12日に観察された「おちんちん生えてきた」という発言からは、女性器を女性特有のものという認識ではなく、やがて男性器になるものの萌芽であると認識していた様子がうかがえる。また、同日に観察された「重たいでちょー」は「重たい」＝「男の子」ということを示している可能性もある。

ところが、10月25日にはハナとユズが自分たちのことを「女の子」と言っており、その後ハナが「女の子はかわいい。かっこいいのは男の子」と明言している場面が観察された。ユズはハナとの友情から「女の子」と言ったとも考えられるが、ハナのこの発言はその後のユズの言動に影響を及ぼしているようであった。

「女の子」と言った後の11月29日には、「泣かないと男の子」という認識を示していた。そして、１月30日には「きれいな手袋」「かっこいい」「強い」を得意気に主張していた。また、同日の保育者の話によれば、ユズのお母さんも「かわいいじゃなくてかっこいいって言ってください」と頼んでいた。フリルのついた女児用の靴下を履いていても、「かっこいい」と表象するとユズは満足するということであった。これらの発言は、10月25日のハナの「女の子はかわいい。かっこいいのは男の子」という発言が影響しているのではないだろうか。ユズにとって物自体がかっこいいかかわいいかは問題ではなく、「自分が持っているものがかっこいいと表象される」＝「自分は男の子である」という論理がうかがえた。

そして3月14日には、トトロが「おっきい」ことを非常に強調している場面が観察された。これは、ユズにとって「おっきい」も「男の子」とつながった概念であるという点で、ピカチュウが「かっこいい」のと同じような意味合いを含んでいる可能性がある。また、同じ日にユズが「おさけ　おとこだけ」と自分でメニューに書いているのが観察された。これはユズが「おとこ」であることと、「おさけ」は「おとこ」だけのものであることを示していると考えられるだろう。

以上のように、ユズの持つ価値は4月の初めから、「男の子」に結びつくような価値を良しとするような傾向が見られた。具体的に、ユズが価値を見出していたのは、「青」「おっきい」「モリモリ食べる」「かっこいい」「重たい」「泣かない」「強い」「おさけ」であったことが明らかになった。

次に表6－10を見てみよう。表6－10は表6－9の内容が書かれている欄に「●」を記したものである。ユズの持つ「価値」は、入園当初からほぼ一貫して「男児的」にあることが観察された。5月24日に「混合的」が、10月25日に「女児的」が一度ずつ観察されたが、それ以外はすべて「男児的」であった。

表6－10　価値の変遷

年	月	日	女児的	混合的	男児的
2005年	4	12			●
	5	24		●	
	6	14			●
		21			●
					●
		28			●
	7	12			●
					●
	10	25	●		
	11	29			●
2006年	1	30			●
					●
	3	14			●
					●

2．保育者・仲間の対応の変遷（ＳＱ２）

2―1　保育者の対応

次に、「保育者の対応」の変遷について見ていく。表6－11は、保育者のユズに対する対応の変遷を時系列で見るために作成したものである。表側に観察日、表頭に保育者の対応と保育者による話を配し、該当する欄に事例を記している。

表を見てみると、10月25日のペンキ遊びの際、女児の回にユズもやらせていたことを除けば、保育者は一貫して「ユズは女の子である」と言っていなかった。同様に、会話の中でユズが自分は男の子であると主張した際にそれを否定したことは一度もなく、むしろユズの考えに沿った対応をしていた。ただし、9月13日に2回と、11月8日に1回観察されたように、保育者はユズに対して「かわいい」と言っていた。

1月30日の保育者による話によれば、前述のように、保育者はユズのお母さんから「かわいいじゃなくてかっこいいって言ってください」と言われたという。これは、それ以前に保育者がユズに「かわいい」と言っていたことに対し、ユズが不満であることをお母さんに伝えていたということかもしれない。

以上のように、保育者はユズが自分のことを「男の子」であると主張しても、それを否定することや修正することはなく、おおむねユズの主張に沿った対応をしていたことが明らかになった。

表6－11　保育者の対応の変遷

年	月	日	保育者の対応	保育者による話
2005年	4	12	フミがユズに「どうぞー」とオレンジ色の折り紙を差し出したがユズは受け取らなかったため、保育者が「ユズちゃん青がいいの？」と言うとユズはうなずいた。フミが青い折り紙を見つけてきて「はい」と手渡すとユズは「ありがとう」と言った	
	5	24		ユズは「みんな」と言われてもわからない。「みんな＝自分」ではないと思っている
	6	7		保育者がユズのことを「ユズユズ」と呼んでいたのに対し、ユズが「ユズユズって呼ばないで。ユズちゃんで呼んで！」と言った
		14	お弁当の時間に、ユズが「ぼくもう食べたからちゃー。今日ふりかけおにぎりひとちゅと、昆布のおにぎりひとちゅ。2個食べた」と言ったため、保育者が「いっぱい食べたねー、ユズちゃん」と答えると、「おうちでもモリモリ食べるよ！」と言った	
		28	保育者にユズが「ぼく15ちゃいになったのー。14ちゃい」と言ったため、保育者が「おめでとう！」と返した。ユズはその後も「15ちゃい、15ちゃい。ぼく15ちゃい」と言っていた	
			保育者が「もう4歳になったから男の子になったんだね」と言うと、ユズは「うん」とうなずいた。そして保育者が「だから『男の子どうぞ』って言われたら『はーい』って言って、『女の子どうぞ』って言われたら『行かなーい』って言うんだよね？」と聞くと、「うん。『男の子どうぞ』って言われたら『はーい』って行くの。『女の子どうぞ』って言われたら『行かなーい！』って言うんだー」と言ってぴょんぴょんと跳ね回った	
			保育者がユズに向かって「ユズユズ、ヤマヤマ、ガタガター」と言うと、ユズは「違う。ヤマガタユズちゃんって言ってほちいの」と言い、保育者が「ヤマガタユズくんはどう？」と言うと、「いいよ。ヤマガタユズの後に『うん』がつくから」と答えた。	
			保育者がユズに向かって「ユズちゃん男の子？　女の子？　男の子おいでー」と言うと、ユズは「おーとーこー」と言いながらうれしそうに保育者のところへ来るが、保育者が「女の子どうぞ」と言うと、ユズは1歩前に進むが止まる。それを見て保育者が「男の子？」と聞くと、ユズは「おーとーこー」と答えた	

	7	12		保育者がユズにおちんちんが生えたかどうか聞いたところ、まだだと答えた
	8	30	保育者が「おちんちん生えてきた？」と聞くと、ユズは「えっ…まだだよ」と答えた	
	9	13	保育者がユズに向かって「ユズちゃん、ねじりはちまき似合うねー。今日のポニーテールにぴったり！　お祭りガールかわいいー」と言った	
			ユキ・ユズがケン・タツ・ダン・ナオ・レオに混じって箱で物をつくる。男児は箱をつなげるだけだが、ユキ・ユズは箱を切る。ユズは箱のすそを切り、タコをつくった。それを見た保育者は「あっ、かわいいー、がんばったじゃん、ユズちゃん」と言った	
	10	25		ユズはいつも布バッグを男児用の箱に入れる
			クラスでペンキ遊びをすることになった。数が限られているので男女半分ずつやることになった。保育者が「まずは女の子やりまーす。男の子は終わったら呼ぶからね」と言うと、男児はぞろぞろと部屋の外へ出て行くが、ユズも男児について行き、ダンボールでつくった車に乗ろうとした。そこで保育者が「じゃあ、ユズちゃんはここね」とペンキ遊びの場所を割り当てたが、ユズは車で遊ぼうとした。するとキラが「ユズちゃん男なの？（違うでしょ）」と言って、ペンキ遊びの場所に戻した。ユズはペンキで「ママ」と「お兄ちゃんのクリスマスのプレゼント」を描いた	
			ユズがパパとママの絵を描いたのを見て、保育者が「ユズちゃんのパパとママ仲良し？」と聞くと、ユズが「わかんない」と答えたため、保育者は笑った	ユズは、パパ・ママ・兄をよく描く
			ハナ・ユズが2人で「女の子」と言っているのを聞いた保育者が「ナオくんは？」と聞くと、ハナが「男だよ」と答えた。「じゃあかっこいいの？」と保育者が聞くと「…うん…。女の子はかわいい」とハナが答えた。そこで保育者が「かわいい人？」と聞くと、2人が「はーい」と言い、「じゃあ、かっこいい人？」と聞くと、2人は「違うよー」と答え、ハナが「だってかっこいいのは男の子だもん」と言った	
	11	8	タツ・ハナ・フミ・マリ・ミチ・ミト・ユズ・レオが電車ごっこをしていたときにユズが泣く。保育者が「座りたいところがとられちゃったの？」と聞くと、ユズは「うん」とうなずく。そして保育者が「フミちゃんの隣がよかったの？」と聞くと「うん」と答えたため、「いいこと考えた！（フミがハナとユズの間になるように並び替え）こうすれば2人ともフミちゃんの隣になれるね」と提案し、ユズはすぐに泣き止んだ	
			フミ・ユズがうさぎの耳のお面をつくる。それを見た保育者が「かわいいー。垂れ耳うさぎかわいいね」と言った	
2006年	1	30		ユズのお母さんも「かわいいじゃなくてかっこいいと言ってください」と保育者に頼んでいる。フリルのついた女児用の靴下を履いていても「かっこいい」と表象するとユズは満足するとのこと
	2	28	箱で何かをつくろうとしたが、Y組には箱がなかった。ユズが「先生、箱がない」と言うと、保育者は「じゃあ、X組さんに箱もらいに行っておいで」と答えた	
	3	14	保育者が「男の子」と言うと、ユズが男児とともに真っ先に保育者のところへ行く。他の幼児は誰もそれをとがめることはなく、当然のように進行している	
			保育者が「はい、ユズくん」と言うと、マリが不思議そうな顔をして見ている	
			年少組最後の記念撮影で、男児が前列・女児が後列という配列になっていたが、ユズは当たり前のように前列に並び、なおかつ真ん中で写真に写る。これについても誰も異議を唱えない	

2―2　仲間の対応

次に「仲間の対応」の変遷について見ていく。表6－12は、仲間のユズに対する対応の変遷を時系列で見るために作成したものである。表側に観察日、表頭に仲間の対応と保育者による話を配し、該当する欄に事例を記している。

最初のころは、保育者が「男の子どうぞ」と呼んだときにユズが行っても誰もとがめなかった（5月24日）。しかし、やがてキラの例（10月25日）や、保育者による話の中に登場するレオの例（１月30日）のように、とがめる幼児が出てきた。ところが、同じく保育者による話の中に登場するマリの例（１月30日）のように、ユズの姿勢に理解を示す幼児が登場し、キラやレオ等の態度を否定した。

その後、その他の幼児もユズの姿勢をとがめることはなくなり、ユズを「男の子」として扱うようになった。そして男児がユズと一緒になって男児的な遊び方で遊ぶ姿も見られるようになっていった（１月30日）。一方で、女児はユズを「異質なもの」と感じるようになったのか、ユズが１人になったり（２月28日）、女児がユズから逃げたり（３月14日）するようになった。そして最終的に、保育者が「男の子どうぞ」と言ったときに保育者のところへユズが行っても、また男児のみがいるエリアにユズがいても、誰もとがめることはなくなった。

以上のように、仲間は最初ユズをとがめなかったが、やがてとがめるようになった。しかし、他の幼児によってとがめることを非難される等の動きが見られた結果、やがてユズをとがめるものはいなくなった。そして最終的にユズは「男の子」としてとらえられるようになっていったことが明らかになった。

表６－12　仲間の対応の変遷

年	月	日	仲間の対応	保育者による話
2005年	5	24		この時期、女児が「男の子」と呼ばれたときに動いても、男児が「女の子」と呼ばれたときに動いても、とがめる幼児はいない
	10	25	クラスでペンキ遊びをすることになった。数が限られているので男女半分ずつやることになった。保育者が「まずは女の子やりまーす。男の子は終わったら呼ぶからね」と言うと、男児はぞろぞろと部屋の外へ出て行くが、ユズも男児について行き、ダンボールでつくった車に乗ろうとした。そこで保育者が「じゃあ、ユズちゃんはここね」とペンキ遊びの場所を割り当てたが、ユズは車で遊ぼうとした。するとキラが「ユズちゃん男なの？（違うでしょ）」と言って、ペンキ遊びの場所に戻した。ユズはペンキで「ママ」と「お兄ちゃんのクリスマスのプレゼント」を描いた	
	11	29	男児に混じって泥遊びをする	
2006年	1	30		ユズはまだ布バッグを男児用の箱に入れている。レオが「ユズちゃんは女の子なんだから、こっち（女児用）に入れるんだよ」と言うが、マリが「いいの！　ユズちゃんは男の子になりたいって言ってるんだから！」と言ったとのこと
			空き箱を使ってテレビをつくり、１人でそれを持って走り回る（他の女児がみんなで黄色いベルトをつくっているとき、ユズは１人で独自の世界で遊んでいる）	
			マリが茶色い折り紙を保育者にもらおうとするのを見て、ユズが「うんちだよ。触らない方がいいよ」と言った。すると、レオも「うんちがいっぱーい」と言い、ケンも「いっぱーい、うんちが！」と言った	

		ケン・ユズ・レオがベランダで泳ぐまねをして遊んだり、「おしっこー、おしっこー」と言いながら走ったりして遊ぶ	
2	28	保育者が「かばんを背負ったら、ドアのところで好きなお友だちと2人で手をつないでください」と指示するが、ミトとつなぎたかったフミが、ミトがミチとつないでしまったため泣き出した。ミトは「ひとりぼっちだからユズちゃんもいいでしょ」と言い、ユズともつなごうとするが、フミはミトとつなごうとする。その結果、フミ・ミチ・ミトが3人でつなぎ、ユズはケン・ハナとつなぐことになった。ミトは「ユズちゃん1人だったから…」とつぶやく	
3	14	フミ・ミチ・ミトがコマを回している。そこにナオ・ユズも行くが、フミ・ミチ・ミトはユズが行くと逃げる。しかし、本気で嫌がっているわけではなく、追いかけっこをしている模様。そこにケンも加わる	
		保育者が「男の子」と言うと、ユズが男児とともに真っ先に保育者のところへ行く。他の幼児は誰もそれをとがめることはなく、当然のように進行している	
		保育者が「はい、ユズくん」と言うと、マリが不思議そうな顔をして見ている	
		年少組最後の記念撮影で、男児が前列・女児が後列という配列になっていたが、ユズは当たり前のように前列に並び、なおかつ真ん中で写真に写る。これについても誰も異議を唱えない	
		最後にクラス全員で集まって座ったとき、男児がまとまって座っているエリアの中心にユズが座っている	

第3節 ―― まとめと考察

1．まとめ

本節では、前節までの内容を「内容分析」と「観察された時期」に分けてまとめる。

1―1　内容分析について

第2節までの分析から、以下のことが明らかになった。

①性自認（呼びかけ）：ときどき「女の子」になるのであって、ベースは「男の子」にあるようであった。同じ日でも「女の子」と「男の子」の間を行き来することがあった。11月29日からは一貫して「男の子」という認識を示していた。

②対人関係（ふるまい）：ユズは最初1人で遊んでいたが、やがて女児のみや男女混合で遊ぶようになり、その後、こうした関係を残しつつも男児のみと遊ぶ回数が増加していくという変遷をたどっていた。

③遊び方（ふるまい）：ユズの遊び方は動き回らない「静的」なものから、動き回る「動的」なものへと変化していった。また、遊びの内容も、1人でできる遊びから、女児的な遊び方を経て、男児的な遊び方へと変化していた。

④行動（ふるまい）：ユズは年少組の最初は「女の子」と呼ばれたときに動いたり、女児と遊んだりしていたが、やがて「男の子」と呼ばれたときに動く、男児と遊ぶ、布バッグを男児用の箱に入れる、男児が集まっているエリアに入るなどをするようになった。しばらくは女児と男児の間を行き来していたが、最終的には男児の方に傾斜していった。つまり、「呼びかけ」「遊びの内容」「遊ぶ友だち」「持ち物の分類」「空間配置」の要素において、他の男児と同じ行動をするようになっていった。

⑤言葉（言語使用）：ユズは最初、自称以外は男児が使用するような言葉は使用していなかったが、次第に男児が使用するような言葉を使用するようになっていくという変化が見られた。

⑥価値：４月の初めから、「男の子」に結びつくような価値を良しとするような傾向が見られた。具体的に、ユズが価値を見出していたのは、「青」「おっきい」「モリモリ食べる」「かっこいい」「重たい」「泣かない」「強い」「おさけ」であった。

⑦保育者の対応：ユズが自分のことを「男の子」であると主張しても、それを否定することや修正することはなく、おおむねユズの主張に沿った対応をしていた。

⑧仲間の対応：最初はユズをとがめなかったが、やがてとがめるようになった。しかし、他の幼児によってとがめることを非難される等の動きが見られた結果、やがてユズをとがめるものはいなくなった。そして最終的にユズは「男の子」としてとらえられるようになっていった。

1—2　観察された時期について

表６－13は、第２節までの表６－１、６－４、６－６、６－８、６－10を統合し、整理したものである。この表から以下の点が明らかになった。

①11月29日からは男児的な「呼びかけ」「ふるまい」「言語使用」がおおむね一致した。それとともに女児的な「呼びかけ」「ふるまい（行動）」「言語使用」は全く見られなくなり、「ふるまい（遊び方）」のみしか女児的なものはなかった。

②女児的になりきり定着する、持続するということは見られなかったが、男児

表6－13　観察された時期（統合）

年	月	日	女児的					混合的					男児的				
			呼びかけ	ふるまい		言語使用	その他	呼びかけ	ふるまい		言語使用	その他	呼びかけ	ふるまい		言語使用	その他
			性自認	遊び方	行動	言葉	価値	性自認	遊び方	行動	言葉	価値	性自認	遊び方	行動	言葉	価値
2005年	4	12							●		●						●
		19							●							●	
		21							●								
		26	●		●				●								
	5	17							●								
		24	●		●				●		●	●	●		●		
		31		●					●								
	6	7							●		●						
		14		●					●							●	●
		21		●					●		●					●	●
		28	●		●				●		●		●	●		●	●
	7	5							●								
		12		●	●				●		●		●	●	●	●	●
	8	30							●							●	
	9	13	●	●	●	●			●					●			
		27		●		●			●						●		
	10	25	●	●			●		●		●		●	●	●		
	11	8	●	●	●				●		●						
		29		●									●	●	●	●	●
2006年	1	30		●					●		●			●	●	●	●
	2	28		●						●				●	●	●	
	3	14							●		●		●	●	●	●	●

的になりきり、持続するということは見られた。

③価値は最初から男児的なものが大半であった。女児的なもの、混合的なものはそれぞれ1回ずつしか観察されなかった。

④「男児」であるという性自認が確認される前から、「価値」「言葉」は男児的であった。反対に、「女児」という性自認が確認されたときも、「価値」「言葉」は女児的ではなかった。

⑤性自認が「女児」「男児」の両方で観察された日が存在する（5月24日、6月28日、10月25日）。

⑥「女児」「男児」と性自認しても、それが持続する場合だけではない（持続するとは限らない／持続することは当たり前のことではない）ことを示していた。

⑦周囲の仲間・保育者が男児としてのユズを認めた1月30日からは、「男児」としてのユズが定着・持続しはじめた（周囲が認めれば異性になることも可能ということ）。

⑧「遊び方」に関しては、混合的な遊び方は最初から最後まで観察された。

２．考察

以下では、これまでの分析およびまとめをもとに考察を行っていく。

２—１　第３の性自認メカニズム—異性集団との同一化—

まず、本章の分析によって初めて明らかになった最大の点は、「異性集団との同一化」もあり得るという点である。生物学的には「女児」であるユズにとって、「異性」であるはずの「男児」に自分を同一化していったユズの変遷は、第三者から客観的に見れば、まさに「異性集団との同一化」と呼ぶにふさわしい現象であると考えられる。したがって、本章の検証によって幼児の性自認には、前章で明らかになった「同性集団との同一化」「異性集団との補完的同一化」のほかに、「異性集団との同一化」という第３の性自認メカニズムが存在し得ることが実証的に示された。

これを前章の「同性集団との同一化」「異性集団との補完的同一化」と同様に図示すると、図６－２のようになる。すなわち、「同性集団との同一化」「異性集団との補完的同一化」は、いずれもすでに自分が身につけているもの等が「女児集団」に属するものなのか、あるいは「男児集団」に属するものなのかということに、いわば事後的に「気づく」ことによって性自認に至るという順序関係である。これに対し、「異性集団との同一化」は、「男児集団」に属する存在になりたい、あるいは、自分は「男児集団」に属する存在であるはずだという幼児の主体的な意志により、幼児本人が認識した「男児的なもの」に自ら近づいていくという逆の順序関係によるものであるといえる。その詳細は、本章において検証してきた通りである。

ユズの場合は、何が「女らしい」「男らしい」ものかわかったうえで、あえ

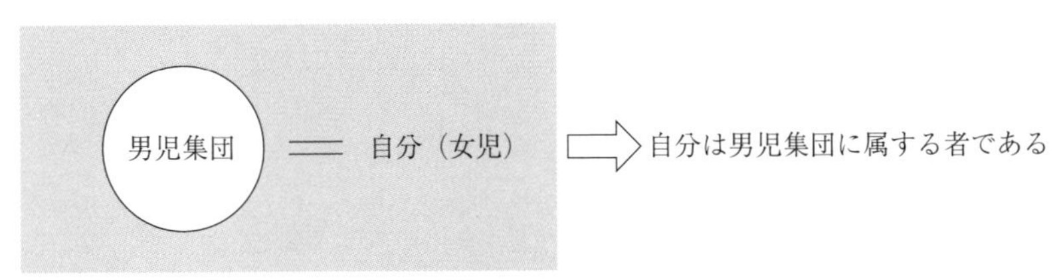

図６－２　異性集団との同一化による性自認

て「男の子」であることを選んでいた。そしてユズは、「自分は3歳で小さいから今は女の子、でも4歳になったら大きくなるから男の子になる」というユズの世界観からすれば筋の通った論理に基づき、4歳の誕生日と同時に「自分は男の子だ」と主張するようになった。そして周囲がそれを認めた結果、ユズはどんどん男の子らしい「呼びかけ」「ふるまい」「言語使用」をするようになった。これが、第3の性自認メカニズムである[1)]。

2―2　ユズの例が示した新たな発見

ここで便宜上、生物学的性別をセックス、社会的につくられた性別をジェンダーと呼ぶならば[2)]、ユズの例は自分のセックスと異なるジェンダーを選ぶことも可能であるということを示している。これは、ジェンダーとしての「女児」「男児」は選択肢として選べる程度のものであるということである。このことは、裏返してみれば、たまたまセックスと選び取ったジェンダーが一致していた幼児が多かったために、それが当然視され、「自然なこと」で「当たり前」のように見えたというだけのことという可能性をも示唆している。一貫しているのが当たり前だと思われているが、実は当たり前ではないかもしれない。どのジェンダーを選ぶかは必然ではなく、偶発性によるものなのかもしれないのである。そのため、実際にはユズのような例もあり得るわけであり、ジェンダーは1人1つとは限らず、ずっと同じとも限らない。同じ日に2つのジェンダーを行き来することすらできるのである。

このことは、実はどのジェンダーを選ぶかは誰にとっても偶発的であるのに、多くの人が何らかの力（固定観念等）に縛られて、セックスに貼られたラベルと同じラベルを持つ方のジェンダーを選んでいる（セックスが「女児」ならジェンダーも「女児」）に過ぎない、すなわち、セックスとジェンダーが一致することの方が特殊事例であるという見方をすることも可能であるという解釈にもつながり得る。こうしたことが実証的に示されたことは意義深い。

2―3　周囲の保育者、仲間の対応

ただし、ユズのような「異性集団との同一化」を可能にするためには、周囲の保育者、仲間の対応が重要な要素となっていた。前項「1―2　観察された

時期について」のまとめの中に「⑦周囲の仲間・保育者が男児としてのユズを認めた１月30日からは、『男児』としてのユズが定着・持続しはじめた（周囲が認めれば異性になることも可能ということ）」とあるように、周囲がユズを「男児」であると認めてからは、ユズはすんなりと「男児」の方向に進んでいった。このように、少なくともこの事例に関しては、たとえセックスと異なるジェンダーを選択したとしても周囲がそれを認めていけば、特に問題なくそのジェンダーを生きることができることが明らかになった[3)]。

2—4　物自体が「かっこいい」のではない

以下は、第２節「１—６　価値」から抜粋したものである。

- ・ユズの誕生日の１週間前にあたる６月21日には「赤かっこいい」「ぼくミッフィーちゃんちゅき」と言っていた。この発言からは「赤＝女の色、ミッフィーちゃんは女児用のキャラクター」という認識はしていないようである。「赤」や「ミッフィーちゃん」自体よりも「かっこいい」「ぼくちゅき」というのが重要であるようだ。
- ・１月30日の保育者の話によれば、ユズのお母さんも「かわいいじゃなくてかっこいいって言ってください」と頼んでいた。フリルのついた女児用の靴下を履いていても、「かっこいい」と表象するとユズは満足するということであった。

以上のように、ユズにとっては物自体が「かわいい」「かっこいい」のではなく、「女の子が持っているからかわいい」「男の子が持っているからかっこいい」という結びつき方をしていた。このように、「女の子」「男の子」という言葉は「かわいい／かっこいい」という価値と結びついていくことが明らかになった。

2—5　「価値」にジェンダーが引っぱられていく

以下は、本節「１—２　観察された時期について」のまとめからの抜粋である。

①11月29日からは男児的な「呼びかけ」「ふるまい」「言語使用」がおおむね一致した。それとともに女児的な「呼びかけ」「ふるまい（行動）」「言語使用」は全く見られなくなり、「ふるまい（遊び方）」のみしか女児的なものはなかった。
②女児的になりきり定着する、持続するということは見られなかったが、男児的になりきり、持続するということは見られた。
③価値は最初から男児的なものが大半であった。女児的なもの、混合的なものはそれぞれ1回ずつしか観察されなかった。
④「男児」であるという性自認が確認される前から、「価値」「言葉」は男児的であった。反対に、「女児」という性自認が確認されたときも、「価値」「言葉」は女児的ではなかった。

ここでは、これらの抜粋をもとに考察していく。まず、③・④の記述から、ユズは入園当初から男児的な価値を持っていたことがわかる。そして、①・②の記述からわかるように、男児的な価値を持っていることが観察された後にも女児的な「呼びかけ」「ふるまい」「言語使用」が観察された。しかし、女児的な価値はほとんど観察されず、最終的にはユズは「男児」になりきり、持続が見られた。

以上のように、ユズがいつどのようにして男児的な価値を持つようになったのかは本書の観察データだけでは不明であるが、少なくとも、価値だけは入園当初から「男児的」であり、それは1年間ほぼ一貫していた。その後「女児的」な「呼びかけ」「ふるまい」「言語使用」が観察されても、最終的には「男児的」な「呼びかけ」「ふるまい」「言語使用」へと集約していった。

このことから、少なくともこの事例においては、幼児の性自認にはこの「女児的／男児的」な「価値」が重要な位置を占めており、他の要素を引きつけているということが推察される。つまり、幼児が初めに「男児的価値」を持つと、やがて「呼びかけ」「ふるまい」「言語使用」も「男児的」なものへと向かっていき、集約されるということである。そのように考えると、幼児が「女児的／男児的」な価値を持つまでのプロセスの解明が重要になってくるが、これについては本書の観察データだけでは明らかにすることができないので、今後の課題としたい。

2―6　バトラーの主体形成の議論に関する貢献

前述のように、本章では「呼びかけ」「ふるまい」「言語使用」のすべての次元について分析を行った。これにより、結果としてバトラーの主体形成の議論に関する貢献をしたと考えられる。そもそもバトラーは理論的に仮説を提示したに過ぎず、これに関する実証を行った研究は管見の限りない。そのため、この点で本書は重要な意義を持つといえるだろう。さらに、本書は実証の利点を生かし、バトラーの主体形成の議論においては提示されなかった「価値」の次元の存在とその重要性を提示した。この点で、バトラーの主体形成の議論に副次的に新たな視点を付加することができた可能性がある。

では、本書がいかにバトラーの主体形成の議論に貢献すると考えられるのかについて検証していく。まず、バトラーの主体形成の議論の中で重要な点をいくつかの命題の形で示すならば、①人間の主体形成には、少なくとも「呼びかけ」「行為遂行性（ふるまい）」「発話行為（言語使用）」の３つの次元が重要である、②主体形成は１回きりで実現される実体的な人格の形成ではなく、その都度反復的に遂行される実践であり、これらの反復の中で主体が形成されていく、③主体形成は「完了」ということはなく、一応の完了は見られたとしてもその後も不断に反復され形成されていくという３点が挙げられるだろう[4)]。

以下ではこれら３点について検証していく。まず①について、表６－13を見るとわかるように、「呼びかけ」「ふるまい」「言語使用」はそれぞれ異なる動きをしている。このことは、それぞれの次元を見ることの重要性を示しているといえるだろう。また、本章においては「呼びかけ」：性自認、「ふるまい」：対人関係・遊び方・行動、「言語使用」：言葉というようにして、性自認、対人関係、遊び方、行動、言葉を「呼びかけ」「ふるまい」「言語使用」に分類した。この性自認、対人関係、遊び方、行動、言葉という軸はもともとのデータから抽出したものであり、これらの軸が結果的に「呼びかけ」「ふるまい」「言語使用」に分類できたという点からも、この３つの次元が重要な軸であるといえるだろう。

次に②について、これも表６－13を見るとわかるように、「呼びかけ」「ふるまい」「言語使用」はいずれも一度「女児的」になったらその後もずっと「女児的」になるということはなく、「男児的」になったり、また「女児的」になったり、「混合的」になったりということを繰り返している。この反復の中で、ユズの場合はこの1年の観察データで見る限り、次第に「男児的」な方向に進んでいった。このことは「主体形成は1回きりで実現される実体的な人格の形成ではなく、その都度反復的に遂行される実践であり、これらの反復の中で主体が形成されていく」という点を実証していると考えられる。

そして③について、同じく表6－13を見てみると、7月12日には「呼びかけ」「ふるまい」「言語使用」(「価値」)がいずれも「男児的」である場面が観察されたが、それで固定するわけではなく、その2か月後の9月13日には「呼びかけ」「ふるまい」「言語使用」がいずれも「女児的」である場面が観察された。このことは「主体形成は『完了』ということはなく、一応の完了は見られたとしてもその後も不断に反復され形成されていく」ということを示しているといえるだろう。したがって、本章のこの1年のデータでは、ユズは「男児的」に集約して終了しているが、今後それが変化することも十分あり得ることであるといえるだろう。

以上のように、バトラーの主体形成の議論に関して少なくとも以上の3点については本章のデータによって示され、さらに「価値」という次元の重要性を示唆した。

【註】

1）ただし、ここでユズの視点に立つと、これは「異性集団との同一化」ではなく、「同性集団との同一化」である。これは「性自認」があくまで「自認」であることによる。ユズは「4歳になったら男の子になる」と考えており、4歳になった後にこの同一化は加速したので、ユズからすれば同性集団と同一化したことになる。このように考えた場合、性自認メカニズムは「同性集団との同一化」「異性集団との補完的同一化」という2つのメカニズムのみということになるが、そのうえでユズの事例は、1人の人間が「複数の集団との同一化」および「複数の集団間でのシフト」が可能であるという知見を付加したことになる。

2）近年セックスとジェンダーをめぐっては、その内容自体にさまざまな議論があるため、ここではあえて「便宜上」として使用している。

3）この先どうなっていくかはわからないが、理論的にはそうなる。ただし、これは幼児であるから可能であった可能性もあり、直ちに成人でも同様のことがいえるというような一般化はできない。したがって、少なくともこの事例のなかにおいては、このように説明できたと述べるにとどめておく。

4）このほかにも重要なテーゼが多数含まれているが、ここではそのうちの3点を挙げる。

第7章
幼稚園3歳児クラスにおける幼児の性自認メカニズム

本章においては、第6章までの知見を統合し、幼稚園3歳児クラス全体（X組・Y組）で見たときの性自認のメカニズムモデルを作成することを課題としている。そのために、まず第1節で第4章と第5章における知見をまとめ、第2節でそこに第3章の知見を統合し、幼稚園3歳児クラスにおける幼児の性自認メカニズムモデルを作成する。

第1節 —— 性自認時期と「幼稚園3歳児クラスにおける相互行為」の関係

1．相互行為場面の検証による性自認メカニズム

では、第4章と第5章における結果を統合し、「幼児と保育者の相互行為」「幼児同士の相互行為」を同時に見てみよう。

表7－1は、第4章のまとめにおける表4－5と、第5章のまとめにおける表5－5を統合したものである。これは「幼児と保育者の相互行為」および「幼児同士の相互行為」場面の検証によって明らかになった各時期の幼児の性自認メカニズムを総合的に考察するために作成したもので、中央に性自認時期の軸を置き、左側をX組、右側をY組として、各クラスの欄を「幼児と保育者の相互行為」と「幼児同士の相互行為」に分け、それぞれの欄に該当する性自認のメカニズムを記したものである。なお、網かけをしている箇所は、前章までの検証から、各時期の幼児の性自認にとってより影響が大きかったと考えられるメカニズムを示している。

表7－1　各時期の幼児の性自認のメカニズム

<table>
<tr><th colspan="2">X組</th><th>性自認時期</th><th colspan="2">Y組</th></tr>
<tr><th>幼児と保育者の相互行為</th><th>幼児同士の相互行為</th><th></th><th>幼児と保育者の相互行為</th><th>幼児同士の相互行為</th></tr>
<tr><td colspan="2">幼稚園入園時にすでに性自認をしていた（同性の親・きょうだいとの同一化、異性の親・きょうだいとの補完的同一化の可能性）</td><td>第１期</td><td colspan="2">幼稚園入園時にすでに性自認をしていた（同性の親・きょうだいとの同一化、異性の親・きょうだいとの補完的同一化の可能性）</td></tr>
<tr><td>「性別カテゴリーとの同一化」による性自認
「性別記号との同一化」による性自認</td><td>「幼児同士の相互行為」により性自認したのではない</td><td>第２期</td><td>「性別カテゴリーとの同一化」による性自認
「性別記号との同一化」による性自認</td><td>「幼児同士の相互行為」により性自認したのではない</td></tr>
<tr><td>「性別カテゴリーとの同一化」による性自認（＋「教え込み」「訂正」といった保育者による強化措置）
「性別記号との同一化」による性自認（「性別記号」が「価値」と一緒に提示されていた）</td><td>「異性集団との補完的同一化」による性自認</td><td>第３期</td><td>性自認するための回路がほぼ出来上がっていた状態で行われた「実験」によって性別カテゴリーとの同一化が行われたことによる性自認
「性別記号との同一化」による性自認</td><td>「同性集団との同一化」による性自認
「異性集団との補完的同一化」による性自認</td></tr>
<tr><td>同上</td><td>「同性集団との同一化」による性自認
「異性集団との補完的同一化」による性自認</td><td>第４期</td><td>「性別カテゴリーとの同一化」による性自認</td><td>同上</td></tr>
<tr><td></td><td></td><td>第５期</td><td>性自認の「指標」となる言語記号の出現頻度が増加したことによる性自認</td><td>同上</td></tr>
</table>

1—1　X組の幼児の性自認メカニズム

まずX組の幼児の性自認メカニズムについて見てみよう。第１期に性自認した幼児は、「幼児と保育者の相互行為」「幼児同士の相互行為」のいずれの場面の検証によっても、「幼稚園入園時にすでに性自認をしていた」という結果になった。これにより、「同性の親・きょうだいとの同一化」および「異性の親・きょうだいとの補完的同一化」による性自認をしたことが推察された。

第２期に性自認した幼児は、「幼児同士の相互行為」場面の検証の結果、「幼児同士の相互行為」により性自認したのではないという結果になった。そのため、「幼児と保育者の相互行為」場面の検証によって明らかになった、「性別カテゴリーとの同一化」による性自認、あるいは、すでに身につけていた「性別記号との同一化」による性自認がなされた可能性が高かった。

第３期に性自認した幼児は、「幼児と保育者の相互行為」場面の検証によって、「性別カテゴリーとの同一化」による性自認（＋「教え込み」「訂正」といった保育者による強化措置）、あるいは、すでに身につけていた「性別記号との同一化」による性自認（「性別記号」が「価値」と一緒に提示されていた）がなされていたことが推察された。また同時に、「幼児同士の相互行為」場面の検証によって、「異性集団との補完的同一化」による性自認がなされていたことが推察された。ただし、この両者の影響力としては、「異性集団との補完的同一化」による性自認の方が大きかったことが推察された。

そして、第４期に性自認した幼児は、第３期とほとんど一緒で、「幼児と保育者の相互行為」場面の検証によって、「性別カテゴリーとの同一化」による性自認（＋「教え込み」「訂正」といった保育者による強化措置）、あるいは、すでに身につけていた「性別記号との同一化」による性自認（「性別記号」が「価値」と一緒に提示されていた）が、同時に、「幼児同士の相互行為」場面の検証によって、「同性集団との同一化」による性自認、あるいは「異性集団との補完的同一化」による性自認がなされていたことが推察された。また、この両者の影響力としては、「同性集団との同一化」による性自認、「異性集団との補完的同一化」による性自認の方が大きかったことが推察された。

１―２　Ｙ組の幼児の性自認メカニズム

次にＹ組の幼児の性自認メカニズムについて見てみよう。第１期に性自認した幼児は、Ｘ組同様、「幼児と保育者の相互行為」「幼児同士の相互行為」のいずれの場面の検証によっても、「幼稚園入園時にすでに性自認をしていた」という結果になった。これにより、「同性の親・きょうだいとの同一化」および「異性の親・きょうだいとの補完的同一化」による性自認をしたことが推察された。

第２期に性自認した幼児は、「幼児同士の相互行為」場面の検証の結果、「幼児同士の相互行為」により性自認したのではないという結果になった。そのため、「幼児と保育者の相互行為」場面の検証によって明らかになった、「性別カテゴリーとの同一化」による性自認、あるいは、すでに身につけていた「性別記号との同一化」による性自認がなされた可能性が高かった。

第3期に性自認した幼児は、「幼児と保育者の相互行為」場面の検証によって、「性自認するための回路がほぼ出来上がっていた状態で行われた『実験』によって性別カテゴリーとの同一化が行われたことによる性自認」あるいは、すでに身につけていた「性別記号との同一化」による性自認がなされていたことが推察された。また同時に、「幼児同士の相互行為」場面の検証によって、「同性集団との同一化」による性自認、あるいは「異性集団との補完的同一化」による性自認がなされていたことが推察された。ただし、この両者の影響力としては、「同性集団との同一化」による性自認、「異性集団との補完的同一化」による性自認の方が大きかったことが推察された。

そして、第4期に性自認した幼児は、「幼児と保育者の相互行為」場面の検証によって、「性別カテゴリーとの同一化」による性自認が、同時に、「幼児同士の相互行為」場面の検証によって、「同性集団との同一化」による性自認、あるいは「異性集団との補完的同一化」による性自認がなされていたことが推察された。また、この両者の影響力としては、「同性集団との同一化」による性自認、「異性集団との補完的同一化」による性自認の方が大きかったことが推察された。

最後に第5期に性自認した幼児は、「幼児と保育者の相互行為」場面の検証によって「性自認の『指標』となる言語記号の出現頻度が増加したことによる性自認」がなされていたことが推察された。また同時に、「幼児同士の相互行為」場面の検証によって、「同性集団との同一化」による性自認、あるいは「異性集団との補完的同一化」による性自認がなされていたことが推察された。ただし、この両者の影響力としては、「同性集団との同一化」による性自認、「異性集団との補完的同一化」による性自認の方が大きかったことが推察された。

第2節 —— 幼稚園3歳児クラスにおける幼児の性自認メカニズムモデル

本節では、前節の結果に第3章における知見を統合し、幼稚園3歳児クラスにおける性自認メカニズムのモデルを作成する。

前述のように、本書が対象としている幼稚園はいわゆる日本における一般的な幼稚園ではないため、本書の知見をそのまま一般化して論じることは危険性を伴う。したがって、本書の知見をもとに作成したモデルをそのまま一般化することはできない。ただし、現代の幼児であるＢ幼稚園３歳児クラスの幼児の性自認については、少なくともこのモデルによって説明できたということを示すことはできる。これを示すことは、１つの事実を提示したという点において意味を持つ。また今後、他の研究者によって検証され得る土台を提示したことにもなる。そのため、ここではこうした意図のもと、本書における知見をもとにしたモデルの作成を行う。

図７－１は、幼稚園３歳児クラスにおける性自認のメカニズムをモデル化したもので、内容は、Ｘ組における性自認のメカニズムとＹ組における性自認の

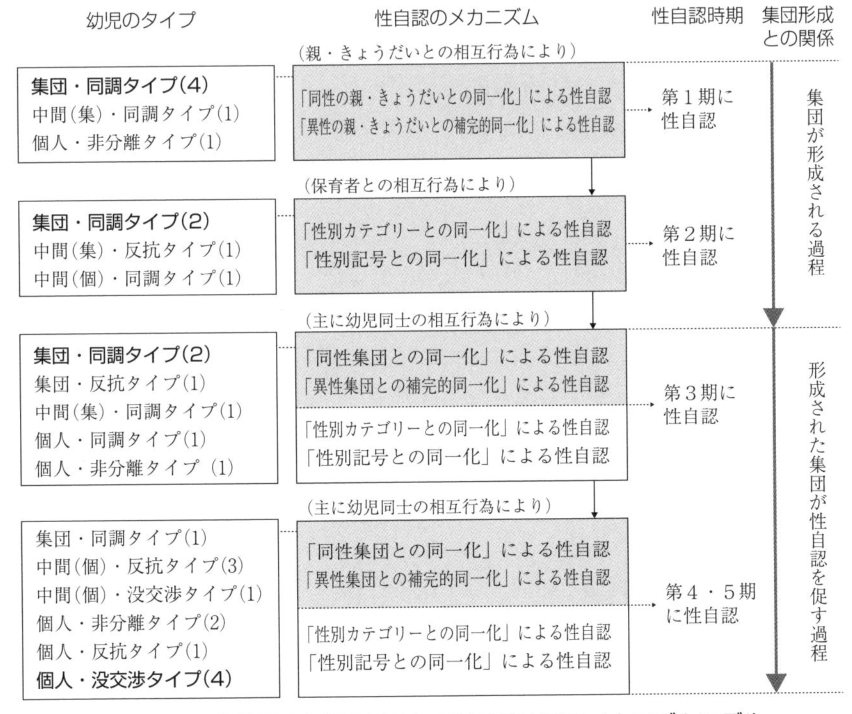

図７－１　幼稚園３歳児クラスにおける性自認のメカニズムモデル

メカニズムに共通するエッセンスを抜き出したものである。左から順に「幼児のタイプ」「性自認のメカニズム」「性自認時期」「集団形成との関係」について記してある。また、性自認時期の「第１期」から「第５期」までを時間軸に沿って上から順に並べてある。簡潔にいうと、「このタイプ」の幼児が、「幼稚園３歳児クラスという組織集団」に入ると、「このようなメカニズム」で性自認をし、「この時期」に性自認が完了するということを示している。

なお、「幼児のタイプ」の欄には実際に各時期に性自認した幼児が該当するタイプを過不足なく記してある。したがって、記入してあるタイプ数が多くなり傾向がつかみにくいため、人数の多かった主要なタイプを太字で示してある。タイプ名の右側に記してある数字は、各タイプ該当者の人数を示している。

では、図７－１を見ていこう。初めに、モデルとしての簡潔な説明をした後、詳細な説明に入ることとする。幼稚園入園時には家庭における「同性の親・きょうだいとの同一化」「異性の親・きょうだいとの補完的同一化」により、すでに性自認している幼児がクラス内に数名存在する。それは主に「集団・同調タイプ」の幼児である。やがてこれらの幼児を中心として「男女混合集団」「女児集団」あるいは「男児集団」が形成されるが、それより前に性自認した幼児は保育者による「実験」等によって「性別カテゴリーとの同一化」あるいは「性別記号との同一化」によって性自認する。これも主に「集団・同調タイプ」の幼児である。

その後、すでに性自認した幼児たちが中核となってクラス内に「男女混合集団」「女児集団」あるいは「男児集団」が形成される。こうした集団に属する幼児が「女の子／男の子」という言葉や「女言葉／男言葉」等を発するようになったり、異性を排除したりするようになると、それまで性自認していなかった幼児たちが一斉に性自認する。これは「集団」「中間」「個人」の中の保育者とのコミュニケーションが多い幼児、「中間」「個人」（および「集団」）の中の保育者に対して「非服従的」な幼児、および「依存的」な幼児である。これらの幼児は主に「同性集団との同一化」あるいは「異性集団との補完的同一化」によって性自認をする。なお、「同性集団との同一化」をするのは、そのときにクラスで主導権を握っている性に属する幼児、そして「異性集団との補完的同一化」をするのは、その反対の性に属する幼児である。

以上がモデルについての簡潔な説明である。それでは以下に、より詳細な説明をしていく。まず、幼稚園３歳児クラスが始まった時点で、主に「集団・同調タイプ」に属する数名の幼児がすでに性自認をしていた。これはクラス全体から見るとごく少数であった。これらの幼児は幼稚園入園時にはすでに性自認していたことから、「同性の親・きょうだいとの同一化」「異性の親・きょうだいとの補完的同一化」によって性自認したことが推察された。これらの幼児は、クラス全体の中では第１期に性自認した幼児であった。この時点ではクラスには集団は形成されていなかった。

次に性自認したのはやはり主に「集団・同調タイプ」の幼児であった。これらの幼児は３歳児クラスにおける「保育者との相互行為」、特に保育者による「実験」の結果、「性別カテゴリーとの同一化」あるいは「性別記号との同一化」によって性自認した。その際、保育者は幼児に対して、男女間の「順番」「言葉遣い」「価値」「選択肢」の非対称性を提示していた。これらの幼児は、クラス全体の中では第２期に性自認した幼児であった。こうしてクラス内に性自認した幼児が増加してくるのに比例して、あるいは何らかの出来事がきっかけとなって、男女混合集団・女児集団・男児集団が形成されていった。

このようにしてクラス内に集団が形成されると、それまでに性自認していなかった幼児が一斉に性自認した。しかし、「それまでに性自認していなかった幼児」の中にも早い遅いが見られた。集団ができて間もない時期に先に性自認したのは、「集団・同調タイプ」「集団・反抗タイプ」「中間（集）・同調タイプ」「個人·同調タイプ」「個人·非分離タイプ」の幼児で、すなわち「集団」「中間」「個人」の中の保育者とのコミュニケーションが多い幼児たちであった。これらの幼児たちは、主に「幼児同士の相互行為」の結果として、「同性集団との同一化」あるいは「異性集団との補完的同一化」によって性自認していた。

なお、「同性集団との同一化」による性自認をしたのは、その時点でクラスの中で主導権を握っていた性別集団（女児集団あるいは男児集団）と同性の幼児であった。一方、「異性集団との補完的同一化」による性自認をしたのは、その時点でクラスの中で主導権を握っていた性別集団と異なる性の幼児であった。また、この時期に性自認した幼児はこれと同時に、「保育者との相互行為」の影響を受けたことによる「性別カテゴリーとの同一化」あるいは「性別記号との同一化」による性自認をしていた。このように、性自認時期には男女差はないが、性別集団という視点から見ると、性自認のメカニズムには男女による違い（男女間の非対称性）が見られた。例えば、クラス内で女児集団が主導権を握っているクラスにおいて、それまで性自認していなかった女児は「同性集団との同一化」によって性自認することになるのに対し、男児は「異性集団との補完的同一化」によって性自認することになる。この意味においては、男女間で性自認メカニズムが異なるといえるだろう。

以上のように、この時期に性自認した幼児は、「幼児同士の相互行為」および「保育者との相互行為」の影響をいずれも受けており、両者の相互作用の結果として性自認した可能性が推察される。これらの幼児は、クラス全体の中では第３期に性自認した幼児であった。

こうして第３期に性自認した幼児たちをも取り込んで、より大きく、なおかつ強固になった幼児集団が形成されてからやっと残りの幼児たちが性自認した。この時期に性自認したのは、「集団･同調タイプ」「中間（個）･反抗タイプ」「中間（個）･没交渉タイプ」「個人･非分離タイプ」「個人･反抗タイプ」「個人･没交渉タイプ」の幼児で、すなわち「中間」「個人」（および「集団」）の中の保育者に対して「非服従的」な幼児、および「依存的」な幼児たちであった。これらの幼児たちは、第３期の幼児たちと同様、「幼児同士の相互行為」および「保育者との相互行為」の相互作用の結果として性自認した可能性が推察される。しかし、第２期までの場合とは異なり、「保育者との相互行為」の影響よりも「幼児同士の相互行為」の影響を強く受けていたことが推察された。これらの幼児は、クラス全体の中では第４期および第５期に性自認した幼児であった。

なお、10月になっても性自認していなかったのは、特殊な理由（障害がある、独自の男女観（「３歳は小さいため女の子であるが４歳になると男の子になる」を持っている）がある幼児か、「他者とのコミュニケーションを必要としていない」「極端に保育者に反抗的である」という傾向を持っている幼児であった。

以上のように、幼稚園３歳児クラスにおける性自認のメカニズムは、そのクラスの中の集団形成の時期および形態との強い関連が見られた。図７－１には記されていないが、X組の多くの幼児は、性別に関して保育者に地道に教え込まれていたにもかかわらず性自認した時期は全体的に遅かった。それでも、女児集団が形成されるとそれまで性自認していなかった幼児が一斉に性自認した。一方、Ｙ組は保育者が幼児に教え込むことはほとんど見られなかったにもかかわらず、男児集団ができると一斉に性自認した。Ｙ組はほとんどの幼児が性自認したのが５月であり、Ｘ組は７月であった。この時期の差は、クラス内に男児集団（Ｙ組）および女児集団（Ｘ組）が形成された時期と一致していた。以上により、幼稚園３歳児クラス集団における性自認に最も大きな影響を与えていたのは「性別集団形成」による影響であったと考えられる。

最後に、これらのほかに、事例は多くはないが「異性集団との同一化」というメカニズムも確認された。

第３節 —— 考察

本節においては、前節までの知見と性自認のメカニズムのモデルをふまえ、最終的な考察を行う。まず、ここまでの結果をふまえ、幼稚園３歳児クラスにおける性自認のメカニズムをより詳細に考察する。

１．第１期に性自認した幼児

まず第１期に性自認した幼児について見てみよう。この時期の幼児は、「同性の親・きょうだいとの同一化」による性自認、あるいは「異性の親・きょうだいとの補完的同一化」による性自認をしていたと推察された。この時期に性自認したのは「集団・同調タイプ」の幼児が４名、「中間（集）・同調タイプ」が１名、「個人・非分離タイプ」が１名であった。このうち、「中間（集）・同調タイプ」は「集団・同調タイプ」と重なる部分が多いため、実質的には「集団･同調タイプ」が５名、「個人･非分離タイプ」が１名であり、大半が「集団･同調タイプ」であった。

このタイプは「周囲の人とコミュニケーションを取る必要性」を認識しており、なおかつ「大人等の権力を持った者に対して服従」する傾向にあると考えられる。これらの幼児は、家庭において親・きょうだいとつつがなくコミュニケーションを取り、生き抜いていくために「女の子／男の子」という言葉を認識していることが必要で、そのような環境に身を置いていたために、幼稚園入園前に性自認していたのではないだろうか。そして、周囲の大人や幼児とコミュニケーションを取る必要性を感じていたため、幼稚園においても集団で遊ぶ傾向および保育者に同調する傾向が見られたのではないだろうか。

なお、この時期に性自認した幼児は、ほぼ全員が入園時から文字の読み書きができていた。しかし幼児たちに尋ねると、大半の幼児が「教えてもらったのではない。自分で自然に覚えたのだ」と答えた。このことから、第１期に性自認した幼児は、幼児が自分で文字を覚えるような環境を用意している教育熱心な家庭で育った幼児であるということが推察された。

２．第２期に性自認した幼児

次に第２期に性自認した幼児について見てみる。この時期の幼児は「性別カテゴリーとの同一化」による性自認、「性別記号との同一化」による性自認をしていたと推察された。この時期に性自認したのは「集団・同調タイプ」の幼児が２名、「中間（集）・反抗タイプ」が１名、「中間（個）・同調タイプ」が１名であった。

「集団・同調タイプ」の幼児については、家庭内で性自認していなかった幼児がこの時期に性自認した。次に、「中間（集）・反抗タイプ」であるが、「反抗」は保育者への執着の裏返しの場合も考えられ、この時期に性自認した幼児はこれに該当していたと考えられる。そして、「中間（個）・同調タイプ」であるが、これは「個人で遊ぶ傾向」にある幼児の中でも保育者に同調的な幼児は性自認が相対的に早いということではないだろうか。いずれのタイプも保育者とのコミュニケーションが多く、「中間（集）・反抗タイプ」の１名を除いて全員が保育者に同調的であった。

第２期で性自認した幼児にとって、幼児同士の集団ができるまでの保育者・幼児との関係は、クラスで生きていくうえで重要である。そのため、保育者に同調的な幼児にとっては、保育者の指示に従えるようになる必要性が極度に高まる。一方で、保育者は指示を出す際に「女の子／男の子」という言葉を多用するため、これらのタイプの幼児は「女の子／男の子」という言葉をより早く認識することが必要になる。その結果、保育者の指示に対する吸収が早くなり、「実験」等の効果が出るのも早い。そのため性自認するのも早かったのではないだろうか。

3．第3期に性自認した幼児

続いて第3期に性自認した幼児について見てみよう。この時期の幼児は「同性集団との同一化」による性自認、「異性集団との補完的同一化」による性自認、「性別カテゴリーとの同一化」による性自認、「性別記号との同一化」による性自認をしていたと推察された。この時期に性自認したのは「集団･同調タイプ」の幼児が2名、「集団･反抗タイプ」が1名、「中間（集)･同調タイプ」が1名、「個人・同調タイプ」が1名、「個人・非分離タイプ」が1名であった。「集団・同調タイプ」「集団・反抗タイプ」「中間（集）・同調タイプ」はいずれも集団で遊ぶタイプであったが、この時期の「集団・反抗タイプ」は、仲間と関係を持つことは望んでいたが、保育者と関係を持つことは望んでいないようであった。このタイプを除くとすべて「同調」か「非分離」タイプであった。

この時期の幼児は、「集団で遊ぶ傾向」の中で性自認が相対的に遅い幼児と「個人で遊ぶ傾向」の中で性自認が相対的に早い幼児が混在していた。そして、この時期は集団が形成されはじめた時期であり、その影響と保育者による「実験」の影響との相互作用により性自認に結びついたのではないだろうか。

4．第4・5期に性自認した幼児

最後に、第4・5期に性自認した幼児について見てみよう。この時期の幼児は、第3期と同様、「同性集団との同一化」による性自認、「異性集団との補完的同一化」による性自認、「性別カテゴリーとの同一化」による性自認、「性別記号との同一化」による性自認をしていたと推察された。

この時期に性自認したのは「集団･同調タイプ」の幼児が1名、「中間（個)･

反抗タイプ」が3名、「中間（個）・没交渉タイプ」が1名、「個人・非分離タイプ」が2名、「個人・反抗タイプ」が1名、「個人・没交渉タイプ」が4名であった。「中間（個）・反抗タイプ」の3名、「中間（個）・没交渉タイプ」の1名はいずれも「個人で遊ぶ傾向」が強かったため、「個人·反抗タイプ」「個人·没交渉タイプ」と統合すると、「集団・同調タイプ」が1名、「個人・非分離タイプ」が2名、「個人・反抗タイプ」が4名、「個人・没交渉タイプ」が5名となる。このうち、「個人・非分離タイプ」は、「女の子／男の子」という言葉を認識していなくても、無条件に何も考えず保育者にくっついていればクラスの中で生きていけるというスタイルを確立したため、性自認が遅かったのではないだろうか。

そして、「個人・反抗タイプ」および「個人・没交渉タイプ」はいずれも1人でも遊べるタイプであり、自分の世界を持ち、他者と群れる必要や保育者とかかわらなくても生きていけるため、3歳児クラス集団の中に属してはいるが、自分が生きているのは1人の世界である。また、保育者やクラスで主導権を握っている幼児が「女の子／男の子」という言葉を使用して指示を出したり、力を振るったりするようなことがあっても関係がない。したがって、最も「女の子／男の子」という言葉を認識している必要性が低いため、性自認が遅かったのではないだろうか。

以上のように、性自認時期が早かった幼児は、集団の中で生きるうえで性自認している必要性が高かったため早く性自認をし、性自認時期が遅かった幼児は、集団の中で生きるうえで性自認している必要性が低かったため性自認が遅かったと考えられる。

第8章

相互行為場面に現れた「男女間の権力関係の非対称性形成過程」

本章では、幼稚園３歳児クラスにおける相互行為場面に現れた「男女間の権力関係の非対称性形成過程」を明らかにしていく。第１節で本章の課題構成を述べた後、第２節で検証を行い、第３節においてまとめと考察を行う。

第１節 —— 課題構成

本章は「幼稚園３歳児クラスにおける相互行為場面に現れた『男女間の権力関係の非対称性形成過程』を明らかにする」という問いをＭＱとしている。そこで、本章の課題を図８－１のように設定し、以降はこれに沿ってＭＱとＳＱについて論じる。

ＭＱを明らかにするためにはいくつかの方法が考えられるが、その中の１つとして、①保育者との相互行為場面、②幼児同士の相互行為場面に分けて、そこで現れた「男女間の権力関係の非対称性形成過程」について分析していき、最後に統合するという方法が有効であると考える。したがって、本章では「Ｓ

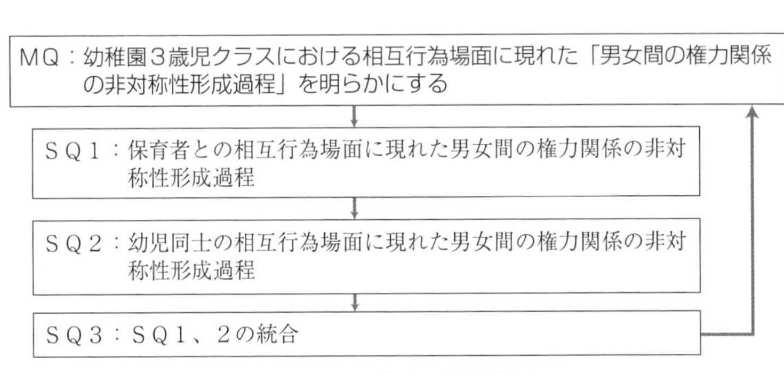

図８－１　本章の課題構成

Ｑ１：保育者との相互行為場面に現れた男女間の権力関係の非対称性形成過程」について分析した後、「ＳＱ２：幼児同士の相互行為場面に現れた男女間の権力関係の非対称性形成過程」について分析し、そのうえで「ＳＱ３：ＳＱ１、２の統合」を行うことによってＭＱを明らかにする。

以上をふまえ、①保育者との相互行為場面の中で男女間の差異が提示されていたと考えられる事例をピックアップし、時系列に並べて傾向を見た。②①でピックアップした事例の内容分析を行い、その性質を調べた（権力関係の非対称性が含まれているか否か）。③幼児同士の相互行為場面について①と同様の作業をした。④幼児同士の相互行為場面について②と同様の作業をした。⑤②と④の結果を統合し、両者の関係を分析した。

なお、本章はこれまでの章で扱ったものと同じ時期の出来事を異なる視点から分析するものである。そのため、これまでの章で扱ったものと同じ事例をいくつか分析対象として再掲することをあらかじめ述べておきたい。また、本章における事例の分析において筆者が「権力関係の非対称性」であるという解釈をしているものでも、他の解釈の可能性もあり得るということを述べておく。

第２節 —— 結果

１．保育者との相互行為場面に現れた「男女間の権力関係の非対称性形成過程」（ＳＱ１）

表８－１は保育者との相互行為場面に現れた男女間の差異の種類を時系列で見るために作成したものである。表側に観察日、表頭にクラス名を配し、該当する欄にその種類を記している。

まずＸ組について見てみると、「持ち物分類」の差異、「順番」の差異、「服装」という「性別記号」の差異、「身体」の差異といった４種類の差異が提示されていた。一方、Ｙ組について見てみると、「順番」の差異、「言葉遣い」の差異、（「かっこいい／かわいい」という）「価値」の差異、「色」の差異、「選択肢」の差異といった５種類の差異が提示されていた。

２クラス合わせて見ると、①「持ち物分類」の差異、②「順番」の差異、③

表８－１　保育者との相互行為に現れた男女間の差異の種類

年	月	日	X組	Y組
2005年	4	8	「持ち物分類」の差異	
		11		
		12		
		18	「持ち物分類」の差異	
		19		
		20	「順番」の差異	
		25	「順番」の差異	
		26		「順番」の差異
	5	2		
		9	「順番」の差異	
		10		「順番」の差異
		16		
		17		
		24		「言葉遣い」の差異
		26	「服装」という「性別記号」の差異	
		31		
	6	1		
		6	「順番」の差異	
		7		
		13		
		14		
		20	「身体」の差異	
		21		
		26		
		27	「順番」の差異	
		28		「価値」の差異、「色」の差異
				「選択肢」の差異
	7	4		
		11		

「服装」という「性別記号」の差異、④「身体」の差異、⑤「言葉遣い」の差異、⑥（「かっこいい／かわいい」という）「価値」の差異、⑦「色」の差異、⑧「選択肢」の差異という８種類の差異が提示されていたことが明らかになった。以下にそれぞれに該当する事例を見ていこう。

1―1　「持ち物分類」の差異

＜X組：４月８日＞
　保育室に入ってきた女児が上履き入れの袋をどこに置けばよいのかわからず迷っていた。それを見た補助の保育者が男女別に分かれている箱を指さして「女の子こっちに入れるんだよー」と言い、赤い木箱に入れさせた。

＜X組：４月18日＞
　保育室には、上履き入れと布バッグ入れがそれぞれ男女別に置いてあった。そこに入ってきたアミを見た補助の保育者が「女の子はこっち」と言って、布バッグを赤い木箱に入れさせた。

　これらの事例は、いずれも女児と男児では「上履き入れ」「布バッグ」といった「持ち物」を収納する場所が異なるということを示していた。この事例では女児の「赤い木箱」のみが登場しているが、男児は「青い木箱」であり、場所の違いと同時に「女児は赤、男児は青」といった色の違いも提示されていた。

1―2　「順番」の差異

＜X組：４月20日＞**【再掲】**
　保育者主導で、X組全員で園庭に遊びに行ったが、雨が降ってきたため早めに保育室に戻ることになった。保育者が雨の当たらない場所にござを敷き、幼児たちは全員ござの上の好きな場所に座った。そこで、
　保育者：「男の子先に戻るよ。女の子座って待っててね」
　と言うと、レン・シンが立ち上がって下駄箱へ行った。
　他の男児たち：「……」
　他の男児たちはそのまま座っていたため、
　保育者：「ヨウくんどうぞ。タクちゃんどうぞ……」
　と１人ずつ男児の名前を呼び、下駄箱へ行かせた。男児を全員保育室に戻した後、
　保育者：「Xさんの女の子お待たせ」

と言うと、サエ・ナツが立ち上がって下駄箱へ行った。
他の女児たち：「……」
他の女児たちはそのまま座っていたため、
保育者：「リオちゃんどうぞ。アミちゃんどうぞ……」
と１人ずつ女児の名前を呼び、下駄箱へ行かせた。

<Ｘ組：４月25日>
園庭で遊んだ帰り、４月20日と同じ場所に保育者がござを敷き、その上に幼児たちが座っていた。このときすでにジンとヨウは先に保育室へ戻っていてその場にはいなかった。保育者は園児を保育室に戻すため、
保育者：「女の子先に入ってー」
と言ったが誰も動かなかったため、
保育者：「アミちゃん、ミカちゃん……」
と１人ずつ女児の名前を呼び、下駄箱へ行かせた。女児を全員保育室に戻した後、
保育者：「じゃあ、男の子入ってー」
と言ったが誰も動かなかったため、
保育者：「トモちゃんどうぞ。レンちゃんどうぞ……」
と１人ずつ男児の名前を呼び、下駄箱へ行かせた。

<Ｘ組：５月９日>
園庭で遊んだ帰り、４月20日、25日と同じ場所に保育者がござを敷き、その上に幼児たちが座っていた。その際、レイはまだござの所に戻ってきていなかった。保育者は園児を保育室に戻すため、「女の子どうぞ」と言うと、リオ・サエ・アミは即座に立ち上がって下駄箱の所へ行ったが、ナツ・ミカ・サトは下駄箱へは行かずに座ったままだった。
また、ジン・ヨウが一緒に立ち上がって下駄箱の方に向かったため、補助の保育者がジンとヨウをつかまえ、「呼ばれた？　ジンちゃんとヨウくんＴ先生に呼ばれたかな？　男の子って」と言って、ジンとヨウはござに戻された。

＜X組：６月６日＞【再掲】

おかえりの時間に、

保育者：「じゃあ、おかえりの支度をします。女の子どうぞ」

と言うと、ナツ・リオ・レイ・サエ・アミが準備を始めた。すると、

ダ　イ：「ダイちゃん女～！」

と言ってダイが準備を始めようとしたため、

保育者：「違う、ダイちゃんは男の子!!　では、男の子どうぞ」

と言った。するとタクが保育者を見たため、保育者はタクに向かって、

保育者：「いいよ」

と言い、タクが立ち上がった。次に保育者は座っているジンに向かって、

保育者：「ジンちゃんもおいで」

と言ったが、ジンは動かなかった。トモ・シン・ヨウは、ベランダで遊んでいて保育者の指示を聞いていなかった。

＜X組：６月27日＞【再掲】

帰る直前に、

保育者：「男の子、先生と（手を）パッチンするよ」

と言うと、レンが真っ先に保育者のところへ行ったが、後は誰も行かなかったため、

保育者：「あれ？　あと男の子は？　じゃあ、女の子」

と言うと、サエ・レイ・ナツが保育者のところへ行った。さらに、しばらくしてアミがニコニコしながら保育者のところへ行った。

保育者：「男の子、２回目どうぞ」

と言うと、シン・ダイが保育者の所へ行った。そして保育者は、

保育者：「タクちゃんおいで。タクちゃんは、オ・ト・コ・ノ・コだよ」

とタクを呼び、次にヨウ・トモにも同様に言った。そしてサトを呼び、

保育者：「サトちゃん。オ・ン・ナ・ノ・コだよ」

と言った。

＜Ｙ組：４月26日＞【再掲】
　トイレに行くときに、
　保育者：「じゃあ、今日は女の子来てください」
　と言ったところ、
　ミ　ト：「はーい」
　と言ってミトが１人だけ並んだ。それを見て、
　ケ　ン：「ケンちゃんも女の子」
　と言いながらケンがミトの後ろに並んだ。すると、それに続いてナオ・レオ・ビン・ユズ・フミも並んだ。そして、
　保育者：「じゃあ、男の子」
　と言うと、ダン・キラが並び、その後ろにハナとリツが並んだ（ハナとリツは、ただトイレに行くために並んだように見えた）。

＜Ｙ組：５月10日＞【再掲】
　おかえりの時間に、
　保育者：「女の子、おかばんを取りに行ってください」
　と言うと、マリ・ミト・ユキが立ち上がって取りに行った。次に、
　保育者：「じゃあ、男の子取りに行ってください」
　ビ　ン：「はーい！」
　と言って取りに行ったが、ダンは無言で取りに行った。他の幼児は立たなかった。
　保育者：「取りに行ってね。ハナちゃん。ハナちゃんは男の子？」
　ハ　ナ：「うん！」
　保育者：「じゃあ、男の子のハナちゃん、取りに行ってください」
　保育者：（筆者に向かって）「ハナちゃん男の子です（笑）」

　これらの事例は、いずれも「女の子が先、男の子が後」あるいは「男の子が先、女の子が後」というように、男女間で順番に違いがあることを提示していた。ただし、女児が先のこともあれば男児が先のこともあり、どちらが先であるかは固定的ではなかった。また、これは潜在的には女児と男児は別々に行動するものであるというメッセージを送っていると考えられる。

1－3　「服装」という「性別記号」の差異

＜X組：５月26日＞【再掲】
　健康診断があるため、幼児の上半身の服を脱がせようとする場面で（幼児を半円状に集め、その中心に保育者がいるという状態）、
　保育者：「女の子はスカートはいたままでいいし、男の子はズボンはいたまんま。
　　　　　女の子、スカートの吊りをおろしてごらん」
　と言うと、ミカ以外すぐ反応した。

　この事例は、「スカートをはいているのは女の子」「ズボンをはいているのは男の子」という違いがあることを提示していた。Ｂ幼稚園は、男児はズボン、女児はスカートという制服であることから、この差異の提示は幼児にとって視覚的に分類しやすい手がかりとなったことが予想される。

1－4　「身体」の差異

＜X組：６月20日＞
　おかえりの時間にすべての幼児が保育者の前に座り、保育者が絵本の読み聞かせをしていたとき、ダイが本の中の人物について、「（その人）ちんちんあるー？」と聞いたのに対し、保育者は「あるかも、男の子は」と答えた。

　この事例は、「ちんちんがあるのは男の子である」ということを提示していた。この裏には「ちんちんがないのは男の子ではない」というメッセージが含まれており、「ちんちんがない存在」が想定されていると考えられる。したがって、この社会には「男の子」と「女の子」しか存在しないという認識を持っている幼児にとっては、この保育者の発言は、「ちんちんがあるのは男の子であり、ないのは女の子である」というメッセージとして提示されたものと考えられる。

1—5 「言葉遣い」の差異

＜Ｙ組：５月24日＞
　おかえりの時間に、全員が集まっている場所で手遊びが行われた。Ｙ組の幼児同士がぶつかるという設定の場面で、ミトに見立てた右手の人差し指とフミに見立てた左手の人差し指を衝突させて、
　保育者：「ミトちゃん、痛いわ。フミちゃん、痛いわ」
　同様に、マリとミチについても、
　保育者：「マリちゃん、痛いわよー。ミチちゃん、痛いわよー」
　そして、ナオとタツについても、
　保育者：「ナオくん、痛いじゃないかー！　タツくん、痛いじゃないかー！」
　最後に、タカとユキについて、
　保育者：「（タカの声として）痛いよ。（ユキの声として）あたしも痛いよー」

　この事例では、保育者によって、女児と男児では言葉遣いが異なるということが明確に提示されていた。女児には名前の後に「ちゃん」をつけ、語尾を「～わ／～わよ／～よ」とし、「あたし」という自称を使用していた。一方、男児には名前の後に「くん」をつけ、「～じゃないかー！」という語尾を使用していた。ストーリーの文脈は男女で同じであるにもかかわらず、言葉遣いは男女で異なるものが提示されていた。

1—6 （「かっこいい／かわいい」という）「価値」の差異、「色」の差異

＜Ｙ組：６月28日＞【再掲】
　６月生まれの幼児の誕生会での出来事。幼児全員が保育室の中央に集まり、その前には６月生まれのミト・リツ・ユズが座っていた。保育者は同じ色・形の冠をミト・リツ・ユズにかぶせながら、まずミトに対し、
　保育者：「ミト姫に変身です」
　次にリツに対し、
　保育者：「リツ王子さま、かっこいい！」
　そしてユズに対し、
　保育者：「おっ！　ユズ姫に変身です。かわいい！」

と言った。そしてミトとユズには赤い包装紙、リツには青い包装紙のプレゼントを渡した。

この事例では、女児である（この時点で保育者がそう認識していた）ミトとユズに対しては「かわいい」、男児であるリツには「かっこいい」と言い、「女児にはかわいい／男児にはかっこいい」が使用されることを示していた。また、女児には「姫」、男児には「王子」と言っていた。さらに、女児には「赤」、男児には「青」の包装紙のプレゼントを渡しており、色についても男女で異なることを示していた。

1―7 「選択肢」の差異

＜Y組：６月28日＞

マジレンジャーごっこをしていた男児たちを見て、ミチがうすいピンク色のマントをつけてダンの近くに行った。すると、ダンが「あっ、それ女つけないんだよ！」と言ったため保育者が、

保育者：「なんで？　いいじゃん。じゃあ、男の子はダメって言われたらどうする？　嫌でしょ？」

ダ　ン：「うん」

保育者：「マジレンジャーごっこじゃないかもしれないしさ。みんながやってるのを見てステキだなぁって思ったんじゃない？」

この事例は、マジレンジャーごっこをしていいのは「男の子」であって、「女の子」はマジレンジャーごっこをしてはいけないという、選択肢に関する「男＞女」という構造が提示されていた。「マジレンジャーごっこじゃないかもしれないしさ」という発言は、保育者としては女児をかばうつもりであったかもしれないが、結果的に「男＞女」という構造を強化していた。

2．幼児同士の相互行為場面に現れた男女間の権力関係の非対称性形成過程（ＳＱ２）

表８－２は表８－１と同様の方法で、幼児同士の相互行為場面に現れた男女間の差異の種類を時系列で見るために作成したものである。

まずＸ組について見てみると、「服装」という「性別記号」の差異、「参加・不参加」の差異といった２種類の差異が提示されていた。一方、Ｙ組について見てみると、「意志決定」の差異、「空間配置」の差異といった２種類の差異が

表８－２　幼児同士の相互行為場面に現れた男女間の差異の種類

<table>
<tr><th>年</th><th>月</th><th>日</th><th>Ｘ組</th><th>Ｙ組</th></tr>
<tr><td rowspan="34">2005年</td><td rowspan="8">4</td><td>8</td><td></td><td></td></tr>
<tr><td>11</td><td></td><td></td></tr>
<tr><td>12</td><td></td><td></td></tr>
<tr><td>18</td><td></td><td></td></tr>
<tr><td>19</td><td></td><td></td></tr>
<tr><td>20</td><td></td><td></td></tr>
<tr><td>25</td><td></td><td></td></tr>
<tr><td>26</td><td></td><td></td></tr>
<tr><td rowspan="9">5</td><td>2</td><td></td><td></td></tr>
<tr><td>9</td><td></td><td></td></tr>
<tr><td>10</td><td></td><td></td></tr>
<tr><td>16</td><td></td><td></td></tr>
<tr><td>17</td><td></td><td></td></tr>
<tr><td rowspan="2">24</td><td></td><td>「意志決定」の差異</td></tr>
<tr><td></td><td>「意志決定」の差異</td></tr>
<tr><td>26</td><td></td><td></td></tr>
<tr><td>31</td><td></td><td></td></tr>
<tr><td rowspan="11">6</td><td>1</td><td></td><td></td></tr>
<tr><td>6</td><td></td><td></td></tr>
<tr><td>7</td><td></td><td></td></tr>
<tr><td>13</td><td></td><td></td></tr>
<tr><td>14</td><td></td><td></td></tr>
<tr><td>20</td><td></td><td></td></tr>
<tr><td>21</td><td></td><td></td></tr>
<tr><td>26</td><td></td><td></td></tr>
<tr><td rowspan="2">27</td><td>「服装」という「性別記号」の差異</td><td></td></tr>
<tr><td>「参加・不参加」の差異</td><td></td></tr>
<tr><td>28</td><td></td><td rowspan="3">「空間配置」の差異</td></tr>
<tr><td rowspan="2">7</td><td>4</td><td></td></tr>
<tr><td>11</td><td></td></tr>
</table>

提示されていた。

２クラス合わせて見ると、①「服装」という「性別記号」の差異、②「参加・不参加」の差異、③「意志決定」の差異、④「空間配置」の差異という４種類の差異が提示されていたことが明らかになった。以下にそれぞれに該当する事例を見ていく。

2－1 「服装」という「性別記号」の差異

＜X組：６月27日＞【再掲】

この日から水遊びが始まった。幼児たちは水着に着替えるため、保育室の真ん中に半円状にいすを並べ、各自自分のいすのところおよび真ん中の空間で着替えをしていた。半円状のため、他の幼児が着替えているのを全員が見ざるを得ない空間配置になっていた。水着は幼稚園指定のものではなく、各自異なる水着を着ていた。しかし、男児の水着は概してズボンだけの形であり、女児の水着は上半身が隠れる形で、なおかつほとんどが腰の辺りにひらひらしたスカートがついていた。幼児の着替えがおおかた終わったところでサエが“女の子の水着には共通してひらひらしたスカートがついている”ということに気づき、自分の水着のスカートを持ちながら「女の子はかわいい、コレだねー」と言った。するとアミが、「見てー、かわいいでしょ」と言いながら真ん中の空間に出てみんなに自分の水着を見せた。そしてサエもアミに続くように、「見てー、スカートついてるー」と言いながら真ん中の空間に出て自分の水着を見せた。すると、この一連の出来事を見ていたミカ、レイ、サトも真ん中に出てきて水着を見せ合いはじめた。皆ファッションショーのようにくるくると回ったりしていた。男児は誰一人としてこれに加わらなかった。

この事例では、「女の子の水着には共通してひらひらしたスカートがついている」ということが提示されていた。このことは同時に、ひらひらしたスカートがついていない水着を着ている者は「女の子」ではないということをも提示していた。その意味で、男女で水着の形態が異なるということが視覚的にも提示されていた。

2—2　「参加・不参加」の差異

<Ｘ組：６月27日>【再掲】

保育室の中心付近でキャンプごっこが始まった。

サ　エ：「キャンプ行こう！」

ア　ミ：「うん！」

サ　エ：「今日は女の子だけで行こうねー」

ア　ミ：「うん、女の子だけね」

ダ　イ：「ダイも！」

サ　エ：「だめ！！」

ダ　イ：「ダイも行きたい！」

サ　エ：「だめ！　今日は女の子だけ！」

サエ・アミ：「今日は女の子だけだからダイちゃんはだめ！！」

筆　者：「ダイちゃんは女の子？」

ダイは首を横にふる。

サ　エ：「ダイちゃんは男の子だから男の子の方に行くんだよ」

筆　者：「ダイちゃんは女の子？」

ダ　イ：「……？？　ダイも行きたいー！」

サエ・アミ：「だめ！　女の子だけだから、今日は」

サ　エ：「明日はどうする？　明日はダイちゃんも連れてってあげようか？」

ア　ミ：「うん」

サ　エ：「明日は連れてってあげるから、ダイちゃん」

ダ　イ：「うん！」（うれしそう）

しかし、なぜかジンは当たり前のようにキャンプに入って、アミと話をしていた。それを見て、

ダ　イ：「いーれーて！」

ナ　ツ：「ダイちゃんはだめ！」

サエ・アミ：「明日だけはダイちゃん入れてあげようね」

そこにミカがふらふらとやってきた。

サ　エ：「ミカちゃんもだめ！」

ダイはあきらめて筆者のところに来て腕の辺りを「トントン」と叩いた。それを見た保育者に「ダイちゃん、ダイちゃん、乱暴にしない」と言われ、ダイは手を止めて筆者のそばを離れた。筆者はサエに聞いた。

筆　者：「ジンくんは男の子でも（キャンプに入って）いいの？」
サ　エ：「うん」（照れた感じで控えめに言う）

この事例では、「女の子はキャンプに参加してよいが、男の子は参加してはならない」という「女＞男」という構造が提示されていた。

2－3　「意志決定」の差異

＜Y組：５月24日＞【再掲】
保育室ではお昼ご飯を食べる準備が始まろうとしており、保育者が「お昼ご飯の前にトイレ行ってないね。みんな行こう」と言って保育室の出口にみんなを呼んだ。
そして、「ドア開くかな？　魔法かけてみようか。ちちんぷいぷい…えいっ！　開かないなぁ…」と、保育者がマジレンジャーのまねをしていると、ミチが「ちちんぷいぷいぱぴぷぺぽいぽい！」と言った。それに対して保育者が、「先生にも教えてー！　ちちんぷいぷいぱぴぷぺぽい？」と言うと、ダンが「違いますけど！」、ビンも「間違いですけど！」と言ってミチの胸元を押した。ミチは半べそになって黙ってしまった。

＜Y組：５月24日＞
おかえりの時間に、保育者が読む紙芝居を見るため、クラス全員が保育室の中心部に集まっていた。紙芝居が終わるとフミが、「またこれがいい！」と言った。そこで保育者が、「じゃあ、またこれ読む？」と言うと、フミは「うん」とうなずいた。
しかしダンが大きな声で、「読まなーい！　おばけがいー！」と言った。すると保育者は、「また明日紙芝居探してくるね」と言った。

これら２つの事例は、いずれも女児の発言が男児によって否定され、最終的に、否定した男児の発言が通っていた。この意味で「意志決定」に関して「男＞女」という構造が提示されていた。

２－４　「空間配置」の差異

<Ｙ組：６月28日頃>

この時期の集団の形態を見てみると、男児内分化が見られはじめたものの、依然としてマジレンジャーごっこの集団はＹ組において最も大きな力を持ち、中心に位置していた。保育室の３分の２がマジレンジャーごっこをしている男児によって占拠され、その残りの周辺部で他の幼児が遊んでいた。また、おかえりの時間に保育者が本や紙芝居を読む際にそれぞれが自由に座る場所は、男児が前、女児が後ろというように自然に分かれて座っている様子が観察された。

この事例では、「男児が中心、女児が周辺」「男児が前、女児が後ろ」という、いずれも「男＞女」という構造となっていた。

３．ＳＱ１、２の統合（ＳＱ３）

ここまで「保育者との相互行為」「幼児同士の相互行為」に分けて分析してきたが、では「３歳児クラスにおける相互行為」という視点から見るとどのようになっているのだろうか。これについて見るために作成したのが表８－３である。表８－３は表８－１と表８－２を統合したもので、網かけをしている箇所が表８－２の内容である。

表８－３について見てみるといくつかのことがわかる。第１に、３歳児クラスにおける相互行為においては、①「持ち物分類」の差異、②「順番」の差異、③「服装」という「性別記号」の差異、④「身体」の差異、⑤「言葉遣い」の差異、⑥（「かっこいい／かわいい」という）「価値」の差異、⑦「色」の差異、⑧「選択肢」の差異、⑨「参加・不参加」の差異、⑩「意志決定」の差異、⑪「空間配置」の差異といった11種類の差異が提示されていたことが明らかになった。

第２に、保育者との相互行為において提示された男女間の差異の方が、幼児同士の相互行為において提示された差異よりも圧倒的に多かった。

第３に、保育者との相互行為においては４月８日から男女間の差異が提示されていたが、幼児同士の相互行為において差異が提示されたのは５月24日からであった。なお、Ｘ組においては６月27日に女児集団が、Ｙ組においては５月

表８－３　３歳児クラスにおける相互行為に現れた男女間の差異の種類

年	月	日	Ｘ組	Ｙ組
2005年	4	8	「持ち物分類」の差異	
		11		
		12		
		18	「持ち物分類」の差異	
		19		
		20	「順番」の差異	
		25	「順番」の差異	
		26		「順番」の差異
	5	2		
		9	「順番」の差異	
		10		「順番」の差異
		16		
		17		
		24		「言葉遣い」の差異
				「意志決定」の差異
				「意志決定」の差異
		26	「服装」という「性別記号」の差異	
		31		
	6	1		
		6	「順番」の差異	
		7		
		13		
		14		
		20	「身体」の差異	
		21		
		26		
		27	「順番」の差異	
			「服装」という「性別記号」の差異	
			「参加・不参加」の差異	
		28		「価値」の差異、「色」の差異
				「選択肢」の差異
				「空間配置」の差異
	7	4		
		11		

10日に男児集団が形成されていた。Ｘ組・Ｙ組ともにクラス内に男女いずれかの同性集団が形成された後に、男女間の差異が提示されていたという結果となった。

第３節 —— まとめと考察

以上の結果をもとに、以下に考察を行う。まず第１に、第２節第３項では、３歳児クラスにおける相互行為においては11項目にわたる差異が提示されていたことが明らかになった。ここではこれらの差異の中で「男女間の権力関係の非対称性」が含まれているものといないものについて分類・考察していく。

まず「男女間の権力関係の非対称性」が含まれているものとしては、⑧「選択肢」の差異、⑨「参加・不参加」の差異、⑩「意志決定」の差異、⑪「空間配置」の差異が挙げられる。この４つの差異のうち、⑧以外はいずれも幼児同士の相互行為場面において現れていた。一方、「男女間の権力関係の非対称性」が含まれていないものとしては、①「持ち物分類」の差異、②「順番」の差異、③「服装」という「性別記号」の差異、④「身体」の差異、⑤「言葉遣い」の差異、⑥（「かっこいい／かわいい」という）「価値」の差異、⑦「色」の差異が挙げられる。この７つの差異のうち、③は幼児同士の相互行為場面においても現れていたが、それ以外はいずれも保育者との相互行為場面において現れていた。

このように、「男女間の権力関係の非対称性」が含まれていたのは、ほとんどが幼児同士の相互行為場面におけるものであった。それに対して保育者は「男女間の差異」を提示してはいるものの、「選択肢」の差異を除けば、そこに「男女間の権力関係の非対称性」が含まれる種類の差異を提示してはいなかった。

では、「権力関係の非対称性」が含まれているものに分類されたものについて、具体的にどのような「権力関係の非対称性」が含まれているのか検証してみよう。まず、⑧「選択肢」の差異であるが、本章で挙げた事例に即していえば、「マジレンジャーごっこをしていいのは男の子だけである」という「男＞女」という構造が含まれていた。次に、⑨「参加・不参加」の差異であるが、「キャンプに参加していいのは女の子だけである」という「女＞男」という構造が含まれていた。そして、⑩「意志決定」の差異であるが、「女の子よりも男の子の意志が採用される」という「男＞女」という構造が含まれていた。最後に、⑪「空間配置」の差異であるが、「部屋の中心部を使用するのは男の子、周辺部を使用するのは女の子」「本や紙芝居を読んでもらうときに前に座るのは男の子、後ろに座るのは女の子」という「男＞女」という構造が含まれていた。

ここでは「男＞女」という事例が3つ、「女＞男」という事例が1つとなっているが、これは前者がいずれもＹ組における事例であり、後者はＸ組における事例であることによる。なぜなら、Ｙ組は男児集団が支配的なクラスであり、反対にＸ組は女児集団が支配的なクラスであったためこのような結果になったのである。このことから、幼稚園3歳児クラスにおける幼児同士の相互行為においては、「男女間の権力関係の非対称性」を含む「男女間の差異」が提示されてはいたが、男女いずれが上に位置づけられるかについては、多分にクラス内の男女間の力関係に負うところが大きいということが推察される。したがって、幼稚園3歳児クラスにおいては、幼稚園外の社会構造に潜むような「男が上、女が下」というような固定的な構造は徹底されておらず、可変的かつ偶発的な要素を持ち合わせた状態であると考えられる。

第2に、第2節第3項において、保育者との相互行為において提示された男女間の差異の方が、幼児同士の相互行為において提示された差異よりも圧倒的に多かったことが明らかになった。これは何を示しているのだろうか。このことから考えられるのは、まず「幼稚園3歳児クラスに最初に男女間の差異を持ち込むのは保育者である」ということだろう。しかし前述のように、保育者が持ち込んだ「男女間の差異」は、「男女間の権力関係の非対称性」自体は持ち込んでいない。したがって、やがて幼児同士の相互行為において「男女間の権力関係の非対称性」が提示されるようになるまでのメカニズムは、さらに章を改めて詳細に分析する必要があると考えられるので次章の課題としたい。

ただしここで、これまでのデータをもとに1つの仮説を提示しておきたい。それは、「男女間の権力関係の非対称性」を含まない「男女間の差異」を提示され続けることによって幼児は自らの属性を意識し、やがて自らの地位を特権化するためや、他者を排除するために、保育者から教わった自らの性別カテゴリーを利用して「男女間の権力関係の非対称性」を生産するようになっていくというものである。もちろん社会の側からの同時進行的な働きかけの影響もあるだろうが、それだけではなく、幼児自身のサバイバル・ストラテジー（クラス内において自己防衛をし、生き残っていくための方略）として、「性別カテゴリー」が利用可能なツールとして選び取られている可能性があることも指摘しておきたい。

第3に、第2節第3項において、X組・Y組ともにクラス内に男女いずれかの同性集団が形成された後に、男女間の差異が提示されていたということが明らかになった。これはすなわちクラス内に男女いずれかの同性集団が形成された後に、「男女間の権力関係の非対称性」が提示されていたということである。実際に、「男女間の権力関係の非対称性」を提示した幼児は、第1～3期までに性自認した幼児であり、その内訳は、第1期から性自認していた幼児が第2期あるいは第3期に性自認した幼児を仲間にし、集団形成をした後初めて「男女間の権力関係の非対称性」を提示していた。このことから、「男女間の権力関係の非対称性」というのは、幼児同士の相互行為においては、女児集団あるいは男児集団といった男女いずれかの同性集団が形成されて初めて現れるものであるということが推察された。

以上のように、①幼稚園3歳児クラスにおいては「男＞女」という構造が固定的にはなっていないこと、②幼児はサバイバル・ストラテジーとして「性別カテゴリー」を選び取っている可能性があること、③「男女間の権力関係の非対称性」は、女児集団あるいは男児集団といった男女いずれかの同性集団が形成されて初めて現れるものであるということが推察された。

第9章

幼児の性自認メカニズムと「男女間の権力関係の非対称性形成過程」の関係

本章では、第7章における知見と第8章における知見を統合することにより、幼稚園3歳児クラスにおける性自認メカニズムと、「男女間の権力関係の非対称性形成過程」の関係を明らかにすることを目的とする。第1節ではこの関係について明らかにし、第2節ではこれをもとに考察を行う。

第1節 —— 幼稚園3歳児クラスにおける幼児の性自認メカニズムと「男女間の権力関係の非対称性形成過程」の関係

まず、第7章および第8章で明らかになったことをここで簡単に確認しておく。初めに、第7章では、①いずれのクラスでも幼稚園入園時にすでに性自認していた幼児が数名いた、②入園時に性自認をしていなかった幼児の中で対人関係が密な幼児は、保育者との相互行為を通して、「性別カテゴリーとの同一化」あるいは「性別記号との同一化」によって第2期に性自認していた、③入園時に性自認をしていなかった幼児の中で対人関係が薄い幼児は、幼児同士の相互行為を通して、「同性集団との同一化」あるいは「異性集団との補完的同一化」によって第3期以降に性自認していた、④これ以外の選択肢として「異性集団との同一化」をしている幼児も存在していたということが明らかになった。

続く第8章では、①幼稚園3歳児クラスに初めに「男女間の権力関係の非対称性を含まない差異」を持ち込んだのは保育者であった、②幼稚園3歳児クラスで初めに「男女間の権力関係の非対称性を含む差異」を持ち出したのは幼児自身であった、③②の幼児は、第1～3期までに性自認した幼児であった、④その内訳を見てみると、第1期から性自認していた幼児が第2期あるいは第3

期に性自認した幼児を仲間にし、集団形成をした後に初めて「男女間の権力関係の非対称性を含む差異」を持ち出していた、⑤幼児が「男女間の権力関係の非対称性を含む差異」を持ち出したのは、クラス内に女児集団あるいは男児集団が形成された後であった、⑥クラス内で「男女間の権力関係の非対称性を含む差異」を持ち出したのは、そのクラスで支配的な性別集団に属する幼児であった、⑦保育者は、第１〜５期までほぼ一貫してひたすら「男女間の権力関係の非対称性を含まない差異」を提示していたということが明らかになった。

以上の知見を統合して作成したのが以下のモデルである(図９－１)。これは、幼稚園３歳児クラスにおける幼児の性自認メカニズムと「男女間の権力関係の非対称性形成過程」の関係を図示したものである。

まず、幼稚園３歳児クラスに保育者が「男女間の権力関係の非対称性を含まない差異」を持ち込む。これは第１〜５期まですべての幼児に対して一貫して提示される。こうした保育者との相互行為を通して、入園時から性自認していた幼児（第１期）のほかに、「性別カテゴリーとの同一化」あるいは「性別記号との同一化」によって性自認した幼児が現れる（第２期)。これらの幼児が性自認した後も、保育者による「男女間の権力関係の非対称性を含まない差異」の提示は続けられる。こうして、次第に性自認した幼児が増加していき、男女いずれかの同性集団がクラス内に形成されると、第１期に性自認していた幼児

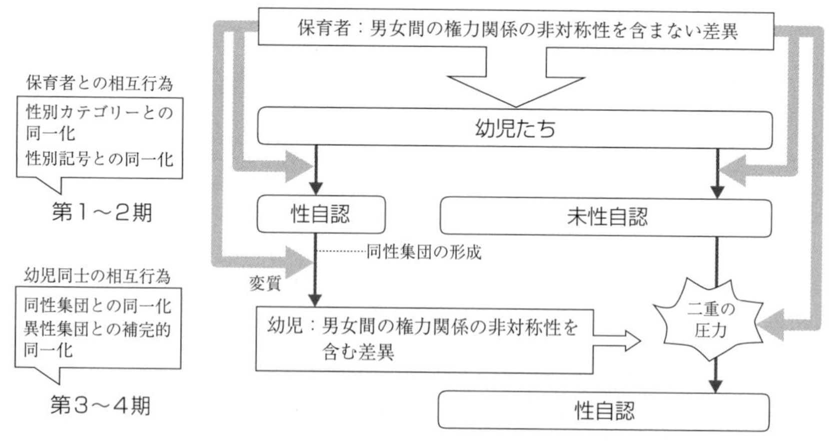

図９－１　性自認メカニズムと「男女間の権力関係の非対称性形成過程」の関係

が、それ以降に性自認した幼児の助けを得て、他の幼児たちに「男女間の権力関係の非対称性を含む差異」を提示しはじめる。このとき、それまで「男女間の権力関係の非対称性を含まない差異」としてしか提示されていなかった性別カテゴリーが、「男女間の権力関係の非対称性を含む差異」へと変質して用いられる。このような状況になると、それまで性自認していなかった幼児は仲間からの「男女間の権力関係の非対称性を含む差異」の提示と保育者からの「男女間の権力関係の非対称性を含まない差異」の提示という二重の圧力にさらされることになる。これを受けて「同性集団との同一化」あるいは「異性集団との補完的同一化」によって一斉に性自認する。

第２節 —— 考察

以上は、第７章および第８章の結果を統合し、観察可能な側面のみを述べたものである。本節ではこれをもとに、このような現象がなぜ生じたのかという点を中心に、いくつかの観点から考察していく。

１．「男女間の権力関係の非対称性を含まない差異」としてしか提示されていなかった性別カテゴリーが、「男女間の権力関係の非対称性を含む差異」へと変質して用いられるようになるのはなぜか

図９－１を見ると、第１期に性自認した幼児（最初から性自認していた幼児）が第２・３期に性自認した幼児を仲間に得ると、「男女間の権力関係の非対称性を含む差異」を提示しはじめた。これは、以下に述べるような２つの流れによるものなのではないだろうか。

すなわち、①幼児がある程度の人数で集団になると、自分が属する集団が優位になるように動きはじめるという流れと、②入園当初から男女という分け方を繰り返しされてきた結果、「女の子」「男の子」というカテゴリーが最も使いやすく、手近なものとなっていったという流れである。この２つの流れがある時点で合流した結果、幼児は自分が属する性別グループが優位になるように動きはじめたのではないだろうか。それが形となって現れたのが、「男女間の権

力関係の非対称性を含む差異」が提示されていた場面であると考えられる。

このことは、「幼児は、教えられたことを教えられた通りに受け取って終わりという存在ではない」ということを示しているといえるだろう。幼児は性別カテゴリーを自ら主体的に行使して、サバイバルしていく存在である。その生き延びる手段と性別カテゴリーが切り離せない形で進行していく構造が現在の幼稚園には存在している。前述の①については、ある程度の人数が集まれば性別カテゴリーに限らず発生する力学であると考えられる。そのように考えると、この構造を脱するには、②の部分を見直すことがキーポイントとなることが示唆される。

2．保育者の「意図せざる効果」

幼児が「男女間の権力関係の非対称性を含む差異」を提示しはじめたことは、保育者から見れば「意図せざる効果」であるといえるだろう。「女 ／ 男」という性別カテゴリーが提示されるときは、必ず何らかの差異が含まれている。しかし、保育者は「女＞男」「男＞女」という意味を含んで使用していないので、特に問題はないと思い、罪悪感なく使用する。宮崎、森も指摘するように、保育者にしてみれば、よく動き回ってまとめるのが大変な幼児たちを誘導するために、便利なカテゴリーとして「女の子」「男の子」というグループ名を使用しているにすぎない（宮崎 1991、森 1995）。実際、ここで幼児に示しているのは「男女は別々に行動する」というメッセージにすぎないと考えられる。

しかし、それによって幼児の属性が２つのグループに分けられ、視覚的にも「集団」として現前と姿を現すと、幼児はそのカテゴリーを主体的に使用して、自らの立場をより良いものにしようとする。そして、保育者から考えれば「意図せざる効果」として男女間に権力関係が出来上がることになる。こうなった後に、保育者が男女間の権力関係の非対称性を含まない差異を提示しても、固定化に加担していくだけで、余計に幼児の自信を深めることにつながる可能性もある。

このように、今回対象となった保育者（X・Y組の担任と補助の保育者）が性別カテゴリーを使用するには、以下のような前提がある。すなわち、保育者は「大半の幼児は自分の性別を認識して幼稚園に来ている」と思っているということである。したがって、性別カテゴリーを使用すれば、幼児にもわかりやすいだろうという考えに基づいて使用されている（2005［平成17］年5月26日のX組担任保育者に対するインタビューデータより）。しかし、実際には本書が明らかにしてきたように、入園当初には大半の幼児が自分の性別を認識していなかった。このように、性別カテゴリーは必ずしも幼児にとってわかりやすいカテゴリーであるというわけではない。

しかし、保育者には性別カテゴリーは幼児にとってもわかりやすいはずだという思い込みが存在している。これが思い込みであるということは、実験をした際どのクラスの保育者（いずれも長いキャリアを持つベテランの保育者）も大半の幼児が自分の性別を認識していない事実を目の当たりにして愕然としていたことからもうかがえる。思い込んで使用しているだけで、実際には保育者が教え込み、刷り込んでいる可能性がある。実践を考えるうえで、このことに自覚的になることは重要であろう。

3．幼児自身が「男女間の権力関係の非対称性を含む差異」を使用するようになると、他の幼児の性自認が加速されるのはなぜか

これは、幼児自身が「男女間の権力関係の非対称性を含む差異」を使用するようになると、それまで性自認していなかった幼児は性別を認識していないと、①先生の指示に従えない、②仲間と一緒に遊べない（クラス集団の中での位置がわからない）という、二重の圧力がかかるためであることが推察される。

①の圧力だけがかかっていたときには、性自認の必要性を感じていなかった幼児も、②の圧力が加わると、性自認をしていないことはクラス内で生きていくうえでの自分の位置づけにかかわるため、「女の子」「男の子」という2つの選択肢のうちのいずれかの選択を迫られる方向と、急いで自ら主体的に選び取りはじめる方向が合致して、性自認につながると考えられる。その結果、それまで性自認していなかった幼児も一斉に性自認するという現象が生じるのではないだろうか。

このような圧力を感じて性自認した幼児たちは、その後「女らしさ／男らしさ」についても、圧力を感じながら急いで選び取ろうとすることが予想される。

4．本書全体に対する外在的考察

最後に、本書全体に対する外在的考察を行う。序章第２節における先行研究の検討の中で、チョドロウ（Chodorow）の分析によって「性自認メカニズムは可変的であり社会的・文化的・歴史的諸状況によって変化する可能性を有するものである」ということを指摘した。これをもとに筆者は「発表された国・時代が現在の日本とは異なるという条件の違いが存在する事実から考えると、現在の日本における性自認メカニズムは、これらの理論の説明とは異なっている可能性を示唆している」と述べた。ここではこの視点に立ち、本書のデータをもとに考察してみたい。

まず、性自認時期について考えてみよう。本書が対象とした幼児たちは幼稚園入園時には大半が性自認をしていなかった。幼稚園３歳児クラスに入園するのは４月時点ですでに３歳になっており、その１年間で４歳になっていく幼児たちである。つまり、ほぼ４歳である幼児たちがまだ性自認をしていなかった。一方、先行研究によれば、３歳にはすでに性自認している（認知的発達理論）という説もあった。これと比べると、本書において得られたデータは１年程度性自認時期が遅かった。

次に、性自認する場所について見てみよう。先行研究では、フロイト（Freud）、チョドロウ、パーソンズ（Parsons）の理論において、性自認が家庭関係の中で形成されるとの見解であった。もしこれが現在の日本社会にも当てはまるならば、本書において対象とした幼児たちは、大半が幼稚園入園時にはすでに性自認をしているはずである。しかし、実際にはそうではなかった。

以上により、①先行研究が発表された時代と現在では性自認時期が１年程度遅延している、②性自認をする場所が家庭内から幼稚園（家庭関係以外の集団）へとシフトしているという２点が推察される。これは、家庭内における幼児の性自認機能が低下し、家庭外の集団へとその機能の担い手が変移していることを示しているのではないだろうか。

このように仮定した場合、先行研究が発表された時代・国と現在の日本ではどのような要因が異なるのだろうか。おそらくここで重要となるのが「少子化」という要因である。「少子化」は、一人っ子の増加、きょうだい数の減少をもたらす。一人っ子、同性のきょうだいしかいない場合、異性のきょうだいがいる場合よりも家庭内において両親が男女の差異を強調する場面が少ないことが予想される。また、きょうだい数が少ないと、きょうだい間のみで男女の違いについて個人差を超えたものとして認識する機会を持ちづらい。「地域の連帯力」も低下している今日においては、地域の中での子ども集団も形成しにくいため、家庭外でもこうした認識は形成しにくい。以上のような社会状況が幼児の性自認時期を遅らせている可能性として考えられる。

こうした変化に伴い、幼児の性自認は、先行研究が「父への同一化」と説明してきたメカニズムの「父」が「同性集団」「異性集団」に入れ替わり、本書が提示したような「同性集団との同一化」「異性集団との補完的同一化」「異性集団との同一化」というメカニズムへと変化したのではないだろうか。

このように考えると、本書は今日の日本社会特有の性自認メカニズムの一端を描き出した可能性がある。また、この仮説が正しければ、幼児の性自認について社会学的なアプローチをすることの重要性が提示できるはずである。さらに、このことにより、新入園児に焦点化した意義が再度確認されることになるだろう。

終章 おわりに

本章では、本書で得られた知見と先行研究へのインプリケーション（結果の含意）およびアプリケーション（応用）を示し、最後に今後の課題を提示する。

第１節 —— 総括

本書は、幼稚園３歳児クラスにおいて、幼稚園入園時には性自認をしていなかった幼児たちが、やがて「男女間の権力関係の非対称性」を提示するようになるまでのメカニズムを明らかにすることを目的とした。そのために、幼稚園３歳児クラス集団における「実験」と「相互行為場面の観察」、およびそれらの分析を行った。以下ではこれまでの分析をふまえ、本書における知見とインプリケーションについて各章および全体として検討していく。

１．第１章

第１章では、先行研究の検討を通して、本書における「性自認」「男女間の権力関係の非対称性形成過程」および「男女間の差異」という概念の定義を明確にした。なお、第１章におけるインプリケーションは以下の通りである。

第１章では、先行研究において曖昧に使用されてきた「性自認」という抽象的な概念をバトラーの議論を援用して整理したうえで、さらにアルチュセールの理論を援用して実証的に測定可能にする方法を検討し実施した。これらは一つの試みにすぎないが、性自認を客観的に測定する「クライテリア（判断基準）」を提案したという点は一つの貢献であると考えている。これは現時点では試行的な「判断基準」にすぎないが、今後議論を重ね、より精緻化された「判断基準」が検討されるためのきっかけとなり得るのではないかと考えている。

また、幼児が自分の性別を認識し、性別カテゴリーを使いこなすようになるまでの期間というのは、社会学においては、これまで「なぜそうなるのかわからないがいつの間にかそうなっている」というブラックボックスとして認識されてきた。そのため、社会学の分野においてこの期間を研究対象とすることは避けられてきた感がある。これに対し本書は、「呼びかけ」「ふるまい」「言語使用」という軸を導入して切りわけ、三者の関係を見るという方法を提示したことにより、この分野における社会学的アプローチの可能性を示した。

2．第2章

第２章では、各幼児の性自認時期を明らかにした。これにより、以下の４点が明らかになった。第１に、幼稚園３歳児クラスの大半の幼児は入園時には性自認をしていなかった。第２に、X組は夏休み前までに全員が性自認をし、性自認の時期は大きく４期に分かれていた。また、X組は７月に性自認をした人数が最も多かった。第３に、Y組は大半が６月の終わりまでに性自認をしていたが、10月になっても性自認していなかった幼児も数名いた。性自認の時期は、各時期で比較的ばらつきが見られたものの、大きく５期に分かれていた。また、Y組は５月に性自認をした人数が最も多かった。第４に、３歳児クラス全体で見ると、数名ずつがほぼ同時期に性自認し、そのかたまりが４～５期に分かれて発生していた。なお、第２章におけるインプリケーションは以下の通りである。

第２章においては、大半の幼児は幼稚園入園時にはまだ性自認していないことを明らかにしたが、これは「幼稚園入園時には幼児はすでに性自認している」という、本書が対象としたような保育者が持つ認識を覆す結果となった[1)]。これにより、幼稚園側に対しても、かつては幼児が幼稚園入園までに性自認していることを前提に保育が開始されていた可能性があるが、現代においてはその前提を廃し、新たな認識で保育に取り組むことが重要なのではないかということを示唆した。

3．第3章

第３章では、性自認時期に影響を及ぼしている要因を明らかにし、それをもとに幼児のタイプ分類を行った。これにより以下のことが明らかになった。

まず、性自認時期は男女による差、誕生日およびきょうだい構成との関連は見られなかった。一方、「保育者との関係の持ち方」「仲間との関係の持ち方」および「性自認時期」の間には、以下のような関連が見られた。すなわち、「集団で遊ぶ傾向」かつ「保育者とのコミュニケーションが多い」傾向（特に「保育者に同調傾向」）を持つ幼児は、３歳児クラス全体において性自認時期が相対的に早く、「個人で遊ぶ傾向」かつ「保育者とのコミュニケーションが少ない」傾向（特に「保育者と没交渉傾向」）を持つ幼児は、性自認時期が相対的に遅い傾向があった。また、幼児同士の関係においては「個人で遊ぶ傾向」を持っていても「保育者と非分離傾向」にある幼児は、相対的に性自認時期が早い傾向があった。

以上により、幼児は「集団・同調タイプ」「集団・反抗タイプ」「中間（集）・同調タイプ」「中間（集）・反抗タイプ」「中間（個）・同調タイプ」「中間（個）・非分離タイプ」「中間（個）・反抗タイプ」「中間（個）・没交渉タイプ」「個人・同調タイプ」「個人・非分離タイプ」「個人・反抗タイプ」「個人・没交渉タイプ」の12タイプに分類された。なお、第３章におけるインプリケーションは以下の通りである。

第３章では第１に、先行研究において幼児の性自認時期と関係があるとされていた「性別」「月齢」という幼児の属性が、少なくとも本書におけるデータにおいては、性自認時期と関係がないことを明らかにした。これは本書のデータからだけでは論拠として弱いものの、少なくとも先行研究の知見に当てはまらない例が存在したということは示せたことになる。その意味で従来の知見に疑問を呈した。

そして第２に、幼児自身の「意志」と「集団の中で生きていく際の他者とのつながりの必要性（他者とのコミュニケーションの取り方）」によって、「性自認」する時期の早い遅いが決まっていることを明らかにし、幼児の主体的側面の存在を示唆した。これは、コルサロ（Corsaro）が主張した「解釈的再生産

(interpretive reproduction)」、すなわち、子どもは創造的に社会に参加する存在であり、また、単に社会や文化を内面化する存在ではなく文化的再生産や変化に能動的に貢献する存在であるという説（Corsaro 1997）と一致するものであるといえるだろう。

4．第4章

第4章では、性自認時期と「幼児と保育者の相互行為」の関係を明らかにした。これにより「幼児と保育者の相互行為」に限定したときに考えられる性自認のメカニズムは、①「性別カテゴリーとの同一化」による性自認、②「性別記号との同一化」による性自認、③性自認するための回路がほぼ出来上がっていた状態で行われた「実験」によって回路がつながったことによる性自認、④性自認の「指標」となる言語記号の出現頻度が増加したことによる性自認の4つに整理された。

5．第5章

第5章では、性自認時期と「幼児同士の相互行為」の関係を明らかにした。これにより、「幼児同士の相互行為」に限定したときに考えられる性自認のメカニズムは、①「同性集団との同一化」による性自認、②「異性集団との補完的同一化」による性自認の2つに整理された。なお、X組・Y組いずれのクラスにおいても「同性集団との同一化」による性自認をしたのは、クラスで主導権を握っていた性別に属する幼児であった。一方、「異性集団との補完的同一化」による性自認をしたのは、クラスで主導権を握っていなかった性別に属する幼児であった。また、どちらのクラスにおいても、男女いずれかの同性集団が形成されると、ほどなくしてクラスの大多数の幼児が一斉に性自認していた。なお、第4・5章におけるインプリケーションは以下の通りである。

第4・5章では、先行研究において明らかにされてこなかった、「集団」における性自認のメカニズムを明らかにした。主に性自認に対する家庭における親子関係の影響を強調してきた先行研究に対して、本書は性自認に対する家庭外における集団関係の影響の大きさを示し、さらにそのメカニズムを明らかにした。これにより、性自認に関する議論の地平を広げたという点で一つの貢献ができたのではないかと考えている。

6．第6章

第6章では、「性自認のゆらぎ」の事例を分析した。これにより、第4章および第5章で明らかにされた性自認メカニズムのほかに、「異性集団との同一化」という性自認メカニズムが存在することが明らかになった。また、第5章で明らかになった「同性集団との同一化」「異性集団との補完的同一化」は、いずれもすでに自分が身につけているもの等が「女児集団」に属するものなのか、「男児集団」に属するものなのかということに、いわば事後的に「気づく」ことによって性自認に至るという順序関係であったのに対し、「異性集団との同一化」は、「男児集団」に属する存在になりたい、あるいは、自分は「男児集団」に属する存在であるはずだという幼児の主体的な意志により、幼児本人が認識した「男児的なもの」に自ら近づいていくという逆の順序関係によるものであった。なお、第6章におけるインプリケーションは以下の通りである。

第6章では、第1に、「異性集団との同一化」という第3の性自認メカニズムの存在を明らかにした。一般的には「セックスが女の子ならジェンダーも女の子、セックスが男の子ならジェンダーも男の子」であることが当然視されてきた。しかし、本書におけるデータに即して分析したところ、この一見例外的に見えるような「異性集団との同一化」という第3の性自認メカニズムの存在が明らかになった。

さらに、この第3の性自認メカニズムを発見したことにより、「セックスが女の子ならジェンダーも女の子、セックスが男の子ならジェンダーも男の子」であるという結びつきが、その逆と同じように偶発性にすぎないことを示唆した。しかもその偶発性を必然化するのが保育者や仲間との相互行為によるサンクション（承認や制裁等）であり、それがないところでは性自認の転換や変更は比較的自由に行われ得ることも示した。これにより、このセックスとジェンダーの一致例が、実は数ある選択肢のうちの1つであるという可能性を示唆した。

第２に、少なくとも本書が対象とした範囲内では、周囲が認めれば異性のジェンダーを選び取ることも可能となるということを明らかにした。一般的には、異性的なジェンダーを選択している人に対して、周囲の人が全員肯定的な態度を表明するような社会状況は現時点では考えにくい。そのため、そのような状況を観察できる機会は多くあるわけではなく、非常に貴重なものである。こうした中で、本書は幸運にもこのような条件のそろった例を観察することができた。その結果、周囲が認めれば異性のジェンダーを選び取ることも可能となるということを、理論上ではなく実証の面から示唆した。ただし、この幼児の場合は、現時点ではまだ周囲がセックスとは別のジェンダー意識を示している状態を許しているが、成長するにつれて周囲の反応が変わることも予想される。そのため本知見は、こうした初期の段階での限定された知見である可能性を示唆しておく。

続いて第３に、幼児にとっては物自体が「かわいい」「かっこいい」というのは問題ではなく、「女の子が持っているからかわいい」「男の子が持っているからかっこいい」のだということを明らかにした。大人の感覚から考えれば、「かわいい物」を見たから「かわいい」と表現し、「かっこいい物」が先にあるから「かっこいい」という表現が出てくるのだと考えるのが自然だろう。しかし、当事者視点から見ると、幼児はこのような考え方をしていなかったことが明らかになった。むしろ逆方向で、物は何でもよいが「女の子が持っているからかわいい」「男の子が持っているからかっこいい」という認識の仕方をしていた。幼児が「かわいい」「かっこいい」という表現を最初に認識する際にはこのような大人の認識とは異なる順序関係が成立している。しかしやがて、「かわいい物」「かっこいい物」という物自体が存在するという認識となり、「かわいい物」を見たから「かわいい」と表現するという順序に変わっていくのだろう。このように、人生の初期に「かわいい」「かっこいい」という表現が、大人から見たら違和感を抱くような形で認識されていくという点は大きな発見である。この「女の子が持っていればかわいい」「男の子が持っていればかっこいい」という認識の存在はおそらくジェンダーに裏づけられている。ミクロな場面ではこのような形で「女の子―かわいい」「男の子―かっこいい」という結びつけが行われているのだ。本書のデータのみでは、なぜ「女の子が持っていればかわいい」「男の子が持っていればかっこいい」という認識を持つに至ったかという点については、十分には明らかにできなかった。これについては今後の課題としたい。

そして第4に、バトラーの主体形成の議論の実証を試みた。これにより、幼児の性自認には「女児的／男児的」な「価値」が重要な位置を占めており、これが他の要素（「呼びかけ」「ふるまい」「言語使用」）を引きつけているということを発見した。前述のように、バトラーは理論的に仮説を提示したにすぎず、これに関する実証を行った研究は管見の限りない。この点で本書は一つの試みとなった。さらに、本書は実証の利点を生かし、バトラーの主体形成の議論においては提示されなかった「価値」の次元の存在とその重要性を提示した。この点で、バトラーの主体形成の議論に、副次的に新たな視点を付加することができた可能性がある。また、近年議論になっている脱アイデンティティ論の実証としても位置づけられると考えられる。

7．第7章

第7章では、前章までの知見を統合することにより、幼稚園3歳児クラスにおいて、「どのようなタイプの幼児がいつどのようなメカニズムで『性自認』したのか」を明らかにし、モデルを作成した。これにより、以下のことが明らかになった。

まず、幼稚園入園時には家庭における「同性の親・きょうだいとの同一化」「異性の親・きょうだいとの補完的同一化」により、すでに性自認している幼児がクラス内に数名存在していた。それは主に「集団・同調タイプ」の幼児であり、やがてこれらの幼児を中心として「男女混合集団」「女児集団」あるいは「男児集団」が形成されるが、それより前に性自認した幼児は保育者による「実験」等によって、「性別カテゴリーとの同一化」あるいは「性別記号との同一化」による性自認をした。これも主に「集団・同調タイプ」の幼児であった。

その後、すでに性自認した幼児たちが中核となって、クラス内に「男女混合集団」「女児集団」あるいは「男児集団」が形成された。こうした集団に属する幼児が「女の子／男の子」という言葉や「女言葉／男言葉」等を発するようになったり、異性を排除したりするようになると、それまで性自認していなかった幼児たちが一斉に性自認した。これは、「集団」「中間」「個人」の中の保育者とのコミュニケーションが多い幼児、「中間」「個人」（および「集団」）の中の保育者に対して「非服従的」な幼児、および「依存的」な幼児であった。これらの幼児は主に「同性集団との同一化」あるいは「異性集団との補完的同一化」によって性自認をした。なお、「同性集団との同一化」をしたのは、そのときにクラスで主導権を握っていた性別に属する幼児で、「異性集団との補完的同一化」をしたのは、その反対の性別に属する幼児であった。

8．第8章

第８章では、幼稚園３歳児クラスにおける相互行為場面に含まれる「男女間の権力関係の非対称性形成過程」について検証した。その結果、①幼稚園３歳児クラスに初めに「男女間の権力関係の非対称性を含まない差異」を持ち込んだのは保育者であった、②幼稚園３歳児クラスで初めに「男女間の権力関係の非対称性を含む差異」を持ち出したのは幼児自身であった、③②の幼児は、第１～３期までに性自認した幼児であった、④その内訳を見てみると、第１期から性自認していた幼児が第２期あるいは第３期に性自認した幼児を仲間にし、集団形成をした後に初めて「男女間の権力関係の非対称性を含む差異」を持ち出していた、⑤幼児が「男女間の権力関係の非対称性を含む差異」を持ち出したのは、クラス内に女児集団あるいは男児集団が形成された後であった、⑥クラス内で「男女間の権力関係の非対称性を含む差異」を持ち出したのは、そのクラスで支配的な性別集団に属する幼児であった、⑦保育者は、第１～５期までほぼ一貫してひたすら「男女間の権力関係の非対称性を含まない差異」を提示していたということが明らかになった。

以上により、❶幼稚園３歳児クラスにおいては、「男＞女」という構造が固定的にはなっていないこと、❷幼児は、集団内でのサバイバル・ストラテジーとして「性別カテゴリー」を選び取っていると考えられること、❸「男女間の権力関係の非対称性」は、女児集団あるいは男児集団といった男女いずれかの同性集団が形成されて初めて現れるものであるということが推察された。なお、第８章におけるインプリケーションは以下の通りである。

第８章で明らかになった前述の❶は、幼稚園３歳児クラスは「男＞女」という構造を固定的にしないための介入を行ううえで有効な対象であるということを示しているといえるだろう。次に❷は、「男＞女」という構造を固定的にしないための介入を行う際に、性別の軸以外に「クラス内での幼児のサバイバル」という幼児の主体的な側面・事情を考慮に入れることが重要であることを示しているといえる。そして❸は、「男＞女」という構造を固定的にしないための介入について考えるとき、女児集団あるいは男児集団といった男女いずれかの同性集団が形成されるまでのプロセスや、集団の形態等も重要な要素となり得ることを示しているといえる。

以上のように本章は、「男＞女」という構造を固定的にしないための介入を行う際に重要であると考えられる視点を提示したといえる。具体的な介入方法については今後さらなる研究が待たれる。

9. 第9章

第９章では、第７章と第８章における知見を統合することにより、幼稚園３歳児クラスにおける性自認メカニズムと、「男女間の権力関係の非対称性形成過程」の関係を明らかにした。その結果、以下のことが明らかになった。

まず、幼稚園３歳児クラスに保育者が「男女間の権力関係の非対称性を含まない差異」を持ち込み、すべての幼児に対して一貫して提示していた。こうした保育者との相互行為を通して、入園時から性自認していた幼児（第１期）のほかに、「性別カテゴリーとの同一化」あるいは「性別記号との同一化」によって性自認した幼児が現れた（第２期）。これらの幼児が性自認した後も、保育者による「男女間の権力関係の非対称性を含まない差異」の提示は続けられ、次第に性自認した幼児が増加していった。そして、男女いずれかの同性集団がクラス内に形成されると、第１期に性自認していた幼児が、それ以降に性自認した幼児の助けを得て、他の幼児たちに「男女間の権力関係の非対称性を含む差異」を提示しはじめた。

このとき、それまで「男女間の権力関係の非対称性を含まない差異」としてしか提示されていなかった性別カテゴリーが、「男女間の権力関係の非対称性を含む差異」へと変質して用いられていた。このような状況において、それまで性自認していなかった幼児たちは、仲間からの「男女間の権力関係の非対称性を含む差異」の提示と保育者からの「男女間の権力関係の非対称性を含まない差異」の提示という二重の圧力にさらされることになった。これを受けて、「同性集団との同一化」あるいは「異性集団との補完的同一化」によって一斉に性自認していった。

10. 全体としてのインプリケーション

以下では、本書全体としてのインプリケーションを述べていく。第1に、本書は「男女間の権力関係の非対称性を含まない差異」が保育者によって幼稚園に持ち込まれ、入園時から性自認していた一部の幼児によって「男女間の権力関係の非対称性を含む差異」へと変質して使用されるようになる過程を明らかにした。すなわち、現代日本における幼児が初めて入る集団の中に、いかにして「男女間の差異」が入り込み、幼児によって使用されるようになるのかという臨界期について言及した。

これまでの社会学分野においては、例えばバトラーが「言語＝権力」であると主張したように、「言語」と「権力」は切り離せないものであるとの認識がなされてきた。「性自認」は言語を通してなされるものであることから、すなわち「性自認」と「権力」は切り離せないものであるということになる。しかし、本書は「性自認」の次元と「権力」の次元の間にズレがあることを示した。このことから、両者は切り離して考えることが可能なものであることを明らかにし、従来の社会学的認識と異なる見解を提示した。

そのうえで、保育現場においては「男女間の権力関係の非対称性形成過程」の次元が、幼児の「性自認」の次元と絡み合いながら進行していく過程を明らかにした。このことは、前述の認知発達理論等に見られる「幼児は最初に『女の子／男の子』という言葉の字面を取り込み、その後ステレオタイプ等と結びつけられていく」という認識と異なり、「『女の子／男の子』への性自認の形成は、「集団への同一化」と「補完的同一化」という異なる2つの過程を通じて、最初から非対称性を組み込んでいることを明らかにした。

ここで先行研究を見てみると、従来の社会学（特に教育社会学）では性自認を所与のものとし、それ以降のジェンダーの社会化がいかにしてなされてきたのかに注目してきた。したがって、社会のジェンダー・イデオロギー、男性上位の社会の力関係を反映したジェンダー規範が、隠れたカリキュラム等を通してジェンダーの社会化に関係していくことをテーマにした社会学的研究は多い（宮崎 1991、河出 1992、1993、森 1995、木村 1997、西躰 1998、佐藤・三宅 2001、藤田 2004ほか）。

これに対し本書は、社会学が今まで問題視してこなかった初期の性自認時点において、社会学的関心である権力の非対称性がすでに介在していることを示した。これにより、社会学研究が語ってこなかった初期の性自認が形成されるまでの空白期間と、性自認形成以降の男女のジェンダー・アイデンティティ形成に関する社会学的研究とをつなぐことに貢献しようとした。また、この知見は今後の幼稚園におけるジェンダー・センシティブな教育を考える際にも、「女の子／男の子」という言葉が取り込まれる状況において、男女間の差異を提示することに慎重になる必要があるのではないかという示唆を与えている。男女間の非対称性は、幼児が性自認した後に立ち現れるのではなく、性自認したときにはすでに周到に組み込まれている。そのため、幼児が「女の子／男の子」という言葉を自認するまでのプロセスこそが実は重要であるという点を提起した。

これは同時に、現代社会における、男女間の非対称性が組織的に幼児に刷り込まれていくプロセスの最も初期段階を明らかにしたことでもある。すなわち、現代日本における「男女間の非対称性のある世界」への組織的な誘導の萌芽を明らかにした。そして、現代日本社会における「幼児の性自認メカニズム」を明らかにしたという点で、極めて今日的なテーマを扱った研究であるといえる。

第2に、従来心理学における多くの理論においては、人がこの世に生まれ落ち、成長していけばやがて発達するにつれて必ず自分が男の子なのか、女の子なのかわかるようになる（Kohlberg 1966、Freud 1925＝1978、Chodorow 1978＝1981ほか）ということが「当たり前のこと」として認識されてきたのに対し、本書は、実はそれが「当たり前」のことではなく、①社会によって巧妙に強制、刷り込みがなされた結果であるということ、②それは幼児が集団の中でサバイバルするために幼児の側からの主体的選択として使用されるように仕向けられていること、そして、これら①・②の結果としてあたかもそれが「当たり前」であるかのように見えているという実態を明らかにした。

これについて複数の社会学者が、社会学は「当たり前」に逆らい、戸惑わせるような物の見方を可能にする道具である（奥村 1997ほか)、「現代の社会学には、私たちの暮らしの大半をおおっている『あたりまえ』の世界を解きほぐして、その中にどのような問題があるのかを明らかにしていこうとする営みがある」（好井 2006:181）等と述べている。これらの記述に従えば、本書は「当たり前」と思われていたことが実は「当たり前ではなかった」ということを、対人関係・集団関係を軸に実証的に明らかにしたという点で、極めて社会学的スタンスに立った研究であるといえるだろう。すなわち、性自認の確立が心理学においては個人の発達過程として語られてきたのに対し、集団の中での相互行為に着目したことが本書の大きな特徴となっている。

第３に、従来幼稚園・保育所におけるジェンダーの社会化は、ほとんど重視されてこなかった。これは「幼稚園・保育所の時点では男女同じように保育されており、そこまでジェンダーの社会化にセンシティブになる必要はない」という考えによるものといわれてきた（河出 1992、1993)。これに対して本書は、幼児が「幼稚園」という機関においていかに構造的に非対称なジェンダーの社会化をされているのかということを事実として提示した。

第４に、「クラス内の人間関係」「他者との関係の持ち方」および「発達」といった次元を自覚的に入れて論じた。日本の教育社会学における先行研究（河出 1992、1993、藤田 2004ほか）においては、年齢に関係なく「幼児」にカテゴライズされる子どもが性別カテゴリーを使用している事例は報告されているが、幼稚園という機関の中で、同じ幼児の性自認から性別カテゴリーを使いこなすまでを追跡·観察し、その変化を詳細に分析したものはない。そのため、「クラス内の人間関係」「他者との関係の持ち方」および「発達」といった継続的な次元を自覚的に入れて論じたものは管見の限りない。これは、この分野においては比較的短期間での横断的分析が多く、長いスパンでの縦断的分析が少ない傾向にあったことが影響していると考えられる。しかし、この年齢の幼児に対してこれらの次元を考慮せずに論じることは、アイデンティティの形成状態や人間関係および集団内の力学等を考慮せずに論じるということであり、全く異なる対象を同列に見なして比較するようなものである。

以上の点を鑑み、本書においては性別カテゴリーについて論じる際、「クラス内の人間関係」「他者との関係の持ち方」および「発達」といった次元を考慮に入れて分析を行った。このことは、幼児に関する社会学的研究を行う際にこれらの次元について自覚的に論じることの重要性を示した。また、これらの次元を分析に組み込んだことで、先行研究に対する問題提起を試みた。

第５に、本書は幼児の「性自認」という現象を「認知」「集団」（社会の側からの影響）という両面で把握しようとし、心理学と社会学の双方に対する問題提起を試みた。

最後に、本書は現代日本の「集団における性自認のメカニズム」について経験的・理論的に研究したことに意義があると思われる。また、少子化に伴って従来家庭内で担われていた幼児の性自認機能が家庭外の幼稚園等の組織的集団へとシフトしていることをも示唆した。

11. 本書のアプリケーション

以下では、本書のアプリケーション、すなわち、本書を応用するとどのようなことがいえるのかについて論じていく。第１に、本書では、性自認も性別集団間の権力関係の非対称性も固定的ではなく、流動的なものであることを示した。このことは大人の性別集団にも応用できる可能性がある。例えば、看護師集団や保育士集団の中の男性や母親グループの中の父親などの場合は、女＞男という権力関係となることはこれに当てはまる。

第２に、性自認の一貫性は社会によって要請され事後的に主体的に選択されたものであるといえる可能性がある。

第３に、性別カテゴリーは主体にとって利用可能なツールなのであり、文脈によっていかようにも都合良く用いることができるものであることを示した。このことはすなわち、性自認やジェンダー間の非対称性を運命であるととらえる必要はないということを示しているといえる。

第4に、優位集団への同一化と補完的同一化は異なるメカニズムであることを示した。この視点を取り入れると、これまでの性自認メカニズムは「主体の外部から男性集団が優位集団であると規定され、そこに同一化／補完的同一化してきた」という構造であるととらえることができる。そしてそれが運命かのようにいわれてきたが、実はそうではないという視点をもたらしてくれる。

第2節 —— 今後の課題

本節では、本書によって導き出された今後の課題を提示する。第1に、本書は第1章において、「性自認」が「呼びかけ」「ふるまい」「言語使用」の3つの次元から構成されることを指摘したが、第6章を除いては「呼びかけ」以外の次元について詳細に研究することができなかった。そのため、残りの2つの次元である「ふるまい」「言語使用」についても本書と同じくらいの詳細な分析が求められる。

第2に、本書は幼稚園3歳児クラスにおける経験が「視覚的経験」(服装、持ち物、空間配置等）と「言語的経験」(言葉等）から構成されていることを指摘したが、本書においては主に「言語的経験」について重点的に扱い、「視覚的経験」については詳細に分析することができなかった。しかし、これについても詳細な分析を行うことで、「性自認」との関係が見えてくるはずである。したがって、これも今後の課題として残された。

第3に、本書は、集団が性自認に強い影響を与えていることを明らかにすることはできたが、その集団が形成される際に、「なぜ誰が同性で誰が異性かがわかるのか」「なぜ幼稚園における遊びの趣向に男女で違いが出るのか」という点を十分に明らかにすることができなかった。したがって、この点も課題として残された。

第4に、本書は、B幼稚園の主に4月から7月という限定された期間に、X組・Y組という特定のクラスを対象として研究を行った。そのうえで、今回得られたデータの範囲内では少なくともこのように説明できるということを述べたものである。したがって、同じクラスでも８月以降はまた変化していくことが予想される。また、異なる幼稚園を対象とすれば異なる結果となる可能性もある。

第５に、本書においては男女の「呼びかけ」のみを用いた。コントロール・グループとして、男女の軸だけでなく、青グループ、黄色グループのような「呼びかけ」をすると、より男女の「呼びかけ」の効果が見極めやすかったであろうが、本書においてはそのようなコントロール・グループを設けなかった。その点に本書の限界があるため、今後の課題としたい。

第６に、本書においては家庭内の出来事や、その他の幼稚園外での出来事を研究対象に含めていない。そのため、本書が明らかにできたのは幼児を取り巻く世界の中の一部分である。しかしこれは前述のように、これまで先行研究においてはほとんど明らかにされてこなかった部分であった。そのため、今後は本書によって広がった議論の地平に立って、幼児を取り巻く世界を複合的に考察していくことが課題となるだろう。

最後に、本書は、幼児の性自認の気づきの時点までをとらえているが、その後の変容についてはとらえていない。これについては、今後さらに継続的な観察を行っていくことにより、本書が対象とした時期と、その後のジェンダー・アイデンティティ形成がなされる時期との関係が探れるのではないだろうか。

【註】

1）その理由として、少子化と子ども集団の不在により、入園前に性別カテゴリーが使用される環境にいなかったために、性自認時期が以前に比して遅れる傾向があることが推論される。

資料（保護者対象アンケート）

お名前＿＿＿＿＿＿＿＿＿＿＿＿＿＿＿＿＿＿＿＿

ＴＶ番組について

①お子さんがよく見ている番組を３つお答えください。

（　　　　　　　　　　　　　　　）（　　　　　　　　　　　　　　　）

（　　　　　　　　　　　　　　　）

②①の中でお子さんが一番好んで見ている番組を○で囲んでください。

③お子さんがこれらの番組を見るようになったきっかけはなんですか。当てはまるものに○をつけてください。

ａ）保護者の方が見せた　　ｂ）本人が見たがった

ｃ）その他（　　　　　　　　　　　　　　　）

④お子さんがＴＶを見る際には保護者の方も一緒に見ていますか。当てはまるものに○をつけてください。

ａ）見ている　　　　ｂ）見ていない

⑤幼稚園に入った後にお子さんが見たいと言って見るようになった番組はありますか。当てはまるものに○をつけてください。

ａ）ある　　　　ｂ）ない

⑥⑤でａ）ある、と答えた方に伺います。それは何という番組ですか。

（　　　　　　　　　　　　　　　）

⑦その番組を見るようになったのはいつごろですか。

（　　　　　　　　　　　　　　　）ごろ

キャラクターグッズについて

①お子さんはどのようなキャラクターのグッズを多く持っていますか。３つまでお答えください。

（　　　　　　　　　　　　　　　）（　　　　　　　　　　　　　　　）

（　　　　　　　　　　　　　　　）

②これらを選んだのは誰ですか。当てはまるものに○をつけてください。

ａ）保護者の方　　ｂ）本人　　ｃ）祖父母の方

ｄ）その他（　　　　　　　　　　　　　　　）

③これらのキャラクターをどうやって知りましたか。当てはまるものに○をつけてくださ

い。

a）保護者の方：1）ＴＶで見た　2）友達から聞いた　3）本や雑誌で見た
4）お店で見つけた　5）その他（　　　　　　　）

b）本　　人：1）ＴＶで見た　2）友達から聞いた　3）本や雑誌で見た
4）お店で見つけた　5）その他（　　　　　　　）

④保護者の方はキャラクターグッズを選ぶ際、男の子用か女の子用かを気にしていますか。当てはまるものに○をつけてください。

a）気にしている　　b）気にしていない

⑤幼稚園に入った後にお子さんがほしいと言って持つようになったキャラクターはありますか。当てはまるものに○をつけてください。

a）ある　　b）ない

⑥⑤でａ）ある、と答えた方に伺います。それは何というキャラクターですか。

（　　　　　　　　）

⑦そのキャラクターを欲しがるようになったのはいつごろですか。

（　　　　　　）ごろ

おもちゃについて

①お子さんはおうちでどのようなおもちゃで遊んでいますか。よく遊んでいるものを３つまでお答えください。

（　　　　　　）（　　　　　　）
（　　　　　　）

②それらは誰が選んだおもちゃですか。当てはまるものに○をつけてください。

a）お父さん　b）お母さん　c）おじいさん　d）おばあさん　e）本人
f）その他（　　　　）

③お子さんはおもちゃで遊ぶ際、主に誰と遊んでいますか。当てはまるものに○をつけてください。

a）お父さん　b）お母さん　c）おじいさん　d）おばあさん
e）兄弟姉妹　f）お友達　g）１人　h）その他（　　　　）

「男の子／女の子」を意識して育てているか

①「男の子だから／女の子だから」こう育てている、ということはありますか。当てはまるものに○をつけてください。

a）ある　　b）ない

②①でa）ある、と答えた方に伺います。それはどのようなことについてですか。当ては

まるものに○をつけてください（複数回答可）。

a）言葉遣い　b）服装　c）持ち物　d）立ち居振る舞い

e）その他（　　　　　　　　　　　　　　）

③全員に伺います。おうちで「男の子だから～／女の子だから～」と実際にお子さんに言うことはありますか。当てはまるものに○をつけてください。

a）ある　b）ない

④「男の子は男の子らしく、女の子は女の子らしく」育ってほしいと思っていますか。当てはまるものに○をつけてください。

a）思っている　b）思っていない

おうちの方について

①おうちの生活費を稼ぐのは誰が担当していますか。当てはまるものに○をつけてください（複数回答可）。

a）お父さん　b）お母さん　c）おじいさん　d）おばあさん

e）その他（　　　　　　）

②家事は誰が担当していますか。当てはまるものに○をつけてください（複数回答可）。

a）お父さん　b）お母さん　c）おじいさん　d）おばあさん

e）その他（　　　　　　）

③①の方は、お子さんとどれくらいの頻度で遊んでいますか。当てはまるものに○をつけてください。

a）毎日　b）２～３日に１回　c）１週間に１回　d）月に１回

e）めったに遊ばない　f）その他（　　　　　）

兄弟姉妹・お友達について

①お子さんには兄弟姉妹がいますか。当てはまるものに○をつけてください。

a）いる　b）いない

②①でa）いる、と答えた方に伺います。誰がいますか（複数回答可）。

a）兄（　　）人　b）姉（　　）人　c）弟（　　）人

d）妹（　　）人

③②の方は何歳ですか（複数いる場合は全員分お答えください）。

<記入例>→兄：　６歳

＿＿＿＿＿歳　＿＿＿＿＿歳　＿＿＿＿＿歳

＿＿＿＿＿歳　＿＿＿＿＿歳

④お子さんは兄弟姉妹と、お友達、どちらと遊ぶことが多いですか。当てはまるものに○

をつけてください。

a）兄弟姉妹　　　　b）お友達

⑤全員に伺います。お子さんは幼稚園に入る前から近所のお友達と遊んでいましたか。当てはまるものに○をつけてください。

a）遊んでいた　　　　b）遊んでいなかった

⑥⑤でａ）遊んでいた、と答えた方に伺います。何人くらいで遊ぶことが多かったですか。

(　　　　　　)人くらい

⑦遊んでいたお友達は男の子と女の子、どちらが多かったですか。当てはまるものに○をつけてください。

a）男の子　　　　b）女の子

【引用・参考文献】

・阿部耕也，1997，「会話における＜子ども＞の観察可能性について」『社会学評論』47：445-460.

・秋田喜代美・恒吉僚子・佐藤学編，2005，『教育研究のメソドロジー――学校参加型マインドへのいざない』東京大学出版会.

・Althusser. L.，1971，“Ideology and Ideological State Apparatuses，” L. Althusser (ed.) *Lenin and Philosophy and Other Essays*, New York：Monthly Review Press（＝1993，柳内隆訳「イデオロギーと国家のイデオロギー装置」文化科学高等研究院『アルチュセールの＜イデオロギー論＞』三交社.）

・天野郁夫・藤田英典・苅谷剛彦，1998，『教育社会学 改訂版』放送大学教育振興会.

・Anthony Giddens，1989，*Sociology*. Cambridge：Polity Press.（＝2001，松尾精文ほか訳『社会学』而立書房.）

・青野篤子・森永康子・土肥伊都子，2004，『ジェンダーの心理学――「男女の思いこみ」を科学する 改訂版』ミネルヴァ書房.

・東清和・小倉千加子，1982，『性差の発達心理』大日本図書.

・Bandura，A. & Walters，R. H. 1963，*Social Learning and Personality Development*. New York：Holt，Rinehart & Winston.

・Bem，S. L.，1981，“Gender Schema Theory：A Cognitive Account of Sex Typing.” *Psychological Review* 88：354-364.

・Brim，O. G. Jr.，1958，“Family Structure and Sex-Role Learning by Children.” *Sociometry* 21：1-6.

・Brown，D. G.，1956，“Sex-Role Preference in Young Children.” *Psychological Monographs* 70：1-19.

・Bussey，K. & Bandura，A. 1984，“Influence of Gender Constancy and Social Power on Sex-Linked Modeling，” *Journal of Personal and Social Psychology* 47：1292-1302.

・Butler，J.，1990，*Gender Trouble：Feminism and the Subversion of Identity*. New York and London：Routledge.（＝1999，竹村和子訳『ジェンダー・トラブル――フェミニズムとアイデンティティの攪乱』青土社.）

・Butler，J.，1997，*Excitable Speech: A Politics of the Performative*. New York：Routledge（＝2004，竹村和子訳『触発する言葉――言語・権力・行為体』岩波書店.）

・Chodorow，N.，1978，*The Reproduction of Mothering Psychoanalysis and the Sociology of Gender*. Berkeley，CA：University of California Press.（＝1981，大塚光子・大内菅子訳『母親業の再生産――性差別の心理・社会的基盤』新曜社.）

・Cooley，C. H.，1909，*Social Organization: A Study of the Larger Mind*. New York：Charles Scribner's.（＝1970，大橋幸・菊池美代志訳『社会組織論』青木書店.）

・Corsaro，W. A.，1981，“Entering the Child's World：Research Strategies for Field Entry and Data Collection in a Preschool Settings.” pp. 117-146 in Green，J. L. and C. Wallat (eds.)，*Ethnography and Language: in Educational Settings*. Norwood：ABLEX Pub.

・Corsaro, W. A., 1997, *The Sociology of childhood*. Thousand Oaks, CA.：Pine Forge Press.

・Delphy, C., 1984, *Close to Home: A Materialist Analysis of Women's Oppression*, translated and edited by D. Leonard. Boston：The University of Massachusetts Press.（=1996, 井上たか子・加藤康子・杉藤雅子訳『なにが女性の主要な敵なのか――ラディカル・唯物論的分析』勁草書房.）

・Delphy, C., 1989, "Sexe et Genre," *in Global Perspectives on Changing Sex-Role*. Tokyo：National Women's Education Center.（=1989, 国立婦人教育会館編「セックスとジェンダー」『性役割を変える――地球的視点から』国立婦人教育会館.）

・DeLucia, L. A., 1963, "The Toy Preference Test：A Measure of Sex-Role Identification." *Child Development* 34：107-117.

・土場学, 1998,「ジェンダー研究と解放のパラダイム」『社会学評論』49：302-317.

・土場学, 1999,『ポスト・ジェンダーの社会理論』青弓社.

・土肥伊都子, 1996,「ジェンダー・アイデンティティ尺度の作成」『教育心理学研究』44：187-194.

・江原由美子, 2001,『ジェンダー秩序』勁草書房.

・江原由美子, 2000,『フェミニズムと権力作用 新装版』勁草書房.

・江原由美子・山田昌弘, 2003,『ジェンダーの社会学 改訂新版』放送大学教育振興会.

・江原由美子・山崎敬一編, 2006,『ジェンダーと社会理論』有斐閣.

・Eleanor E. Maccoby／柴田朋訳, 2000,「ジェンダーと人間関係：成長発達論的考察」『日米女性ジャーナル』27：89-101.

・Fauls, L. B. & Smith, W. D., 1956, "Sex-Role Learning of Five-Year-Olds." *Journal of Genetic Psychology* 89：105-117.

・藤田哲司, 1994,「権威的指示の受容原理――権威現象の安定化メカニズム」『社会学評論』45：364-377.

・藤田由美子, 1998,「子ども研究におけるジェンダーの問題――方法論の検討を中心に」『中国四国教育学会 教育学研究紀要』44：207-212.

・藤田由美子, 2004,「幼児期における『ジェンダー形成』再考――相互作用場面にみる権力関係の分析より」『教育社会学研究』74：329-348.

・深谷和子, 1965a,「性差意識の形成過程（1）――3才児のMasculine-Feminine Identificationについて」『東京教育大学教育学部紀要』11：123-132.

・深谷和子, 1965b,「性差意識の研究（Ⅳ）――父母のimageと性的同一視について」『日本心理学会第29回大会発表論文集』：20-24.

・Freud, S, 1923, *Das Ich und das Es*. Leipzig, Wien, Zurich：Internationaler Psychoanalytischer Verlag.（=1970, 井村恒郎訳『改訂版 フロイド選集4 自我論』日本教文社.）

・Freud, S, 1925, *Einige psychische Folgen des anatomischen Geschlechtsunterschieds*. Leipzig, Wien, Zurich：Fischer Verlag.（=1978, 懸田克躬訳「解剖学的な性の差別の心的帰属の二, 三について」『改訂版 フロイド選集5 性欲論』日本教文社：287-306.）

・Giddens, A., 2001, Sociology, Fourth edition, Polity Press.（＝2004, 松尾精文ほか訳『社会学 第４版』而立書房.）
・Golombok, S. & Fivush, R. 1994, *Gender Development*. Cambridge, New York：Cambridge University Press.
・Glaser, B. G. & Strauss, A. L., 1967, *The Discovery of Grounded Theory: Strategies for Qualitative Research*. U. S. A：Aldine De Gruyter.（＝1996, 後藤隆・大江春江・水野節夫訳『データ対話型理論の発見――調査からいかに理論をうみだすか』新曜社.）
・Gray, S. W., 1957, "Masculinity-Femininity in Relation to Anxiety and Social Acceptance." *Child Development* 28：204–214.
・Greeno, C. G., 1989, *Gender Differences in Children's Proximity to Adults*. Unpublished doctoral dissertation, Stanford, CA.：Stanford University.
・濱嶋朗・竹内郁郎・石川晃弘, 2001,『社会学小辞典』有斐閣.
・Hammersley, M. & Woods, P.（eds.）, 1993, *Gender and Ethnicity in Schools: Ethnographic Accounts*. London; New York：Routledge.
・Hartup, W. W., Moore, Shirley G. & Sager, G. 1963, "Avoidance of Inappropriate Sex-Typing by Young Children." *Journal of Consulting Psychology* 27：467–473.
・Havighurst, R. J., 1953, *Human Development and Education*, New York：Longmans. Green & Co.
・Hendry, J., 1986, *Becoming Japanese: The World of the Pre-School Child*. Honolulu：Manchester University Press.
・Hetherington, E. M., 1965, "A Developmental Study of the Effects of Sex of the Dominant Parent on Sex-Role Preference, Identification, and imitation in Children." *Journal of Personality and Social Psychology* 2：188–194.
・保坂稔, 2002,「権威主義的性格と子どもの頃の親子関係」『ソシオロジ』144：109–125.
・干川剛史, 1991,「社会化とコミュニケーション――J・ハーバーマスのコミュニケーション的行為論を手がかりにして」『社会学評論』42：140–154.
・井上和子, 1959,「幼児の性差意識の発達」『児童心理』14：756–762.
・井上輝子・上野千鶴子・江原由美子・大沢真理・加納実紀代, 2002,『女性学事典』岩波書店.
・石井幸夫, 1996,「コミュニケーションのリアリティー――ガーフィンケルの観察」『社会学評論』47：428–444.
・伊藤裕子, 1995,「性役割と発達」, 柏木惠子, 高橋惠子編『発達心理学とフェミニズム』ミネルヴァ書房：141–165.
・神奈川大学人文学研究所編, 2001,『ジェンダー・ポリティクスのゆくえ』勁草書房.
・金田利子・清水絵美, 2003,「２, ３歳児の性別認識――保育現場での観察」柏木惠子・高橋惠子編『心理学とジェンダー――学習と研究のために』有斐閣：87–93.
・柏木惠子・高橋惠子編, 1995,『発達心理学とフェミニズム』ミネルヴァ書房：６–７.
・片田孫朝日, 2003,「社会的スキルとしての男性性――学童保育所の男子集団の遊びにおける相互行為の分析から」『ソシオロジ』148：23–38.

・加藤秀一，2006，『ジェンダー入門——知らないと恥ずかしい』朝日新聞社.
・河出三枝子，1992，「ジェンダー・フェイズからの幼児教育試論——基本的考察と問題設定」『岡崎女子短期大学研究紀要』25：1－12.
・河出三枝子，1993，「ジェンダー・フェイズからの幼児教育試論——保育現場におけるジェンダー・プラクティス」『岡崎女子短期大学研究紀要』26：11–35.
・木村涼子，1997，「教室におけるジェンダー形成」『教育社会学研究』61：39–54.
・木村涼子，1999，『学校文化とジェンダー』勁草書房.
・King，R.，1978，*All Things Bright and Beautiful?：A Sociological Study of Infants' Classrooms*. New York：Wiley.（＝1984，森楙・大塚忠剛監訳『幼児教育の理想と現実——学級社会の“新”教育社会学』北大路書房.）
・岸澤初美，1996，「学校教育過程におけるジェンダー形成の構造——大学生の回想記述をもとに」『子ども社会研究』2：75–87.
・小橋川慧，1966，「幼児の異性役割行動に及ぼすモデルの『脱制止』効果」『教育心理学研究』第14巻：9－14.
・小橋川慧，1969，「性差と性役割の獲得」岡本夏木ほか編『児童心理学講座8 人格の発達』金子書房.
・Kohlberg，L. A.，1966，“A Cognitive-Developmental Analysis of Children's Sex-role Concepts and Attitudes.” pp. 82–172 in E. E. Maccoby（ed.），*The Development of Sex Differences*. Stanford，CA：Stanford University Press.
・近藤哲郎，1994，「フーコーの未完の系譜学——その変貌の方法論的意味」『社会学評論』45：47–60.
・Luhmann，N.，1972，*Rechtssoziologie*，Opladen：Westdeutscher Verlag.（＝1977，村上淳一・六本佳平訳『法社会学』岩波書店.）
・Lynn，D. B. & W. L. Sawrey，1959，“The Effects of Father-Absence on Norwegian Boys and Girls.” *Journal of Abnormal Social Psychology* 59：258–262.
・間宮武，1959，「性差研究の体系化と性差意識に関する研究」『教育心理学研究』6：205–216.
・間宮武，1979，『性差心理学』金子書房.
・Marcus，D. E. & Overton，W. F. 1978，“The Development of Cognitive Gender Constancy and Sex Role Preferences，” *Child Development* 49：434–444.
・Martin，C. L. & Halverson，C. F. 1981，“A Schematic Processing Model of Sex Typing Stereotyping in Children.” *Child Development* 52：1119–1134.
・Minuchin，P.，1965，“Sex-Role Concepts and Sex Typing in Childhood as a Function of School and Home Environments.” *Child Development* 36：1033–1048.
・Mischel，W.，1966，“A Social Learning View of Sex Differences in Behavior.” pp. 56–81 in E. E. Maccoby（ed.），*The Development of Sex Differences*. Stanford，CA：Stanford University Press.
・宮崎あゆみ，1991，「学校における『性役割の社会化』再考——教師による性別カテゴリー使用をてがかりとして」『教育社会学研究』48：105–123.

・望月重信，1997，「『ジェンダーと教育』研究の推移と動向にみる『子どもとジェンダー』――ジェンダー形成のアジェンダ」『子ども社会研究』3：57–70.
・Money, J. & Tucker, P. 1975, *Sexual Signatures: On Being a Man or a Woman*. Boston：Little, Brown and Company, Inc.（＝1979，朝山新一ほか訳『性の署名――問い直される男と女の意味』人文書院.）
・森永康子，2004，「男らしさ・女らしさへの歩み」青野篤子・森永康子・土肥伊都子『ジェンダーの心理学――「男女の思いこみ」を科学する 改訂版』ミネルヴァ書房：72–99.
・森繁男，1985，「学校における性役割研究と解釈的アプローチ」『京都大学教育学部紀要』31：218–228.
・森繁男，1989，「性役割の学習としつけ行為」柴野昌山編『しつけの社会学――社会化と社会統制』世界思想社.
・森繁男，1995，「幼児教育とジェンダー構成」竹内洋・徳岡秀雄編『教育現象の社会学』世界思想社：132–149.
・森真一，1994，「社会的世界としての精神分析世界――そのパースペクティブをめぐる考察」『社会学評論』45：172–187.
・Mussen, P. H. & Distler, L. 1959, "Masculinity, Identification, and Father-Son Relationships." *Journal of Abnormal Social Psychology* 59：350–356.
・Mussen, P. H. & Distler, L., 1960, "Child-Rearing Antecedents of Masculine Identification in Kindergarten Boys." *Child Development* 31：89–100.
・Mussen, P. H. &E. Rutherford, 1963, "Parent-Child Relations and Parental Personality in Relation to Young Children's Sex-Role Preferences." *Child Development* 34：589–607.
・中西祐子・堀健志，1997，「『ジェンダーと教育』研究の動向と課題――教育社会学・ジェンダー・フェミニズム」『教育社会学研究』61：77–100.
・日本保育学会監修，1970，『日本の幼児の精神発達』フレーベル館.
・西躰容子，1998，「『ジェンダーと学校教育』研究の視角転換――ポスト構造主義的展開へ」『教育社会学研究』62：5–22.
・西坂仰，1995，「心の透明性と不透明性――相互行為分析の射程」『社会学評論』46：2–17.
・野田陽子，2000，『学校化社会における価値意識と逸脱現象』学文社.
・荻野達史，1998，「集合行為フレームの動員潜在力分析―コードの歴史的記述分析とその含意―」『社会学評論』49：206–220.
・大滝世津子，2006a，「幼児の性自認と集団における社会的経験との関係に関する研究――幼稚園３歳児クラスの観察から」東京大学大学院教育学研究科2005年度修士論文.
・大滝世津子，2006b，「集団における幼児の性自認メカニズムに関する実証的研究――幼稚園における集団経験と幼児の性自認時期との関係」『教育社会学研究』79：105–125.
・大滝世津子，2006c，「集団における性自認のメカニズム（保育者・幼児間関係編）――幼稚園３歳児クラスの観察から」『ＪＡＳＳプロシーディングス』18：21–39.
・大滝世津子，2007a，「幼児の『性自認時期』と『対人スタンス』との関係――幼稚園３歳児クラスの観察から」『東京大学教育学部紀要』46：131-144.
・大滝世津子，2007b，「幼稚園３歳児クラスにおける性別カテゴリー間ハイアラーキー形成のメカニズム」『ジェンダー研究No. 9』：93-118.
・大滝世津子，2007c，「集団における幼児の性自認メカニズム（幼児間関係編）——幼稚園３歳児クラスの観察から」『立教大学ジェンダーフォーラム年報』８：43-64.
・大滝世津子，2009，「集団における幼児の性自認形成過程についての実証研究——幼稚園３歳児クラスの観察から」東京大学大学院教育学研究科 2008年度博士論文.
・大滝世津子，2015，「幼児の性自認に関する諸理論に対する批判的検討——社会学的観点から」『鎌倉女子大学紀要』22：13-22.
・奥村隆編，1997，『社会学になにができるか』八千代出版.
・Parsons，T. & Bales，R. F. 1955，*Family: Socialization and Interaction Process.* Glencoe：Free Press.（＝2001，橋爪貞雄・溝口謙三・高木正太郎・武藤孝典・山村賢明他訳，『家族——核家族と子どもの社会化』黎明書房.）
・Parsons，T.，1964，*Social structure and personality*. New York：Free Press.（=1973，武田良三監訳『社会構造とパーソナリティ』新泉社.）
・Perry，D. G. & Bussey，K. 1979，“The Social Learning Theory of Sex Differencies：imitation is Alive and Well.” *Journal of Personality and Social Psychology* 37：1699-1712.
・Rabban，M.，1950，“Sex-Role Identification in Young Children in Two Diverse Social Groups.” *Genetic Psychology Monographs* 42：81-158.
・ロバート・W・コンネル，1993，『ジェンダーと権力——セクシュアリティの社会学』三交社.
・Rosenberg，B. G. & Sutton-Smith，B. 1959，“The Measurement of Masculinity and Femininity in Children.” *Child Development* 30：373-380.
・Rosenberg，B. G. & Sutton-Smith，B. 1964，“Ordinal Position and Sex-Role Identification.” *Genetic Psychology Monographs* 70：297-328.
・相良順子，2000，「幼児・児童期のジェンダーの発達」伊藤裕子編『ジェンダーの発達心理学』ミネルヴァ書房：14-31.
・相良順子，2002，『子どもの性役割態度の形成と発達』風間書房.
・齋藤耕二・菊池章夫編，1990，『社会化の心理学ハンドブック——人間形成と社会と文化』川島書店.
・作田啓一・井上俊，1994，『命題コレクション——社会学』筑摩書房.
・笹谷春美・小内透・吉崎祥司，2001，『階級・ジェンダー・エスニシティ——21世紀の社会学の視角』中央法規出版.
・佐藤郁哉，1992，『フィールドワーク——書を持って街へ出よう』新曜社.
・佐藤和順・三宅茂夫，2001，「幼稚園における集団の教育力についての一考察——ジェンダーの観点から」『幼年児童教育研究』13：13-25.
・Sayers，J.，1986，*Sexual Contradictions Psychology，Psychoanalysis，and Feminism*，London；New York：Tavistock Publications.

・Sears, P. S., 1953, "Child-Rearing Factors Related to Playing of Sex-Typed Roles." *American Psychologist* 8 : 431 (Abstract).
・Sears, R. R., Maccoby, E. E. & Levin, H. 1957, "Patterns of Child Rearing." Evanston, Ill. : Row, Peterson.
・Sears, R. R., Pintler, M. H. & Sears, P. S. 1946, "Effect of Father Separation on Preschool Children's Doll Play Aggression." *Child Development* 17 : 219–243.
・椎野信雄, 1994, 「エスノメソドロジー研究の方針と方法について――ラディカルな秩序現象の再特定化」『社会学評論』45 : 88–205.
・清水睦美, 1998, 「教室における教師の『振る舞い方』の諸相――教師の教育実践のエスノグラフィー」『教育社会学研究』63 : 137–156.
・塩原勉・松原治郎・大橋幸編集代表, 1969, 『社会学の基礎知識』有斐閣.
・Slaby, R. G. & Frey, K. S. 1975, "Development of Gender Constancy and Selective Attention to Same-Sex Models." *Child Development* 46 : 849–856.
・Stoller, R. J., 1968, *Sex and Gender, Vol. 1. The Development of Masculinity and Femininity*, New York : Science House. (=1973,桑原勇吉訳『性と性別――男らしさと女らしさの発達について』岩崎学術出版社.)
・杉田敦, 2000, 『思考のフロンティア――権力』岩波書店.
・水津嘉克, 1996, 「社会的相互作用における排除」『社会学評論』47 : 335－349.
・住田正樹, 1985, 『子どもの仲間集団と地域社会』九州大学出版会.
・住田正樹, 1995, 『子どもの仲間集団の研究』九州大学出版会.
・首相官邸ホームページ, 「一億総活躍社会の実現」(2016年7月7日取得, http://www.kantei.go.jp/jp/headline/ichiokusoukatsuyaku/).
・高橋信行, 1993, 「シンボリック・インタラクショニズムの方法としての『私は誰だろう?』テストの展開可能性についての検討」『社会学評論』44 : 116–130.
・竹ノ下弘久, 1999, 「多文化教育とエスニシティ――在日韓国・朝鮮人集住地区を事例に」『社会学評論』49 : 531–548.
・舘かおる, 1998, 「学校におけるジェンダー・フリー教育と女性学」『女性学』6 : 8–29.
・Thompson, S. K., 1975, "Gender Labels and Early Sex Role Development." *Child Development* 46 : 339–347.
・Tobin, J. J., Wu, D. Y. H. & Davidson, D. H. 1989, *Preschool in Three Cultures* : Japan, *China, and the United States*, New Haven : Yale University Press.
・徳川直人, 1993, 「行為・時間・自己――G. H. ミードの『リフレクション』への『行為の観点』からの再接近」『社会学評論』44 : 16–29.
・内田伸子編, 2003, 『乳幼児心理学』放送大学教育振興会.
・上野千鶴子, 2002, 『差異の政治学』岩波書店.
・上野千鶴子編, 2006, 『脱アイデンティティ』勁草書房.
・Weber, M., 1921, "Soziologische Grundbegriffe," in *Wirtschaft und Gesellschaft*. Tubingen : Mohr Siebeck. (=1987, 阿閉吉男・内藤莞爾訳, 『社会学の基礎概念』恒星社厚生閣.)

・Weider, A., & Noller, P. A. 1953, "Objective Studies of Children's Drawings of Human Figures. Ⅱ. Sex, Age, Intelligence." *Journal of Clinical Psychology* 9 : 20–23.
・山田信行, 1998,「福祉国家形成における差異と偏差――類型論の射程と限界」『社会学評論』49：255–269.
・山崎敬一・佐竹保宏・保坂幸正, 1993,「相互行為場面におけるコミュニケーションと権力――＜車いす使用者＞のエスノメソドロジー的研究」『社会学評論』44：30–45.
・山下祐介, 1994,「G. H. ミードの社会改革論」『社会学評論』45：221–235.
・湯川隆子, 1995,「性差の研究」柏木惠子・高橋惠子編著『発達心理学とフェミニズム』ミネルヴァ書房：116–140.
・依田明・深津千賀子, 1963,「出生順位と性格」『教育心理学研究』11：239–246.
・好井裕明, 2006,『「あたりまえ」を疑う社会学――質的調査のセンス』光文社.
・結城恵・藤田英典, 1992,「幼稚園における集団の編成原理」『東京大学教育学部紀要』32：157–167.
・結城恵, 1994,「社会化とラベリングの原初形態――幼稚園における集団カテゴリーの機能」『教育社会学研究』55：91–104.
・結城恵, 1998,『幼稚園で子どもはどう育つか――集団教育のエスノグラフィ』有信堂高文社.

あとがき

本書は、2009（平成21）年３月に東京大学大学院より博士（教育学）の学位を授与された論文「集団における幼児の性自認形成過程についての実証研究―幼稚園３歳児クラスの観察から―」およびいくつかの論文に加筆修正を加えたものであり、具体的には以下の通りである。

・序章：書き下ろし

・第１章：大滝世津子，2015，「幼児の性自認形成過程に関する諸理論に対する批判的検討：社会学的観点から」，『鎌倉女子大学紀要』22：13-22.

・第２章：書き下ろし

・第３章：大滝世津子，2007，「幼児の『性自認時期』と『対人スタンス』との関係：幼稚園３歳児クラスの観察から」，『東京大学大学院教育学研究科紀要』46：131-144.

・第４章：大滝世津子，2006，「集団における性自認のメカニズム（保育者・幼児間関係編）―幼稚園３歳児クラスの観察から―」，『日本＝性研究会議会報』18（１）：21-39.

・第５章：大滝世津子，2006，「集団における幼児の性自認メカニズム（幼児間関係編）―幼稚園３歳児クラスの観察から―」，『立教大学ジェンダーフォーラム年報』８：43-64.

・第６章：書き下ろし

・第７章：書き下ろし

・第８章：大滝世津子，2006，「幼稚園３歳児クラスにおける性別カテゴリー間ハイアラーキー形成のメカニズム」，『ジェンダー研究』９：93-118.

・第９章：書き下ろし

・終章：書き下ろし

大学院進学を志した時からずっと解きたかった問いがやっと１つ、解けたような気がする。学問って何？　研究って何？　論文って何？　そんな状態から無我夢中で走ってきた。本書が完成するまでに出会ったすべての方々、そしてその方々からいただいたたくさんの温かいお心とお言葉がなければ、本書が完成することはなかっただろう。

心から惚れ込んで観察のお願いをさせていただいたＢ幼稚園の園長先生をはじめ、先生方、年少組のお友だち、保護者や実習生の皆さまが私を受け入れてくださらなければ、この研究は決して完成することはなかった。本当に未熟な私を温かく受け入れてくださったことに深く感謝している。Ｂ幼稚園の皆さまは研究に関することのみならず、人間として大切なことをたくさん教えてくださった。この幼稚園で学ばせていただくことができたことは本当に幸せなことであった。皆さまが教えてくださったことは私の一生の宝物であり、今後の人生においても、研究生活においても大切にしていきたい。

指導教員である恒吉僚子教授は、修士論文時の構想段階から丁寧なご指導をしてくださり、博士論文執筆にあたっては、研究者として大切なたくさんのことを教えていただいた。ここまで緻密かつ丁寧なご指導をいただけた経験は私の財産である。国際基督教大学（現在は共栄大学）の藤田英典教授は、研究テーマの設定、表現の方法から始まり、分析、執筆の方法、ゼミにおけるコメントの方法に至るまで非常に丁寧にご指導いただいた。

研究室の苅谷剛彦先生、広田照幸先生、白石さや先生には修士課程１年次からゼミに参加させていただいたり、相談に乗っていただいたりする中でたくさんの有益なご指摘やアドバイスをいただいた。矢野眞和先生は個別にご指導くださり、自信が持てずにいた私をいつも励ましてくださった。

秋田喜代美教授はフィールド選定の際から現在に至るまでお世話になっている。秋田先生は幼稚園におけるフィールドワークにおいて最も大切なこと等を丁寧に教えてくださった。先生に教えていただいたことは今も私のフィールドワークに臨む姿勢を支えている。

人文社会学研究科（現在は立命館大学）の上野千鶴子教授は研究科も異なり指導生でもない私に、いつも温かく丁寧なご指導をしてくださった。20歳の誕生日に先生と出会わなければ、このテーマにたどりつくこともできなかったかもしれない。大学院進学後は、学部ゼミ、大学院ゼミにおいて論文執筆のいろはから研究計画作成、論文執筆に至るまで継続的に丁寧にご指導くださった。本書の執筆にあたってもお忙しい中、非常に丁寧にご指導くださった。

お茶の水女子大学の耳塚寛明教授には研究生時代にご指導いただいた。まだ研究の土俵にも乗れていなかった私に、研究の基礎・基本や面白さを教えてくださったのは耳塚先生である。当時はまだ理解しきれていなかった部分もあったが、先生が教えてくださった素地があったからこそ大学院で理解することができたのだと思っている。

学部時代を過ごした東京女子大学ではジェンダー論という夢中になれる学問に出会うことができた。最初の出会いは小林富久子先生の、文学をジェンダーで読み解く講義であった。先生は私にジェンダーの面白さを教えてくださった。そして、ゼミの小檜山ルイ教授にはジェンダーのさらなる面白さや奥深さを教えていただいたと同時に、研究を一生続けていくためのエンジンを育んでいただいた。

東京女子大学文理学部社会学科の矢澤澄子教授は、他学科の学生である私を快くゼミに参加させてくださり、社会調査等を経験させてくださった。ここでの経験がなければ、アメリカの女性史のゼミに所属していた私が教育社会学の大学院に進学することはできなかっただろう。

この他にも、東京女子大学で「女性学」を教えてくださった天童睦子先生、東京大学大学院で「ジェンダーと教育」を教えてくださった中西祐子先生の講義は非常に面白く、そこで学んだ内容が本書の問題設定の基盤となっている。先生方のどの一言がなくても、本書は完成しなかった。

また、大学院比較教育社会学コースの諸先輩、同期、後輩の皆さまには数々の有益なご指摘やアドバイス、そして温かい励ましのお言葉をいただいた。特に、仁平典宏さんには大学院試験用の研究計画についてご指導いただいたことから始まり、論文執筆時も何度もご指導いただいた。仁平さんの並外れて優秀な頭脳から繰り出される数々のコメントはいつも新鮮な驚きとともに学問の面白さを実感させてくださった。また、平井秀幸さんからは研究者としてのストイックな姿勢を学ばせていただくとともに、論文執筆時には丁寧なご指導をいただいた。そして、人文社会学研究科（当時）の山根純佳さんは、論文構想時から丁寧にご指導くださった。身近にジェンダーの観点からご指導いただける方が少なかった中で、山根さんからのコメントは非常に貴重なものであった。

なお、博士論文の一部の章の執筆にあたって、財団法人日本性教育協会から

「第16回ＪＡＳＥ学術研究補助金」、公益財団法人東海ジェンダー研究所から「第９回個人研究助成費」をいただいた。また、日本学術振興会特別研究員ＤＣ２に採用され、研究費をいただいた。

博士の学位取得後、すぐに出版のお話をいただいたものの出産により延び、出版業界の状況も変わる中で出版を諦めかけていた。ところが昨年、無藤隆先生らが審査員の「第１回サクセス保育・幼児教育研究懸賞論文」で優秀賞を受賞したのを機に、かねてよりお付き合いのあった株式会社みらい様より博士論文出版のご承認をいただくことができた。きっかけをつくってくださった株式会社サクセスホールディングスの皆さまと無藤先生をはじめとした審査員の先生方、出版をご承認くださった株式会社みらいの皆さまには心より感謝申し上げたい。そして、編集者の西尾敦さんは私の原稿を丁寧に読んでくださった。修正作業の中で私の心が折れそうなときには励ましてくださり、常に伴走してくださったおかげで出版に至ることができた。

本書のカバーの装画は画家のかおかおパンダさんにお願いした。本書は博士論文が元になっているが、研究者だけでなく現場で働く先生方や、保育者を志す学生の皆さまにも手に取っていただきたいという願いから、見る人を幸せな気持ちにする力のあるかおかおパンダさんの絵がふさわしいと考えた。本の中身はともかく、カバーを眺めるだけでも価値のあるほど素敵な絵を描いてくださったかおかおパンダさんに心より感謝申し上げたい。

最後に、博士（農学）として幼いころから研究の面白さを教え論理的思考を育んでくれた母、博士（経済学）として異分野からのヒントをくれる弟、いつも温かく支えてくれている義父母、仕事をする母をいつもけなげに応援してくれている子どもたち、博士論文執筆時からずっと私の一番の理解者であり支え応援してくれている夫に、心からの感謝とともに本書を捧げたい。

2016年７月

大滝　世津子

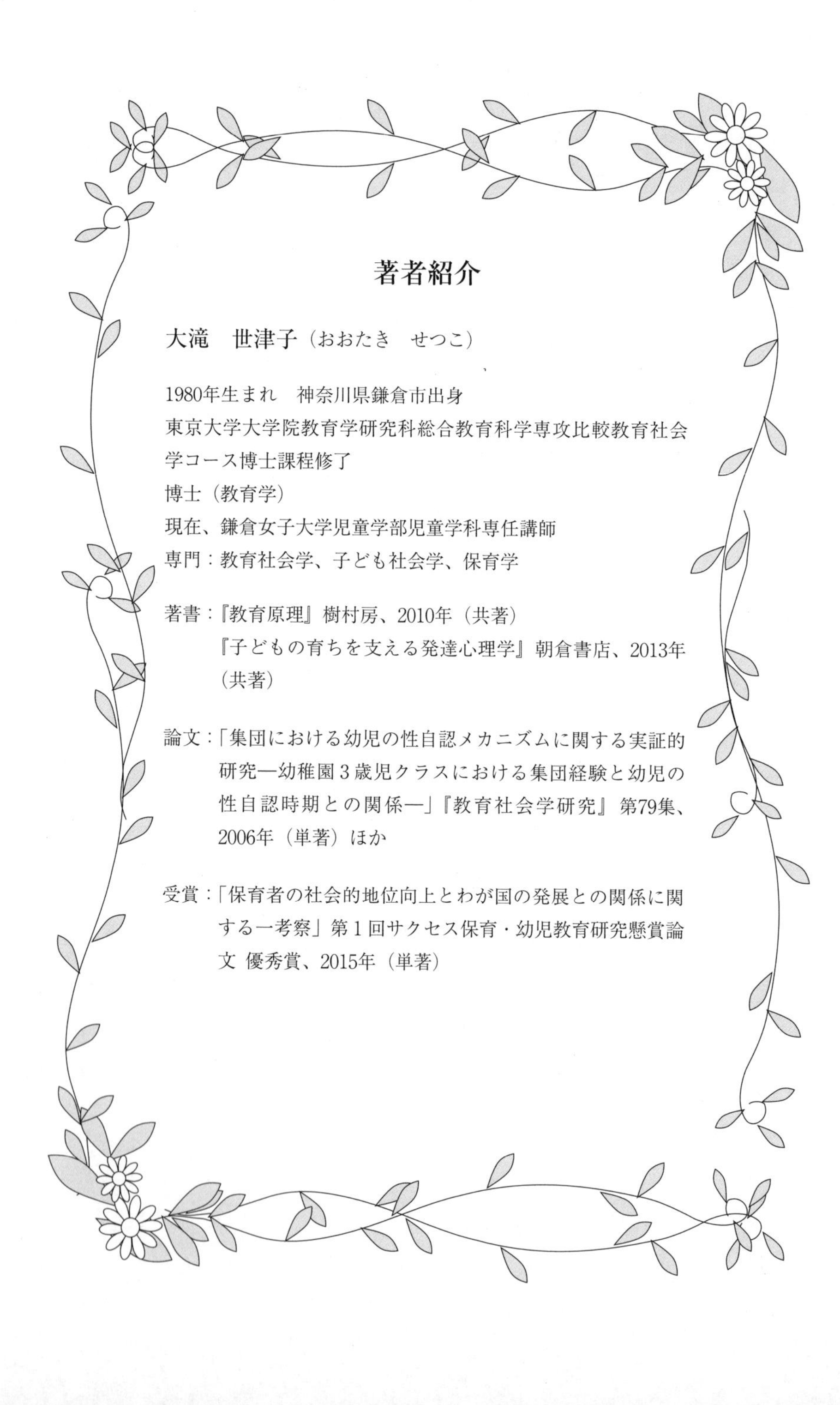

著者紹介

大滝　世津子（おおたき　せつこ）

1980年生まれ　神奈川県鎌倉市出身
東京大学大学院教育学研究科総合教育科学専攻比較教育社会学コース博士課程修了
博士（教育学）
現在、鎌倉女子大学児童学部児童学科専任講師
専門：教育社会学、子ども社会学、保育学

著書：『教育原理』樹村房、2010年（共著）
『子どもの育ちを支える発達心理学』朝倉書店、2013年（共著）

論文：「集団における幼児の性自認メカニズムに関する実証的研究―幼稚園３歳児クラスにおける集団経験と幼児の性自認時期との関係―」『教育社会学研究』第79集、2006年（単著）ほか

受賞：「保育者の社会的地位向上とわが国の発展との関係に関する一考察」第１回サクセス保育・幼児教育研究懸賞論文 優秀賞、2015年（単著）

幼児の性自認

——幼稚園児はどうやって性別に出会うのか——

発行日	2016年8月20日　初版第1刷発行
著者	大滝 世津子
発行者	竹鼻 均之
発行所	株式会社 みらい 〒500－8137　岐阜市東興町40番地　第五澤田ビル TEL　058－247－1227 FAX　058－247－1218 http://www.mirai-inc.jp/
印刷・製本	西濃印刷株式会社

定価はカバーに表示してあります。
落丁・乱丁本はお取り替えいたします。

ISBN978-4-86015-377-9 C3037